浙江省普通高校专升本考试教材

高等数学

普通高校专升本考试教材编写组

主编 吴鹏

中国教育出版传媒集团

高等教育出版社·北京

图书在版编目(CIP)数据

浙江省普通高校专升本考试教材.高等数学 / 普通高校专升本考试教材编写组编. --北京:高等教育出版社,2025.7. --ISBN 978-7-04-063222-4

Ⅰ. G724.4

中国国家版本馆 CIP 数据核字第 20240Y8J58 号

浙江省普通高校专升本考试教材　高等数学
ZHEJIANG SHENG PUTONG GAOXIAO ZHUANSHENGBEN KAOSHI JIAOCAI　GAODENG SHUXUE

策划编辑　王江媛　　责任编辑　殷力鹰　　封面设计　张　楠　　版式设计　马　云
责任绘图　邓　超　　责任校对　刁丽丽　　责任印制　刘思涵

出版发行	高等教育出版社	网　　址	http://www.hep.edu.cn
社　　址	北京市西城区德外大街 4 号		http://www.hep.com.cn
邮政编码	100120	网上订购	http://www.hepmall.com.cn
印　　刷	高教社(天津)印务有限公司		http://www.hepmall.com
开　　本	787mm×1092mm　1/16		http://www.hepmall.cn
印　　张	14		
字　　数	340 千字	版　　次	2025 年 7 月第 1 版
购书热线	010-58581118	印　　次	2025 年 7 月第 1 次印刷
咨询电话	400-810-0598	定　　价	40.00 元

本书如有缺页、倒页、脱页等质量问题,请到所购图书销售部门联系调换

物 料 号　63222-00

前言

高等数学是理工科各专业的一门必修的公共基础课，也是理工科专升本必考的一门科目。本书以"数形结合、去繁求简、通俗易懂"为目标，作者团队经过反复推敲、倾力打造，终于将这本适合专升本考生学习的《浙江省普通高校专升本考试教材　高等数学》编写完成。

本书知识点安排合理，结构科学，并加入了应试的解题方法与技巧。对于概念、定义、定理、真题解析等方面，我们力求用简练易懂的语言与高效实用的数形结合方法来呈现给读者；同时，我们在能精确表达内容的基础上，对其进行简化，规避晦涩难懂的环节，使得内容可以适应且方便不同基础的考生阅读学习。

本书特点明显，并未循规蹈矩将所有内容呈现纸上，而是一本将学习与练习相结合、边学边记的新创意教材。大量读者反馈，本书创意切实能够增强理解与记忆，提高学习体验与效率，降低学习难度，使得枯燥无味的高等数学学习变得相对轻松，更易上手。

在本书编写过程中，得到了数位专升本命题专家及许多高校教授的指导与帮助，使得这本《浙江省普通高校专升本考试教材　高等数学》在专业性方面有了大幅度提升。对于初学者，无论是否具有专业基础，本书都能有助于提升高等数学解题能力，为专升本考试提供帮助。

由于时间紧促，限于编者水平，书中难免有不妥之处，敬请读者批评指正。

普通高校专升本考试教材编写组

本书使用说明与学习规划

为了帮助优秀高职高专毕业生更好地备考专升本“高等数学”科目，轻松应对考试，在专升本考试中取得优异成绩，作者与团队成员结合考试大纲，潜心研究历年真题，归纳总结常考知识点，深入分析题目类型与特点，把握命题趋势与规律，最终确定教材内容。本书在设计理念上不同于其他教材，以“数形结合、去繁求简、通俗易懂”为目标，在题目后为解题留下空白，方便考生练习时做笔记，增强学习效果。为了便于使用本套教材的考生与机构统一教学内容与教学进度，保证高品质的教学效果与服务，特做如下进度安排与学习规划，以供参考。

一、教学计划和建议

各章节教学时间和教学建议如下：

章　节	第一轮时间	第二轮时间	教学建议
第一章　函数、极限和连续	3 天　18 课时	1 天　6 课时	建议采用数形结合策略，掌握初等函数图像的画法
第二章　一元函数微分学	3 天　18 课时	1 天　6 课时	详讲 18 个求导公式与复合函数求导法则、强调一元函数微分与导数关系
第三章　一元函数积分学	3 天　18 课时	1 天　6 课时	详细讲解积分的几何性质、换元法、分部积分法
第四章　无穷级数	2 天　12 课时	1 天　6 课时	重点区分任意项级数与正项级数区别；正项级数五种判别法、交错级数审敛法
第五章　常微分方程	1 天　6 课时	1 天　6 课时	重点讲解一阶、二阶微分方程的形式与通解构成
第六章　向量代数与空间解析几何	2 天　12 课时	1 天　6 课时	掌握空间向量的内积、向量积计算、掌握向量的位置关系
共　计	14 天　84 课时	6 天　36 课时	/

二、考生的使用方法和复习建议

1. 本教材的使用方法

本教材作为专升本复习教材，所涉及内容覆盖的知识点、精选例题均在考试范围内。考生复习时要通读一遍，把握整体框架，然后结合网课边听边记。学完一个知识点，马上练习例题，加深理解，强化训练。注意本书总结的题目特点与对应的解题技巧。

高等数学的抽象性往往令许多考生谈虎色变，本书致力于数形结合，用大量的图形将抽象的知识具体化、可视化，利用几何方法帮助考生快速记忆与深刻理解。

重要的定义、定理本书着重数形结合，使考生加深理解。部分推论、引理则需要考生在课程学习中补充完整。

本书总结了考生所需要掌握的基础知识，本着轻压减负的理念，通过严格的筛选，留下常考、易错的部分，考生务必掌握本书整理的全部内容。

另外，本书还总结了大量的解题技巧与步骤，且每个知识点后都设置对应类型的练习题，方便考生融会贯通。考生需要牢记技巧与步骤，便可轻松应对同类型题目。

每个考点之后紧跟考点细化分类的经典例题，帮助考生来区分题目类型特点，部分考点配以精炼简洁的口诀，读起来朗朗上口，方便考生记忆，可更加有效地提升解题速度。

2. 复习建议

本教材分为六章，第一章是整本教材的基础，建议考生多学多记，彻底弄懂学通；第二章要以第一章为基础开展学习；第三章要以第二章为基础开展学习。前三章内容层层递进，环环相扣。第四、五章难度稍大，考生需要将前三章内容学习扎实，再开展后两章的学习。第六章虽是单独的章节，与第一章也有联系。有些难度较大的知识点，记住题目特征，结合本教材中总结的解题步骤，按套路解题即可。

本书知识结构关系图

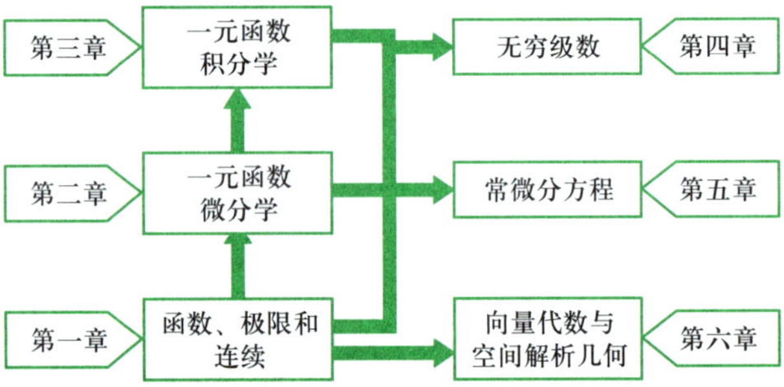

第一轮，考生需要详细学一遍本书全部内容，记背知识点，学完每个章节要配合章节练习题夯实基础。学完前三章要进行一轮基础测试，查缺补漏，将还没掌握的知识点逐个击破。

第二轮，梳理知识框架，掌握知识框架。每天复习一章，重新独立地将例题做一遍。本书知识点框架如下：

- 第一章 函数、极限和连续
  - 函数
    - 1. 函数的定义
    - 2. 函数的四类性质
    - 3. 六类基本初等函数
    - 4. 必备运算法则
    - 5. 反函数
  - 极限
    - 1. 数列的极限
    - 2. 函数的极限
    - 3. 极限的四则运算
    - 4. 无穷大量与无穷小量
    - 5. 无穷小量的比较
    - 6. 常见的等价无穷小量
    - 7. 等价无穷小量替换原理
  - 连续与间断
    - 1. 增量
    - 2. 连续
    - 3. 左连续、右连续
    - 4. 间断点的分类
    - 5. 渐近线
    - 6. 零点存在定理

- 第二章 一元函数微分学
  - 导数与微分
    - 1. 导数的定义
    - 2. 左导数、右导数
    - 3. 导数在几何上的应用
    - 4. 反函数的导数
    - 5. 导函数的奇偶性
    - 6. 导数的18个基本公式
    - 7. 导数的四则运算法则
    - 8. 复合函数的求导法则：链式法则
    - 9. 高阶导数
    - 10. 隐函数及其导数
    - 11. 微分
    - 12. 微分的18个基本公式
    - 13. 微分在近似计算中的应用
  - 洛必达法则求极限
    - 1. 洛必达法则
    - 2. 洛必达法则使用的注意事项
  - 微分中值定理
    - 1. 罗尔中值定理
    - 2. 拉格朗日中值定理
    - 3. 柯西中值定理
    - 4. 泰勒中值定理
  - 导数的应用
    - 1. 函数的单调性
    - 2. 函数的极值
    - 3. 函数的最值
    - 4. 曲线的凹凸性与拐点

- **第三章 一元函数积分学**
  - **不定积分**
    - 一、不定积分的概念与性质
      - 1. 原函数
      - 2. 不定积分的概念
      - 3. 不定积分的性质
      - 4. 基本积分公式
    - 二、第一换元积分法
      - 1. 常用的凑微分等式
    - 三、第二换元积分法
    - 四、分部积分法
  - **定积分**
    - 一、定积分的定义
    - 二、定积分的几何意义
    - 三、定积分的性质
    - 四、定积分的计算：牛顿—莱布尼茨公式
  - **变限积分与反常积分**
    - 一、变限积分
      - 1. 变上限的定积分
      - 2. 变限定积分的求导
    - 二、反常积分
      - 1. 无穷区间上的反常积分
      - 2. 无界函数的反常积分
  - **定积分的换元法和分部积分法**
    - 一、求定积分的换元法
    - 二、求定积分的分部积分法
    - 三、定积分计算的几个重要结论
    - 四、华里士公式
  - **定积分的应用**
    - 一、封闭图形的面积计算
      - 1. X型积分区域
      - 2. Y型积分区域
      - 3. XY型积分区域
    - 二、求旋转体的体积
      - 1. 绕x轴旋转体体积
      - 2. 绕y轴旋转体体积

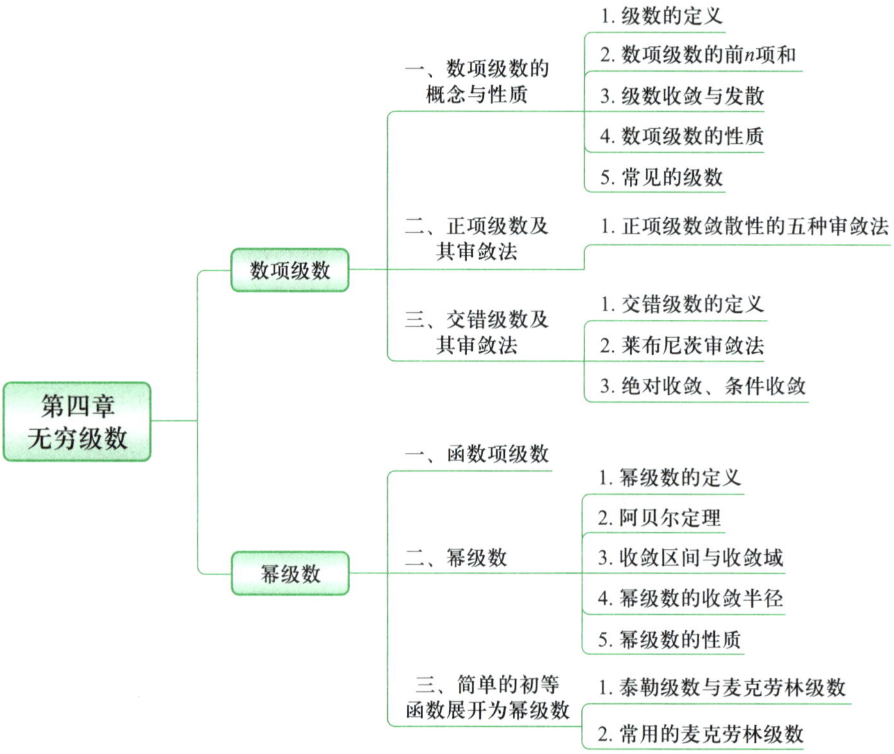
第四章
无穷级数
数项级数
一、数项级数的概念与性质
1. 级数的定义
2. 数项级数的前n项和
3. 级数收敛与发散
4. 数项级数的性质
5. 常见的级数
二、正项级数及其审敛法
1. 正项级数敛散性的五种审敛法
三、交错级数及其审敛法
1. 交错级数的定义
2. 莱布尼茨审敛法
3. 绝对收敛、条件收敛
幂级数
一、函数项级数
二、幂级数
1. 幂级数的定义
2. 阿贝尔定理
3. 收敛区间与收敛域
4. 幂级数的收敛半径
5. 幂级数的性质
三、简单的初等函数展开为幂级数
1. 泰勒级数与麦克劳林级数
2. 常用的麦克劳林级数

- **第五章 常微分方程**
  - 微分方程的基本概念
    - 1. 微分方程
    - 2. 常微分方程
    - 3. 微分方程的阶
    - 4. 微分方程的解
    - 5. 隐式解
    - 6. 微分方程的通解
    - 7. 初始条件
    - 8. 特解
    - 9. 线性微分方程
  - 一阶微分方程
    - 1. 可分离变量的微分方程
    - 2. 齐次微分方程
    - 3. 一阶线性微分方程
  - 可降阶的高阶微分方程
    - 1. $y^{(n)}=f(x)$型微分方程
    - 2. $y''=f(x,y')$型微分方程
    - 3. $y''=f(y,y')$型微分方程
  - 二阶常系数线性微分方程
    - 1. 线性微分方程及其解的结构
    - 2. 求解二阶常系数线性齐次微分方程
    - 3. 求解二阶常系数线性非齐次微分方程

- 第六章 向量代数与空间解析几何
  - 空间向量
    - 一、两点间的距离公式
      - 1. 平面上两点间的距离
      - 2. 空间中两点间的距离
    - 二、向量
      - 1. 向量(矢量)
      - 2. 向量的模
      - 3. 单位向量
      - 4. 方向余弦
      - 5. 向量的运算
      - 6. 向量内积的运算律
      - 7. 向量的位置关系
      - 8. 向量的投影
      - 9. 向量的外积
  - 空间平面与直线
    - 一、空间平面
      - 1. 空间平面的点法式方程
      - 2. 空间平面的一般方程
      - 3. 空间平面的截距式方程
      - 4. 两平面的位置关系
      - 5. 点到面的距离
      - 6. 两个平面之间的距离
    - 二、空间直线
      - 1. 直线的点向式方程
      - 2. 直线的一般方程
      - 3. 直线的参数方程
      - 4. 直线的两点式方程
      - 5. 两条直线的位置关系
    - 三、直线与平面的位置关系

第三轮，进行模拟测试，对整体知识系统查缺补漏，边测试边学习，强化薄弱环节，攻克重点难点。

第四轮，测试历年真题，把握题目类型与命题趋势，掌握考试的重点和难点。

三、题型分析

1. 选择题

选择题大多是简单题型，考查考生对单个知识点的理解与掌握。

【典型例题 1】若 $f(x)$ 在 $(-\infty,+\infty)$ 上连续，则 $\frac{f(-x)-f(x)}{2}$ 为（　　）.

A. 奇函数　　B. 偶函数

C. 非奇非偶函数　　D. 无法判定奇偶性

【解析】本题考查函数的奇偶性，令 $g(x)=\frac{f(-x)-f(x)}{2}$，由 $f(x)$ 在 $(-\infty,+\infty)$ 上连续可知 $g(x)$ 的定义域为 $(-\infty,+\infty)$，关于原点对称，则有 $g(-x)=\frac{f(x)-f(-x)}{2}=-\frac{f(-x)-f(x)}{2}=-g(x)$，所以 $\frac{f(-x)-f(x)}{2}$ 是奇函数.

【答案】A.

【典型例题 2】已知 $f(x)=\begin{cases}2-x, & 0\leqslant x<1,\\ 2, & x=1,\\ x+2, & 1<x\leqslant 2,\end{cases}$ 则 $f(x)$ 在 $[0,2]$ 上（　　）.

A. 无间断点　　B. 有最大值无最小值

C. 有最小值无最大值　　D. 既无最大值又无最小值

【解析】本题综合考查分段函数间断点、最值问题，讨论 $x=1$ 处的左、右极限 $\lim\limits_{x\to 1^-}f(x)=\lim\limits_{x\to 1^-}(2-x)=1$，$\lim\limits_{x\to 1^+}(x+2)=3$，$f(x)$ 在 $x=1$ 左、右极限存在但不相等，所以 $x=1$ 是 $f(x)$ 的跳跃间断点. 画出函数图像如下图所示，根据图像可知，函数 $f(x)$ 在区间 $[0,2]$ 上有最大值无最小值.

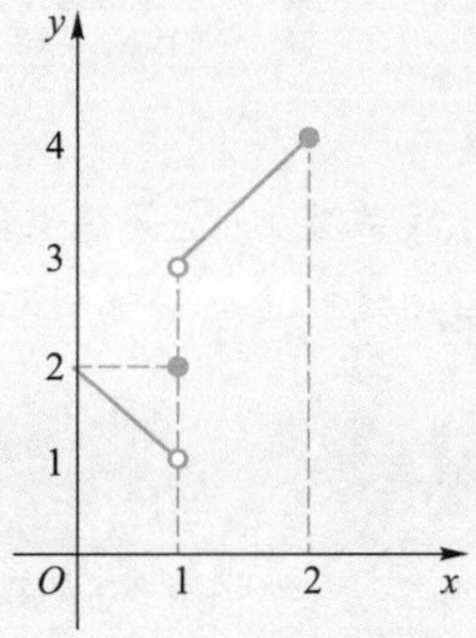

【答案】B.

【典型例题 3】极限 $\lim\limits_{x\to\infty}\dfrac{5x^2+7x-1}{2x+5}=$(　　).

A. 2　　B. 不存在　　C. 0　　D. $\dfrac{5}{2}$

【解析】本题考查“$\dfrac{\infty}{\infty}$”型求极限,当自变量 $x\to\infty$ 时,分子中自变量的最高次比分母中自变量的最高次大,所以极限不存在.

【答案】B.

2. 填空题

填空题与选择题相同,考查考生对单个知识点的简单计算.

【典型例题 1】已知函数 $f(x)=\sqrt{x^3+2}$,则 $f^{-1}(2)=$ ________.

【解析】本题考查考生对反函数与其直接函数的理解.

方法一:由 $y=\sqrt{x^3+2}$ 可得 $x=\sqrt[3]{y^2-2}$,调换 x, y 的位置,得 $f^{-1}(x)=\sqrt[3]{x^2-2}$,$(x\geqslant0)$,所以 $f^{-1}(2)=\sqrt[3]{2}$.

方法二:反函数的定义域对应其直接函数的值域,$f^{-1}(2)$ 中 $x=2$ 是原函数 $f(x)=\sqrt{x^3+2}$ 中的函数值,即 $2=\sqrt{x^3+2}$,解得 $x=\sqrt[3]{2}$.

【答案】$\sqrt[3]{2}$.

【典型例题 2】$\lim\limits_{x\to0^+}\dfrac{e^x}{3+\ln(1+x)}=$ ________.

【解析】本题考查一元函数极限问题,可将 $x=0$ 直接代入极限,即有 $\lim\limits_{x\to0^+}\dfrac{e^x}{3+\ln(1+x)}=\dfrac{1}{3}$.

【答案】$\dfrac{1}{3}$.

3. 计算题

计算题考查考生的逻辑思维能力、运算能力、空间想象能力,题目往往是多个知识点的综合,需要考生能熟练运用每个知识点,在解题过程中能够找到对应的解题方法与技巧。

【典型例题 1】求定积分 $\int_0^4 e^{\frac{\sqrt{x}}{2}}dx$.

【分析】本题考查用第二换元积分法、分部积分法解定积分,考生需要熟记第二换元积分法的使用方法,牢记换元必换限,熟记分部积分法公式及口诀“反对幂指三”的运用.

【解】令 $t=\sqrt{x}$，有 $x=t^2$，则 $dx=2tdt$，

又 $x\in[0,4]$，所以 $t\in[0,2]$；

$$原式=\int_0^2 e^{\frac{t}{2}}\cdot 2tdt=2\int_0^2 te^{\frac{t}{2}}dt$$

$$=4\int_0^2 td(e^{\frac{t}{2}})$$

$$=4te^{\frac{t}{2}}\Big|_0^2-4\int_0^2 e^{\frac{t}{2}}dt$$

$$=8e-4\cdot 2e^{\frac{t}{2}}\Big|_0^2=8.$$

【答案】8.

【典型例题 2】求极限 $\lim\limits_{x\to 0}\left[\frac{2}{\ln(1+x)}-\frac{2}{x}\right]$.

【分析】本题考查"$\infty-\infty$"型的极限问题，此类问题要将两个分式通分成一个未定式，然后运用洛必达法则求解，在计算极限的时候，考生要牢记，能用等价无穷小量替换时要先用等价无穷小量替换来化简运算. 可以将常数项系数提到计算式前面来化简运算.

【解】原式 $=2\lim\limits_{x\to 0}\left[\frac{1}{\ln(1+x)}-\frac{1}{x}\right]$

$$=2\lim_{x\to 0}\frac{x-\ln(1+x)}{x\ln(1+x)}$$

$$=2\lim_{x\to 0}\frac{x-\ln(1+x)}{x^2}$$

$$=2\lim_{x\to 0}\frac{1-\frac{1}{1+x}}{2x}$$

$$=2\lim_{x\to 0}\frac{1}{2(1+x)}=1.$$

【答案】1.

【典型例题 3】求微分方程 $\frac{dy}{dx}=y+e^{-x}$ 的通解.

【分析】本题考查一阶非齐次微分方程求解，考生需牢记一阶非齐次微分方程与一阶齐次微分方程的通解公式，将原式化成 $y'+P(x)y=Q(x)$ 的形式，代入通解公式即可.

【解】由题可得 $P(x)=-1$，$Q(x)=e^{-x}$，代入公式可得通解

$$y=e^{-\int P(x)dx}\left[\int Q(x)e^{\int P(x)dx}dx+C\right]$$

$$= e^{\int dx}\left(\int e^{-x}e^{-\int dx}dx + C\right) = e^{x}\left(\int e^{-2x}dx + C\right)$$

$$= -\frac{1}{2e^{x}}+Ce^{x}.$$

【答案】$-\frac{1}{2e^{x}}+Ce^{x}$. （其中 C 为任意常数）

4. 证明题

证明题主要考查三个定理：零点定理、罗尔中值定理和拉格朗日中值定理，要求考生掌握每个定理的条件与结论，清晰每个定理的适用条件。考生需通过分析待证式的形式来判断选择使用哪个定理。此类题目有固定的解法，属于中等难度的题型，考生只需按照既定的解题步骤解题即可。

【典型例题 1】证明方程 $xe^{x}=1$ 至少有一个小于 1 的正根.

【分析】本题考查零点定理的应用，只需验证零点存在定理的条件，推出零点存在定理的结论即可.

【证明】令 $f(x)=xe^{x}-1, x\in[0,1]$.

显然 $f(x)$ 在 $[0,1]$ 上连续，且 $f(0)=-1, f(1)=e-1$,

故 $f(0)f(1)<0$. 根据零点存在定理，

则至少存在一点 $\xi\in(0,1)$ 使得 $f(\xi)=0$，即 $\xi e^{\xi}=1$ 成立，

故方程 $xe^{x}=1$ 至少有一个小于 1 的正根.

【典型例题 2】已知 $f(x)$ 在 $[0,1]$ 上连续，在 $(0,1)$ 内可导，且 $f(0)=0, f(1)=2$，证明：在 $(0,1)$ 内至少存在一点 ξ，使得 $f'(\xi)=2\xi+1$.

【分析】本题结论中含有导数形式 $f'(\xi)=2\xi+1$，且要求点 ξ 存在，即证明方程 $f'(x)-2x-1=0$ 在 $(0,1)$ 内有根存在，可判断本题考查罗尔中值定理.

【证明】令 $F(x)=f(x)-x^{2}-x, x\in[0,1]$.

显然 $F(x)$ 在 $[0,1]$ 上连续，在 $(0,1)$ 内可导，即 $F'(x)=f'(x)-2x-1$.

且 $F(0)=f(0)=0, F(1)=f(1)-2=0$，由罗尔中值定理可知，至少存在一点 $\xi\in(0,1)$ 使得 $F'(\xi)=f'(\xi)-2\xi-1=0$，故 $f'(\xi)=2\xi+1$ 得证.

【典型例题 3】证明不等式：$\frac{m-n}{m}<\ln\frac{m}{n}<\frac{m-n}{n}$，其中 $n<m$ 且都为正数.

【分析】本题为双边不等式，根据题目类型，可判断为考查拉格朗日中值定理.

【证明】令 $f(x)=\ln x, x\in[n,m]$,

显然 $f(x)$ 在 $[n,m]$ 上连续，在 $[n,m]$ 内可导，

即 $f'(x)=\frac{1}{x}$,

由拉格朗日中值定理可知，

至少存在一点 $\xi\in[n,m]$ 使得 $f'(\xi)=\frac{\ln m-\ln n}{m-n}=\frac{1}{\xi}$；

又 $n<\xi<m$，所以 $\frac{1}{m}<\frac{1}{\xi}<\frac{1}{n}$.

故 $\frac{1}{m}<\frac{\ln\frac{m}{n}}{m-n}<\frac{1}{n}$，即 $\frac{m-n}{m}<\ln\frac{m}{n}<\frac{m-n}{n}$ 得证.

5. 应用题

应用题主要考查考生解决实际问题的能力，一般以实际问题中求最值、封闭图形的面积、旋转体的体积三种类型出题。要求考生能熟练应用一元函数求极值、二元函数无条件极值及二元函数有约束条件极值问题的解题方法，能根据题干中的条件将有条件极值问题转化为相对简单的无条件极值问题。能画出简单函数图形，运用定积分求封闭图形面积，牢记旋转体体积公式。

【典型例题 1】某房地产公司有 60 套公寓要出租，当月租金定为 3 000 元时，公寓会全部租出去，当月租金每增加 200 元时，就会多 1 套公寓租不出去，而租出去的公寓每月需花费 200 元的维修费，试问租金定为多少元时，房地产公司可获得最大利润？

【分析】本题考查实际问题求最值，题目分为利润最大与成本最小两种类型. 考生要设出恰当的未知量，从题干中提取数量关系，牢记公式“利润 = 收入 − 成本”.

【解】设租金增加 x 元时，利润最大，则月租金为 $(3\ 000+x)$ 元，此时可租出公寓 $\left(60-\frac{x}{200}\right)$ 套，每月维修花费为 $\left(60-\frac{x}{200}\right)\times200$ 元，设收入为 L，则有

$$L=(3\ 000+x)\left(60-\frac{x}{200}\right)-\left(60-\frac{x}{200}\right)\times200$$
$$=(2\ 800+x)\left(60-\frac{x}{200}\right),$$

所以 $L'=-\frac{x}{100}+46$，令 $L'=0$ 得 $x=4\ 600$，

由实际问题必存在最值可知，当房地产公司将公寓月租金定为 7 600 元时，其获利最大.

【典型例题 2】已知 D 是由 $y=2\sin x$，$x=\pm\frac{\pi}{2}$ 和 x 轴所围成的平面区域，试求：(1) 区域 D 的面积；(2) 区域 D 绕 x 轴旋转一周所成的旋转体体积.

【分析】本题考查定积分的应用，需要考生掌握用定积分计算封闭图形的面积，熟练运用旋转体体积公式，并且能根据题意准确画出草图.

【解】(1) $S_D = 2\int_0^{\frac{\pi}{2}} 2\sin x\mathrm{d}x$

$= 4\int_0^{\frac{\pi}{2}} \sin x\mathrm{d}x$

$=4(-\cos x)\Big|_0^{\frac{\pi}{2}}=4.$

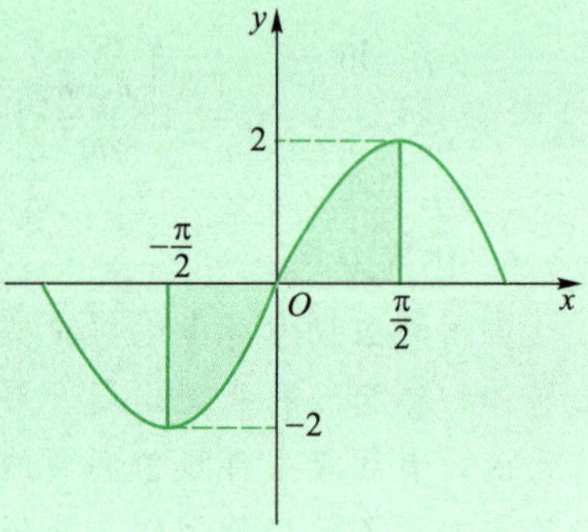

(2) $V_x = 2\pi\int_0^{\frac{\pi}{2}} 4\sin^2 x\mathrm{d}x$

$= 8\pi\int_0^{\frac{\pi}{2}} \frac{1-\cos 2x}{2}\mathrm{d}x$

$= 4\pi\int_0^{\frac{\pi}{2}} (1-\cos 2x)\mathrm{d}x$

$= 4\pi\left(x-\frac{1}{2}\sin 2x\right)\Big|_0^{\frac{\pi}{2}} = 2\pi.$

目 录

第一章　函数、极限和连续

第一节　函　　数

1. 函数的定义

定义 1.1.1　设 D 是一个给定的非空实数集合，如果存在一个对应法则（运算法则）f，使得 D 内的每一个 x 都有**唯一确定**的 y 值与之对应，则这个对应法则 f 称为定义在集合 D 上的一个**函数**. 也称 y 是 x 的函数. 记为：$y=f(x)$.

如图 1.1.1 所示，其中 D 称为**定义域**，x 称为**自变量**，y 称为**因变量**，由因变量所有的元素组成的集合称为值域 M.

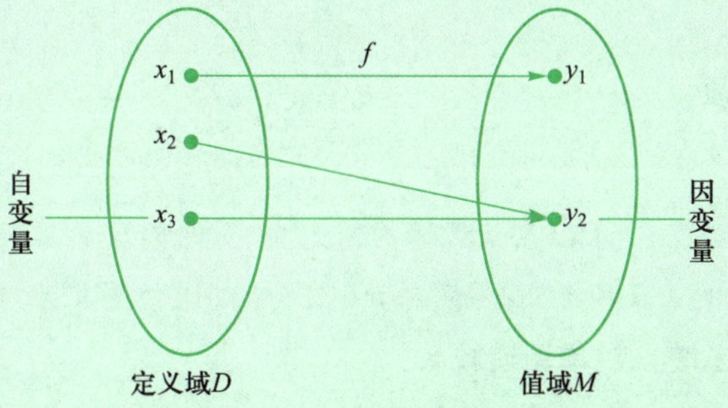

图 1.1.1

如果 $x_0 \in D$，则称 $f(x)$ 在点 x_0 处有定义，函数 $f(x)$ 在 x_0 处的函数值记为：

$$f(x_0) \quad \text{或} \quad y\big|_{x=x_0}.$$

► 几类特殊函数：

（1）分段函数：不同区间上对应不同的解析式. 分段函数表示的是一个函数，而不是多个函数.

如：$f(x)=\begin{cases} 1, & x>0, \\ 0, & x=0, \\ -1, & x<0. \end{cases}$

其图像如图 1.1.2 所示.

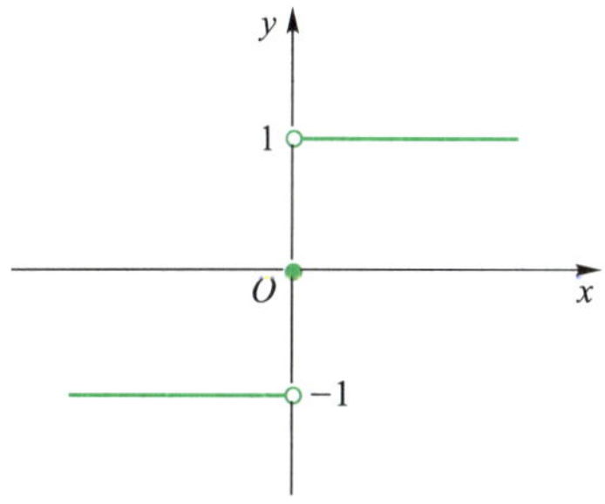

图 1.1.2

（2）隐函数：由方程 $F(x,y)=0$ 确定的函数 $y=y(x)$.

（3）参数方程确定的函数：如$\begin{cases} x=\varphi(t), \\ y=\psi(t), \end{cases}$ y 和 x 两个变量

通过参数 t 确定函数关系.

【考点 1.1】相同函数

函数的两个基本要素$\begin{cases}\text{定义域}\\ \text{对应法则}\end{cases}$

♠**例 1.1.1** 下列函数是相同函数的是( ).

A. $y=\frac{x^2}{x}$, $y=x$　　　B. $y=x$, $y=(\sqrt{x})^2$

C. $y=|x|$, $y=\sqrt{x^2}$　　　D. $y=x$, $y=\sqrt{x^2}$

2. 函数的四类性质

(1) 单调性

定义 1.1.2 设函数 $y=f(x)$ 在某区间内有定义,如果对于该区间内任意两点 $x_1<x_2$,恒有 $f(x_1)<f(x_2)$,如图 1.1.3 所示(或:恒有 $f(x_1)>f(x_2)$,如图 1.1.4 所示),则称函数 $y=f(x)$ 在该区间内**单调递增(或:单调递减)**.

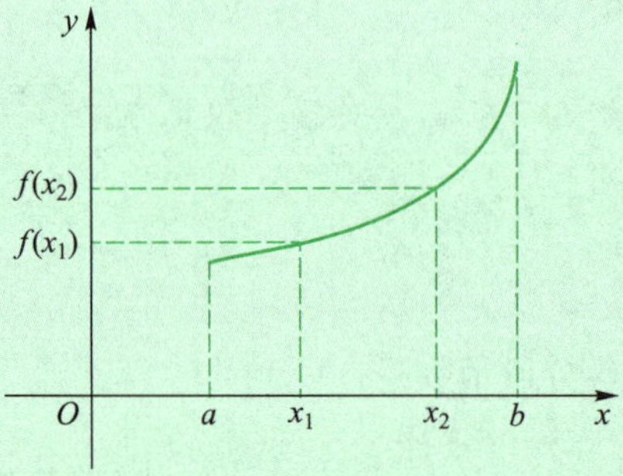

图 1.1.3

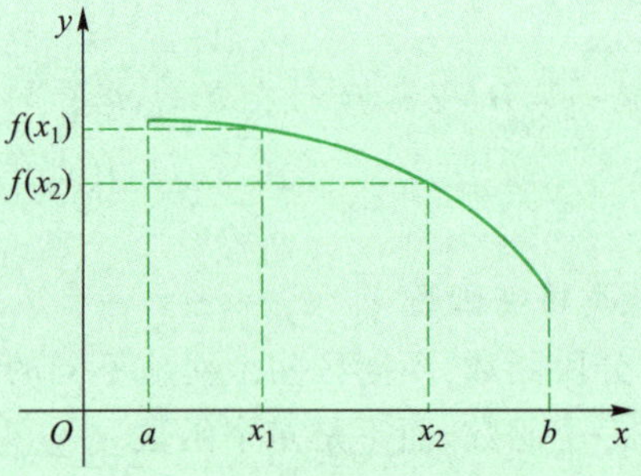

图 1.1.4

注意:在学习完导数后通常判断连续函数的单调性不用此定义,只需利用函数一阶导数的符号来判断即可.

(2) 奇偶性

设函数 $y=f(x)$ 的定义域 D 关于原点对称,则函数有以下特性:

$f(x)$	解析式特性	图像特性
偶函数	$f(-x)=f(x)$	关于 y 轴对称
奇函数	$f(-x)=-f(x)$	关于原点(0,0)对称
非奇非偶	—	—

即:奇函数的图像关于原点对称;偶函数的图像关于 y 轴对称.

♠**例 1.1.2** 判断 $f(x)=x^2$, $g(x)=x^3$, $h(x)=x^3+1$ 的奇偶性.

(3) 有界性(函数值域有界)

定义 1.1.3 设函数 $y=f(x)$ 在某区间内有定义,若存在正数 M,对于任意 $x\in D$,恒有 $|f(x)|\leqslant M$,则称函数 $f(x)$ 为 D 上的**有界函数**.

如图 1.1.5 所示,$y=\sin x$ 在其定义域 $\mathbf{R}$ 上是有界函数.

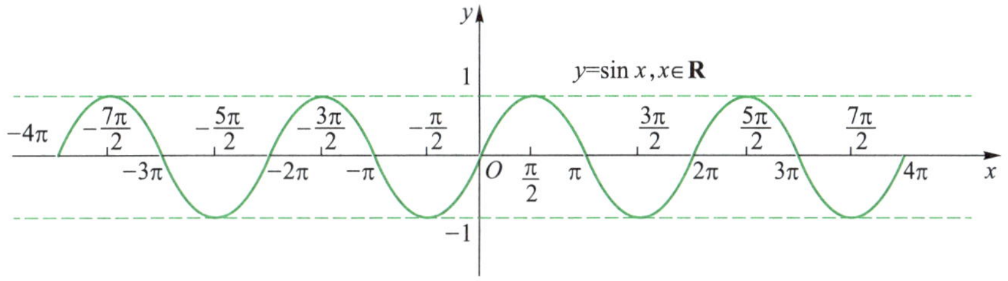

图 1.1.5

(4) 周期性

定义 1.1.4 在函数 $f(x)$ 的定义域内,若存在一个正数 T,对于任意的 x,恒有 $f(x+T)=f(x)$,则称函数 $f(x)$ 为**周期函数**. 其中最小的正数 T 称为 $f(x)$ 的**最小正周期**,简称**周期**.

对于 $y=A\sin \omega x$, $y=A\cos \omega x$,有 $T=\dfrac{2\pi}{|\omega|}$.

对于 $y=\tan \omega x$,有 $T=\dfrac{\pi}{|\omega|}$.

♠**例 1.1.3** 求 $y=3\sin \dfrac{x}{2}$ 的最小正周期.

3. 六类基本初等函数

（1）常值函数 $y=C$（C 为任意常数）；

（2）幂函数 $y=x^{\alpha}$（α 是任意实数）；

（3）指数函数 $y=a^{x}$（$a>0$ 且 $a\neq1$）；

（4）对数函数 $y=\log_{a}x$（$a>0$ 且 $a\neq1$）；

（5）三角函数 $y=\sin x$，$y=\cos x$，$y=\tan x$，$y=\cot x$，$y=\sec x$，$y=\csc x$；

（6）反三角函数 $y=\arcsin x$，$y=\arccos x$，$y=\arctan x$，$y=\operatorname{arccot} x$.

▶ 六类基本初等函数的图像、定义域与值域、性质

（1）常值函数　$y=C$（C 为任意常数）

表达式	图　像	定义域与值域	性　质
$y=C$	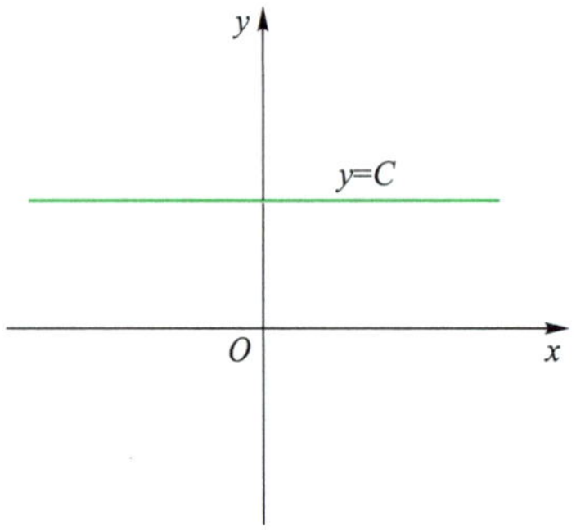 图 1.1.6	定义域：$(-\infty,+\infty)$ 值域：$\{C\}$	过点$(0,C)$且与 x 轴平行或重合的直线

（2）幂函数　$y=x^{\alpha}$（α 为任意实数）

表达式	图　像	定义域与值域	性　质
$y=x$	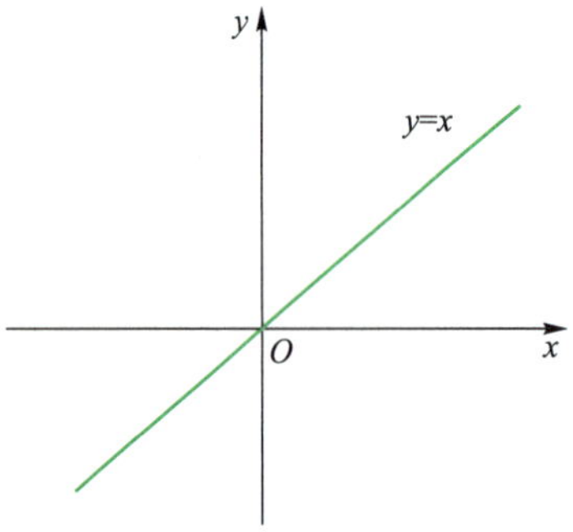 图 1.1.7	定义域：$(-\infty,+\infty)$ 值域：$(-\infty,+\infty)$	单调递增；奇函数

续表

表达式	图　像	定义域与值域	性　质
$y=x^2$	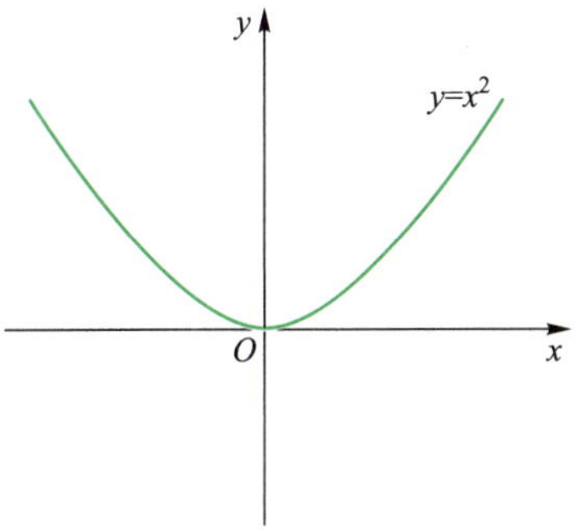图 1.1.8	定义域:$(-\infty,+\infty)$ 值域:$[0,+\infty)$	在$(-\infty,0)$内单调递减, 在$(0,+\infty)$内单调递增; 偶函数
$y=x^3$	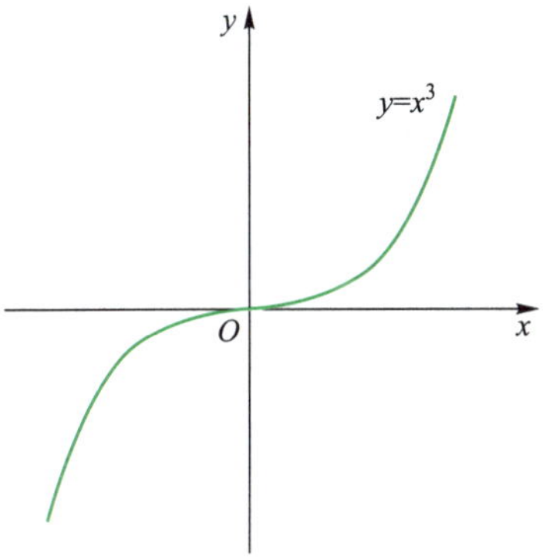图 1.1.9	定义域:$(-\infty,+\infty)$ 值域:$(-\infty,+\infty)$	单调递增;奇函数
$y=x^{\frac{1}{2}}$	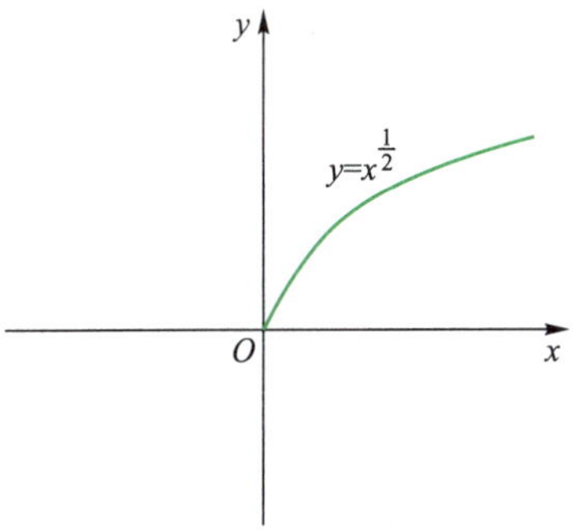图 1.1.10	定义域:$[0,+\infty)$ 值域:$[0,+\infty)$	单调递增

续表

表达式	图 像	定义域与值域	性 质
$y=x^{-1}$	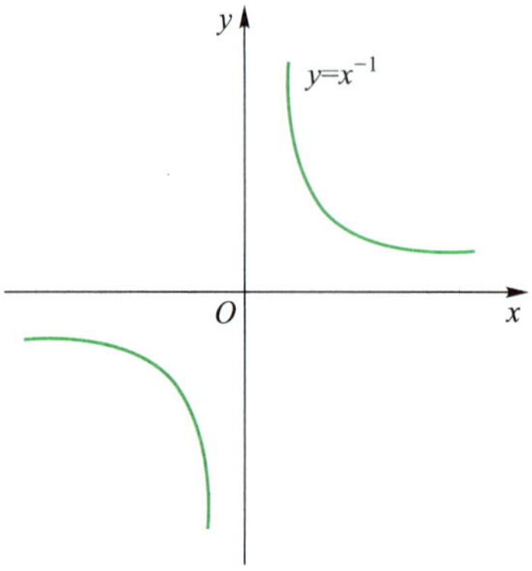 图 1.1.11	定义域：$(-\infty,0)\cup(0,+\infty)$ 值域：$(-\infty,0)\cup(0,+\infty)$	在$(-\infty,0)$，$(0,+\infty)$内单调递减；奇函数
$y=x^{-2}$	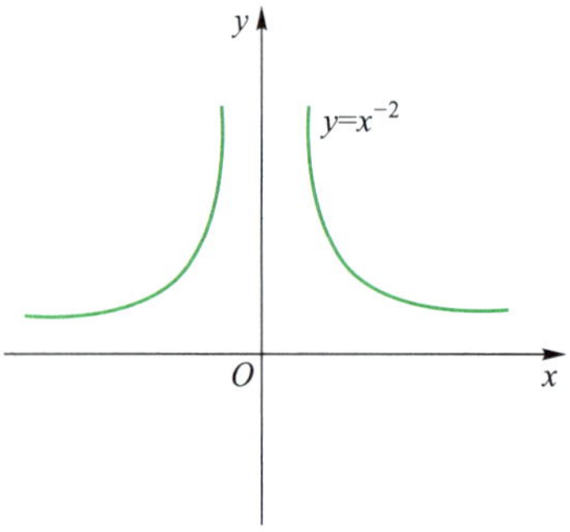 图 1.1.12	定义域：$(-\infty,0)\cup(0,+\infty)$ 值域：$(0,+\infty)$	在$(-\infty,0)$内单调递增，在$(0,+\infty)$内单调递减；偶函数

将 x, x^2, x^3, $x^{\frac{1}{2}}$, x^{-1} 的图像画在同一个直角坐标系中，如图 1.1.13 所示.

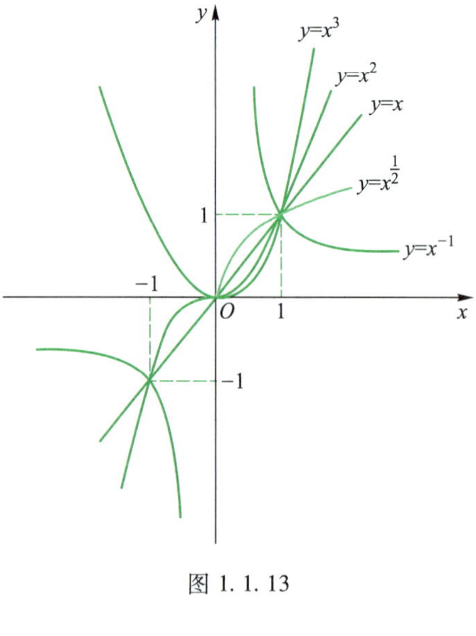

图 1.1.13

（3）指数函数　$y=a^x(a>0$ 且 $a\neq 1)$

表达式	图　像	定义域与值域	性　质
$y=a^x$ $(0<a<1)$	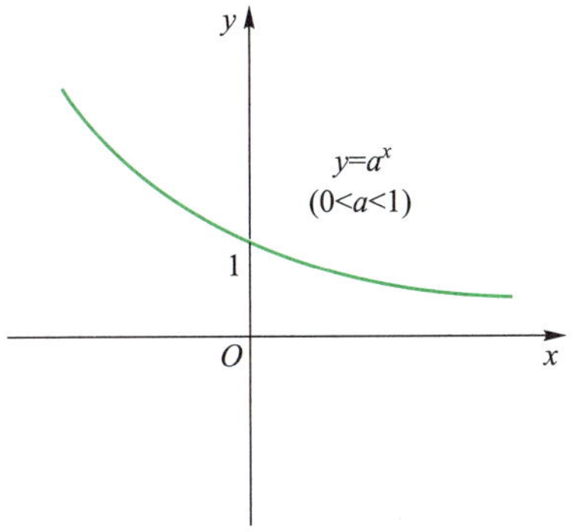 图 1.1.14	定义域：$(-\infty,+\infty)$ 值域：$(0,+\infty)$	单调递减
$y=a^x$ $(a>1)$	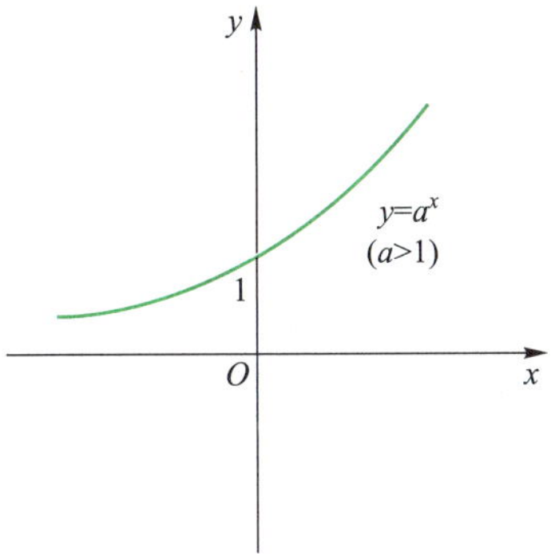 图 1.1.15	定义域：$(-\infty,+\infty)$ 值域：$(0,+\infty)$	单调递增

（4）对数函数　$y=\log_a x(a>0$ 且 $a\neq 1)$

表达式	图　像	定义域与值域	性　质
$y=\log_a x$ $(0<a<1)$	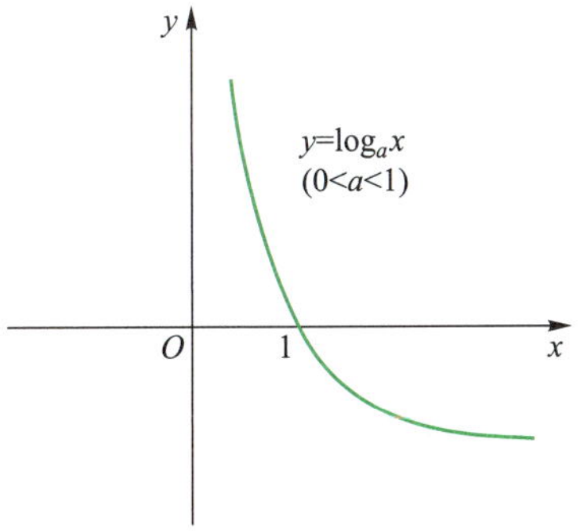 图 1.1.16	定义域：$(0,+\infty)$ 值域：$(-\infty,+\infty)$	单调递减

续表

表达式	图 像	定义域与值域	性 质
$y=\log_a x$ $(a>1)$	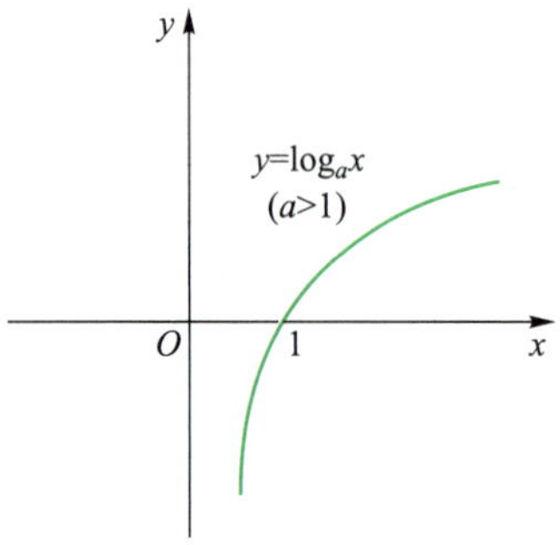 图 1.1.17	定义域:$(0,+\infty)$ 值域:$(-\infty,+\infty)$	单调递增

(5) 三角函数

表达式	图 像	定义域与值域	性 质
$y=\sin x$	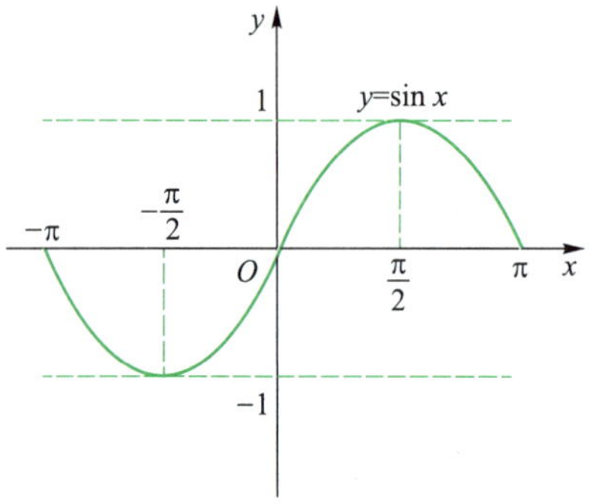 图 1.1.18	定义域:$(-\infty,+\infty)$ 值域:$[-1,1]$	在区间$\left[2k\pi-\frac{\pi}{2},2k\pi+\frac{\pi}{2}\right](k\in\mathbf{Z})$内单调递增,在区间$\left[2k\pi+\frac{\pi}{2},2k\pi+\frac{3\pi}{2}\right](k\in\mathbf{Z})$内单调递减;奇函数;有界;周期为$2\pi$
$y=\cos x$	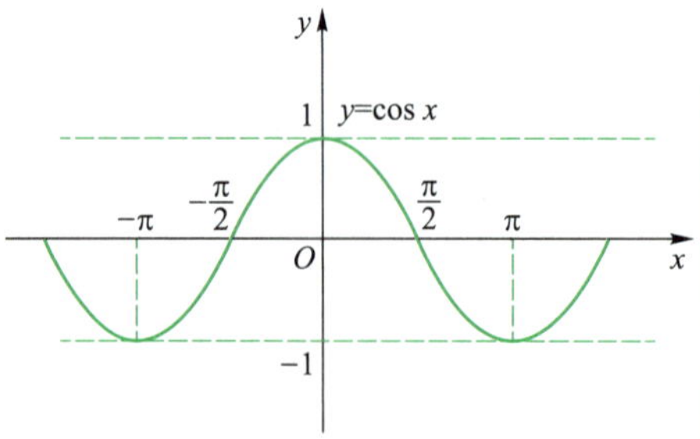 图 1.1.19	定义域:$(-\infty,+\infty)$ 值域:$[-1,1]$	在区间$[2k\pi-\pi,2k\pi]$$(k\in\mathbf{Z})$内单调递增,在区间$[2k\pi,2k\pi+\pi]$$(k\in\mathbf{Z})$内单调递减;偶函数;有界;周期为$2\pi$

续表

表达式	图　像	定义域与值域	性　质
$y=\tan x$	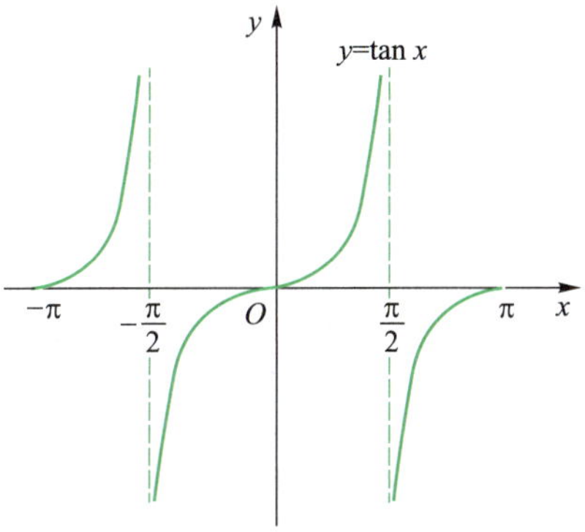 图 1.1.20	定义域：$\{x\in\mathbf{R},\ x\neq k\pi+\frac{\pi}{2},\ k\in\mathbf{Z}\}$ 值域：$(-\infty,+\infty)$	在区间$\left(k\pi-\frac{\pi}{2},k\pi+\frac{\pi}{2}\right)(k\in\mathbf{Z})$单调递增；奇函数；周期为 π
$y=\cot x$	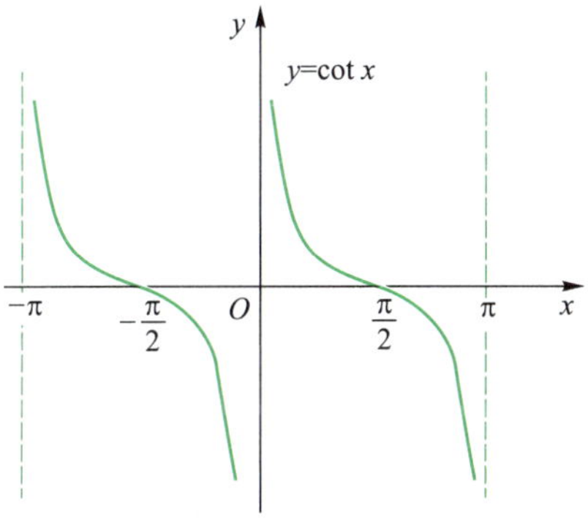 图 1.1.21	定义域：$\{x\in\mathbf{R},\ x\neq k\pi,\ k\in\mathbf{Z}\}$ 值域：$(-\infty,+\infty)$	在区间$(k\pi,k\pi+\pi)(k\in\mathbf{Z})$单调递减；奇函数；周期为 π

正割函数 $y=\sec x$ 和余割函数 $y=\csc x$ 的图像分别如图 1.1.22 和图 1.1.23 所示，仅作了解，不要求掌握性质.

正割函数　$y=\sec x$

余割函数　$y=\csc x$

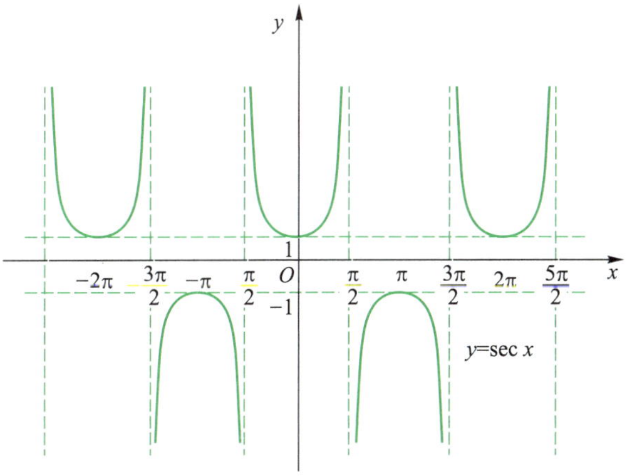

图 1.1.22

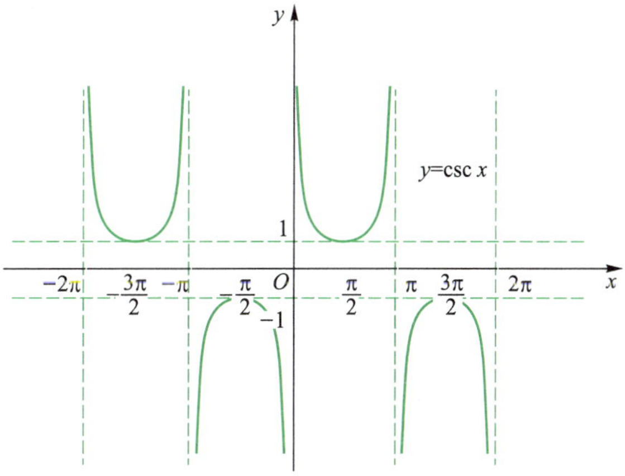

图 1.1.23

(6) 反三角函数

表达式	图 像	定义域与值域	性 质
$y=\arcsin x$	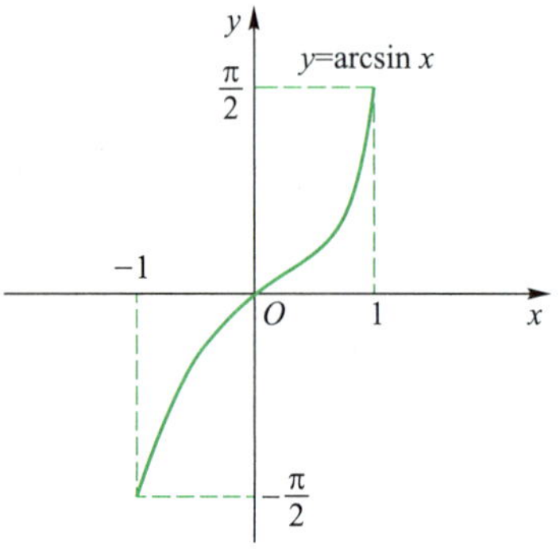 图 1.1.24	定义域:$[-1,1]$ 值域:$\left[-\frac{\pi}{2},\frac{\pi}{2}\right]$	单调递增;奇函数;有界
$y=\arccos x$	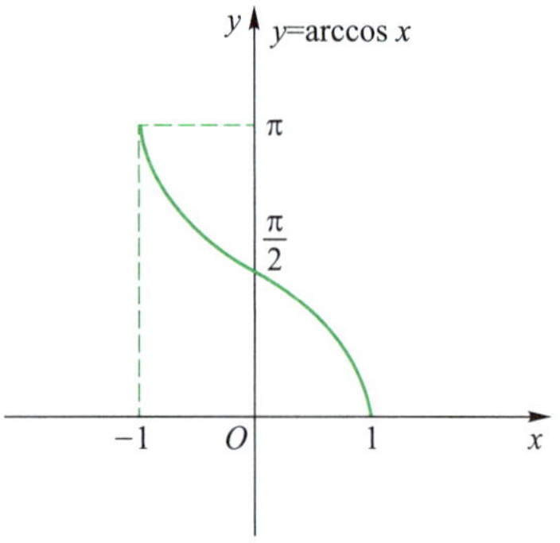 图 1.1.25	定义域:$[-1,1]$ 值域:$[0,\pi]$	单调递减;有界
$y=\arctan x$	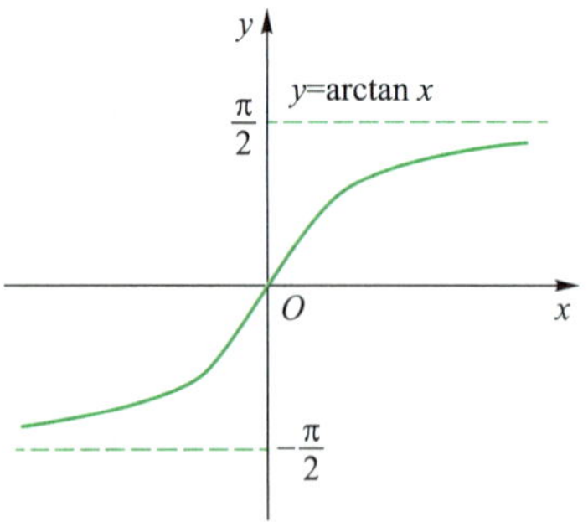 图 1.1.26	定义域:$(-\infty,+\infty)$ 值域:$\left(-\frac{\pi}{2},\frac{\pi}{2}\right)$	单调递增;奇函数;有界

续表

表达式	图　像	定义域与值域	性　质
$y=\operatorname{arccot} x$	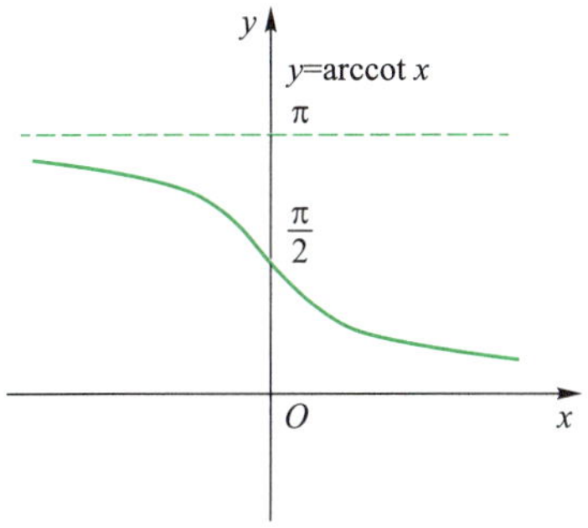 图 1. 1. 27	定义域：$(-\infty,+\infty)$ 值域：$(0,\pi)$	单调递减；有界

4. 必备运算法则

(1) 幂函数运算法则：

$a^n \cdot a^m = a^{n+m}$；　$\dfrac{a^n}{a^m}=a^{n-m}$；

$(a^n)^m = a^{nm}$；　$(a \cdot b)^n = a^n \cdot b^n$.

(2) 对数函数运算法则：

$\log_a N+\log_a M=\log_a(NM)$；

$\log_a N-\log_a M=\log_a \dfrac{N}{M}$；

$\log_a N^m = m\log_a N$；

$a^{\log_a N}=N$.

对于函数 $y=\log_a x$，有两种特殊的形式. 当 $a=\mathrm{e}$ 时，有 $y=\log_{\mathrm{e}} x=\ln x$，$\ln x$ 也称为自然对数；当 $a=10$ 时，有 $y=\log_{10}x=\lg x$，$\lg x$ 也称为常用对数.

(3) 三角函数必备基础知识：

如图 1. 1. 28，$\triangle ABC$ 是一个直角三角形，若 $\angle A=x$，则其对应的三角函数值如下：

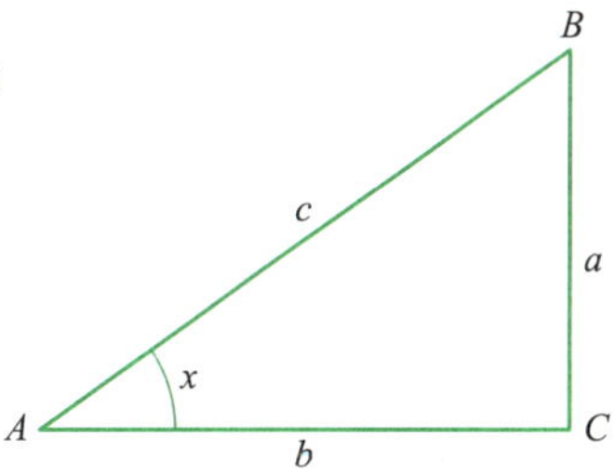

图 1. 1. 28

正弦函数：$\sin x=\dfrac{a}{c}$；正切函数：$\tan x=\dfrac{a}{b}$；正割函数：$\sec x=\dfrac{c}{b}$；

余弦函数：$\cos x=\dfrac{b}{c}$；余切函数：$\cot x=\dfrac{b}{a}$；余割函数：$\csc x=\dfrac{c}{a}$.

▶ 三个倒数关系式：$\csc x=\dfrac{1}{\sin x}$；$\sec x=\dfrac{1}{\cos x}$；$\cot x=\dfrac{1}{\tan x}$.

▶ 三个等式：$\tan x=\dfrac{\sin x}{\cos x}$；$\sin^2 x+\cos^2 x=1$；$1+\tan^2 x=\sec^2 x$.

▶ 半角公式：

$\sin\dfrac{x}{2}=\pm\sqrt{\dfrac{1-\cos x}{2}} \Rightarrow 2\sin^2\dfrac{x}{2}=1-\cos x$；

$$\cos\frac{x}{2}=\pm\sqrt{\frac{1+\cos x}{2}}\Rightarrow 2\cos^2\frac{x}{2}=1+\cos x.$$

▶ 两个恒等变形：

$\sin(x\pm y)=\sin x\cos y\pm\cos x\sin y$;

$\cos(x\pm y)=\cos x\cos y\mp\sin x\sin y$.

所以有 $\sin 2x=2\sin x\cos x$.

▶ 常见角度对应的三角函数值

两个常见角度组成的三角形如图 1.1.29 和图 1.1.30 所示.

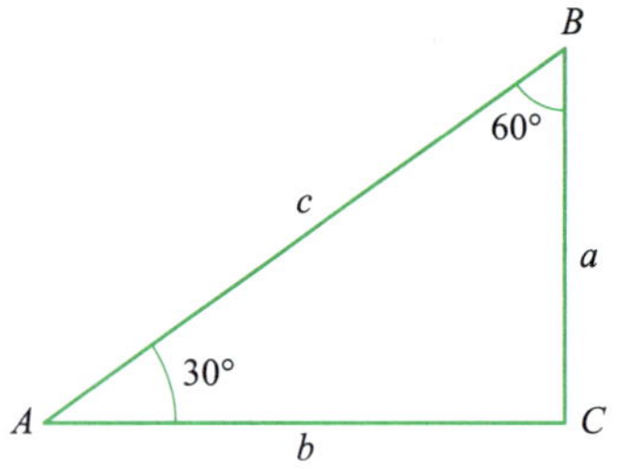

图 1.1.29

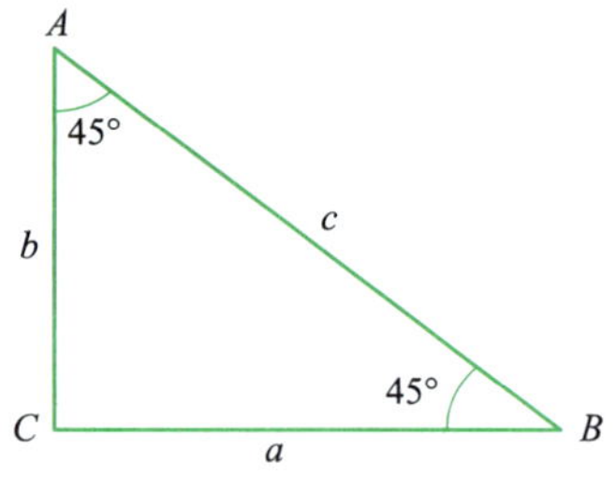

图 1.1.30

以上两个三角形各角度对应的正弦值、余弦值、正切值分别为：

三角函数	$\frac{\pi}{6}$	$\frac{\pi}{4}$	$\frac{\pi}{3}$	$\frac{\pi}{2}$
$\sin x$	$\frac{1}{2}$	$\frac{\sqrt{2}}{2}$	$\frac{\sqrt{3}}{2}$	1
$\cos x$	$\frac{\sqrt{3}}{2}$	$\frac{\sqrt{2}}{2}$	$\frac{1}{2}$	0
$\tan x$	$\frac{\sqrt{3}}{3}$	1	$\sqrt{3}$	—

5. 反函数

定义 1.1.5 对于直接函数 $y=f(x)$，其定义域为 D，值域为 M. 如果对于 M 中的每一个 y 值，都可以由关系式 $y=f(x)$ 确定唯一的 x 值与之对应，这样就确定了一个以 y 为自变量的新函数. 记为：$x=f^{-1}(y)$.

则称其为函数 $y=f(x)$ 的**反函数**，$x=f^{-1}(y)$ 的定义域为 M，值域为 D，其中 f^{-1}（读作 f 逆）为 f 的逆运算.

习惯上用 x 表示自变量，y 表示因变量，所以反函数 $x=f^{-1}(y)$ 可表示为 $y=f^{-1}(x)$.

直接函数		反函数
$y=f(x)$		$y=f^{-1}(x)$
定义域	←直接函数的定义域就是反函数的值域→	值域
值域	←直接函数的值域就是反函数的定义域→	定义域

反函数的特点：

1）只有一一对应的函数存在反函数.

2）定义域、值域互反，对应法则互逆.

3）互为反函数的两个函数的图像关于 $y=x$ 对称.

4）互为反函数的两个函数的单调性一致.

▶反函数的求解步骤：

1）将 y 看作常数，从 $y=f(x)$ 的解析式中解出 x.

2）交换 x，y 的位置.

3）求出反函数的定义域，即直接函数的值域.

【考点 1.2】反函数

♠**例 1.1.4**　求 $y=x^2(x\geqslant 0)$ 的反函数.

♠**例 1.1.5**　求 $y=2x+1$ 的反函数.

【考点 1.3】复合函数的拆分、组合

▶由基本初等函数经过有限次四则运算与复合运算所得到的函数称为**初等函数**.

▶设有函数 $y=f(u)$，$u=g(x)$，则 $f[g(x)]$ 称为复合函数.

♠**例 1.1.6**　函数 $y=\sin(x^2+1)$ 是由哪些函数复合而成的？

♠**例 1.1.7** 函数 $y=\sin^2 x$ 是由哪些函数复合而成的?

♠**例 1.1.8** 函数 $y=\ln(\arcsin x^2)$ 是由哪些函数复合而成的?

【考点 1.4】复合函数的定义域

▶复合函数的定义域是综合考虑使各层函数有意义的自变量取值范围的交集.

1)具体函数类型.

♠**例 1.1.9** 求函数 $y=\sqrt{4-x^2}+\ln(x^2-1)$ 的定义域.

♠**例 1.1.10** 求 $f(x)=\dfrac{1}{\sqrt{1-x}}$ 的定义域.

♠**例 1.1.11** 求 $f(x)=\arcsin(x+1)+\log_2(x+1)$ 的定义域.

2）抽象函数类型.

在求解抽象函数定义域问题中，我们需谨记以下两个规则，然后根据以下两步列表的方法解决问题.

▶相同对应法则下的模块取值范围相同.

▶定义域是指自变量 x 的取值范围.

（Ⅰ）已知 $f(x)$ 的定义域，求 $f[v(x)]$ 的定义域. 简写为：$f(x)\to f[v(x)]$.

$f(x)$	$f[v(x)]$
$a\leqslant x\leqslant b$	$a\leqslant v(x)\leqslant b$
	$c\leqslant x\leqslant d$

♠**例 1.1.12** 已知 $f(x)$ 的定义域为 $[0,1]$，则 $f(2x+1)$ 的定义域为________.

♠**例 1.1.13** 已知 $f(x)$ 的定义域为 $[0,2]$，则 $f(x^2)$ 的定义域为________.

（Ⅱ）已知 $f[u(x)]$ 的定义域，求 $f(x)$ 的定义域. 简写为：$f[u(x)]\to f(x)$.

$f[u(x)]$	$f(x)$
$a\leqslant x\leqslant b$	
$c\leqslant u(x)\leqslant d$	$c\leqslant x\leqslant d$

♠**例 1.1.14** 已知$f(x^2+1)$的定义域为$[-2,2]$，则$f(x)$的定义域为________.

♠**例 1.1.15** 已知$f(x-1)$的定义域为$[1,2]$，则$f(x)$的定义域为________.

（Ⅲ）已知$f[u(x)]$的定义域，求$f[v(x)]$的定义域. 简写为：$f[u(x)]\to f[v(x)]$.

$f[u(x)]$	$f[v(x)]$
$a\leqslant x\leqslant b$	
$c\leqslant u(x)\leqslant d$	$c\leqslant v(x)\leqslant d$
	$m\leqslant x\leqslant n$

♠**例 1.1.16** 已知$f(x+2)$的定义域为$(-1,2]$，则$f(-x-2)$的定义域为________.

♠**例 1.1.17**　已知 $f(x+1)$ 的定义域为 $[-1,0]$，则 $f\left(x+\frac{1}{3}\right)+f\left(x-\frac{1}{3}\right)$ 的定义域为________.

【考点 1.5】求函数表达式

1）已知 $f(x)$ 的表达式，求 $f[v(x)]$ 的表达式时，可采用直接代入法.

♠**例 1.1.18**　已知 $f(x)=2x$，则 $f(x+1)=$________.

2）已知 $f[u(x)]$ 的表达式，求 $f(x)$ 的表达式时，可采用换元法.

♠**例 1.1.19**　已知 $f(x+1)=x+1$，则 $f(x)$ 的表达式为________.

3）已知 $f[u(x)]$ 的表达式，求 $f[v(x)]$ 的表达式，可采用先换元、再直接代入的方法.

♠**例 1.1.20**　已知 $f(x-1)=x^2-x$，则 $f(\sqrt{x})$ 的表达式为________.

4）已知$f(x)$的表达式,所求复合函数的内层函数也含有$f(x)$时,可采用直接代入法.

♠**例 1.1.21** 已知$f(x)=3x+1$,则$f[f(x)-1]=$________.

【考点 1.6】奇偶性判断

1）复合函数奇偶性口诀

（Ⅰ）偶函数±偶函数=偶函数； 偶函数×偶函数=偶函数.

（Ⅱ）奇函数±奇函数=奇函数； 奇函数×奇函数=偶函数.

（Ⅲ）奇函数±非零偶函数=非奇非偶函数； 奇函数×非零偶函数=奇函数.

【快速掌握】以奇函数x,偶函数x^2之间的四则运算可快速验证以上口诀,不需死记硬背.

2）常见的奇偶函数

（Ⅰ）奇函数:

$\frac{1}{x}$ x^3 $\sin x$ $\arcsin x$ $\tan x$ $\arctan x$ $\cot x$

（Ⅱ）偶函数:

x^2 $\frac{1}{x^2}$ $\cos x$ $|x|$ $\frac{1}{|x|}$ $\sqrt{|x|}$

♠**例 1.1.22** 下列函数是奇函数的是（ ）.

A. $f(x)=\frac{e^x+e^{-x}}{2}$ B. $f(x)=x\tan x$

C. $f(x)=\ln(x+\sqrt{1+x^2})$ D. $f(x)=e^{|x|}$

▶常见的有界函数.

$|\sin x|\leqslant 1$; $|\cos x|\leqslant 1$;

$|\arcsin x|\leqslant\frac{\pi}{2}$; $0\leqslant\arccos x\leqslant\pi$;

$|\arctan x|<\frac{\pi}{2}$; $0<\operatorname{arccot} x<\pi$.

第二节　极　　限

对于$\dfrac{1}{n}$,若依次取 $n=1,2,3,\cdots$,可得一个数列:

$$1,\frac{1}{2},\frac{1}{3},\frac{1}{4},\cdots,\frac{1}{n},\cdots,$$

称其为**数列**$\left\{\dfrac{1}{n}\right\}$,其中$\dfrac{1}{n}$称为数列的**通项**(或一般项).将这个数列的各项在数轴上标出,如图1.2.1所示.

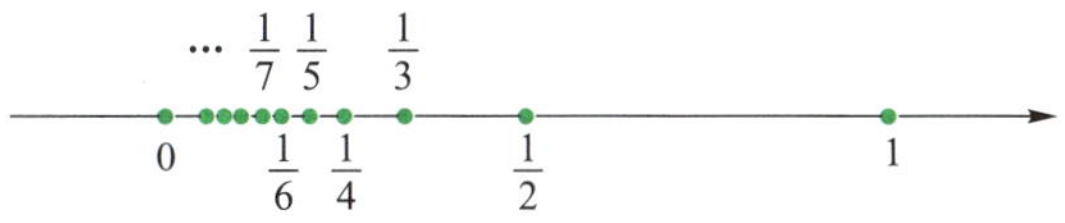

图 1.2.1

观察当 n 越来越大的时候,数列$\left\{\dfrac{1}{n}\right\}$怎么变化?

1. 数列的极限

定义 1.2.1　一般地,对于数列$\{a_n\}$,当 $n\to\infty$ 时,a_n 的值无限趋近于一个确定的常数 A,则称常数 A 为数列$\{a_n\}$的**极限**.

记为:$\lim\limits_{n\to\infty}a_n=A$,或者 $a_n\to A(n\to\infty)$.

此时称数列$\{a_n\}$**收敛**于 A.若数列$\{a_n\}$不收敛于任何常数,则称数列$\{a_n\}$**发散**.

如:数列$\left\{\dfrac{1}{n}\right\}$是收敛的,数列$\{n\}$是发散的.

▶数列的性质:单调有界数列必有极限.

定理 1.2.1　已知数列$\{x_n\}$,$\{y_n\}$,$\{z_n\}$满足:

1) $y_n\leqslant x_n\leqslant z_n$,　$n=1,2,3,\cdots$;

2) $\lim\limits_{n\to\infty}y_n=A$,$\lim\limits_{n\to\infty}z_n=A$,

则有 $\lim\limits_{n\to\infty}x_n=A$. 称此性质为**夹逼定理**或**迫敛性准则**.

2. 函数的极限

1) 当 $x\to\infty$ 时的极限

定义 1.2.2 如果 x 的绝对值无限增大，函数 $f(x)$ 无限趋近某个确定的常数 A，则称 A 为函数 $f(x)$ 当 $x\to\infty$ 时的**极限**.

记为：$\lim\limits_{x\to\infty}f(x)=A$，或 $f(x)\to A(x\to\infty)$.

如图 1.2.2 所示，$x\to\infty$ 包含两个方向，即 $x\to+\infty$ 和 $x\to-\infty$.

图 1.2.2

♠**例 1.2.1** 讨论 $f(x)=\dfrac{1}{x}$ 当 $x\to\infty$ 时的极限.

♠**例 1.2.2** 讨论 $f(x)=\arctan x$ 当 $x\to\infty$ 时的极限.

▶充分必要条件

$\lim\limits_{x\to\infty}f(x)$存在的充分必要条件是$\lim\limits_{x\to+\infty}f(x)$与$\lim\limits_{x\to-\infty}f(x)$**存在且相等**. 即

$$\lim_{x\to\infty}f(x)=A\Leftrightarrow\begin{cases}\lim\limits_{x\to+\infty}f(x)=A,\\ \lim\limits_{x\to-\infty}f(x)=A.\end{cases}$$

▶**邻域**

i）点 x_0 的 δ 邻域为$\underline{(x_0-\delta,x_0+\delta)}$,记作 $U(x_0;\delta)$.

ii）点 x_0 的去心 δ 邻域为$\underline{(x_0-\delta,x_0)\cup(x_0,x_0+\delta)}$,记作 $\mathring{U}(x_0;\delta)$.

2）当 $x\to x_0$ 时的极限

定义 1.2.3　设函数 $f(x)$ 在 x_0 的某去心邻域内有定义,如果当 $x\to x_0$ 时,函数 $f(x)$ 无限趋近于某一确定的常数 A,则称 A 为函数 $f(x)$ 当 $x\to x_0$ 时的**极限**.

记为:$\lim\limits_{x\to x_0}f(x)=A$, 或 $f(x)\to A(x\to x_0)$.

如图 1.2.3 所示,$x\to x_0$ 包含两个方向即 $x\to x_0^-$ 和 $x\to x_0^+$.

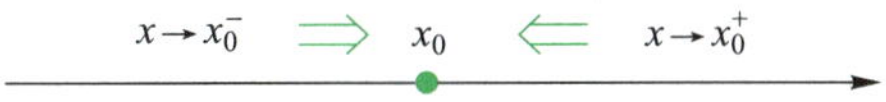

图 1.2.3

当从 x_0 左侧趋近于 x_0,即 $x\to x_0^-$ 时,$f(x)$的极限称为左极限,记作$\lim\limits_{x\to x_0^-}f(x)$;当从 x_0 右侧趋近于 x_0,即 $x\to x_0^+$ 时,$f(x)$的极限称为右极限,记作$\lim\limits_{x\to x_0^+}f(x)$.

♠**例 1.2.3**　讨论 $y=x$ 当 $x\to2$ 时的极限.

♠**例 1.2.4**　讨论$f(x)=\begin{cases}1, & x>0,\\ 0, & x=0,\\ -1, & x<0\end{cases}$当 $x\to0$ 时的极限.

▶ 充分必要条件

$f(x)$在x_0处的极限存在的充分必要条件是$f(x)$在x_0处的左、右极限**存在**且**相等**.

即$\lim\limits_{x\to x_0}f(x)=A\Leftrightarrow\begin{cases}\lim\limits_{x\to x_0^+}f(x)=A,\\ \lim\limits_{x\to x_0^-}f(x)=A.\end{cases}$

♠**例 1.2.5** $\lim\limits_{x\to x_0^+}f(x)=A$是$\lim\limits_{x\to x_0}f(x)=A$的________条件.

▶函数极限的**夹逼定理**

定理 1.2.2 对于x_0的某去心邻域内的一切x,都有

1) $g(x)\leqslant f(x)\leqslant h(x)$;

2) $\lim\limits_{x\to x_0}g(x)=A$, $\lim\limits_{x\to x_0}h(x)=A$,

则$\lim\limits_{x\to x_0}f(x)=A$.

特殊地,当$x\to\infty$时上述结论也成立.

3. 极限的四则运算

设$\lim\limits_{x\to x_0}f(x)=A$, $\lim\limits_{x\to x_0}g(x)=B$,则有

1) $\lim\limits_{x\to x_0}[f(x)\pm g(x)]=\lim\limits_{x\to x_0}f(x)\pm\lim\limits_{x\to x_0}g(x)=A\pm B$;

2) $\lim\limits_{x\to x_0}[f(x)\cdot g(x)]=\lim\limits_{x\to x_0}f(x)\cdot\lim\limits_{x\to x_0}g(x)=AB$;

3) $\lim\limits_{x\to x_0}[Cf(x)]=C\lim\limits_{x\to x_0}f(x)=CA$;

4) $\lim\limits_{x\to x_0}[f(x)]^n=[\lim\limits_{x\to x_0}f(x)]^n=A^n$;

5) $\lim\limits_{x\to x_0}\dfrac{f(x)}{g(x)}=\dfrac{\lim\limits_{x\to x_0}f(x)}{\lim\limits_{x\to x_0}g(x)}=\dfrac{A}{B}(B\neq 0)$.

【考点 1.7】直接代入法求极限

♠**例 1.2.6** 求$\lim\limits_{x\to 2}\left(x^2-5x+\dfrac{1}{x}\right)$.

♠**例 1.2.7** 求$\lim\limits_{x\to 2}\dfrac{2x^2+x-5}{3x+1}$.

♠例 1.2.8　求$\lim\limits_{x\to 2}(2x^3-5x+4)$.

【考点 1.8】指数函数求极限★

♠例 1.2.9　求$\lim\limits_{x\to\infty}\mathrm{e}^x$的极限.

♠例 1.2.10　求$\lim\limits_{x\to\infty}\mathrm{e}^{\frac{1}{x}}$的极限.

【考点 1.9】分段函数求极限

♠例 1.2.11　已知函数$f(x)=\begin{cases}\dfrac{\sin 2x}{x}, & x<0,\\ x+1, & x>0,\end{cases}$求$\lim\limits_{x\to 0}f(x)$.

♠例 1.2.12 已知函数 $f(x)=\frac{|x|}{x}$，求 $\lim\limits_{x\to 0}f(x)$.

【考点 1.10】"$\frac{\infty}{\infty}$"型求极限

1）分子、分母都是多项式，且自变量趋于∞，可用如下的判定方法：

$$\lim_{x\to\infty}\frac{a_0x^n+a_1x^{n-1}+\cdots+a_n}{b_0x^m+b_1x^{m-1}+\cdots+b_m}=\begin{cases}\text{不存在}, & n>m,\\ \frac{a_0}{b_0}, & n=m,\\ 0, & n<m.\end{cases}$$

♠例 1.2.13 $\lim\limits_{x\to\infty}\frac{2x^3-x^2+2}{x^2+x+1}=$______.

♠例 1.2.14 $\lim\limits_{x\to\infty}\frac{(1+x^3)x^2}{2x^5+1}=$______.

♠例 1.2.15　$\lim\limits_{x\to+\infty}\dfrac{\sqrt{2x+1}-3}{x-2}=$ ________.

2）分子、分母都是指数型函数式时，可同时除以绝对值最大的底数的相应指数幂.

♠例 1.2.16　求$\lim\limits_{n\to\infty}\dfrac{2^n+3^n}{2^{n+1}+3^{n+1}}$.

♠例 1.2.17　求$\lim\limits_{n\to\infty}\dfrac{2\cdot 3^n+3(-2)^n}{3^n}$.

【考点 1.11】夹逼定理求极限

通过放缩，取 n 项式最大值的极限与 n 项式最小值的极限，若两者相等，则可利用夹逼定理确定极限.

♠例 1.2.18　求极限$\lim\limits_{n\to\infty}\left(\dfrac{n}{n^2+1}+\dfrac{n}{n^2+2}+\cdots+\dfrac{n}{n^2+n}\right)$.

♠例 1.2.19　求极限$\lim\limits_{n\to\infty}\left(\dfrac{1}{\sqrt{1+n^2}}+\dfrac{1}{\sqrt{2+n^2}}+\cdots+\dfrac{1}{\sqrt{n+n^2}}\right)$.

【考点 1.12】两个重要的极限

1）极限$\lim\limits_{x\to 0}\dfrac{\sin x}{x}=1$.

♠**例 1.2.20** 求极限$\lim\limits_{x\to 0}\dfrac{\sin x}{2x}$.

♠**例 1.2.21** 求极限$\lim\limits_{x\to 0}\dfrac{\sin 5x}{x}$.

▶推论$\lim\limits_{x\to 0}\dfrac{\sin(ax)}{bx}=\dfrac{a}{b}$.

♠**例 1.2.22** 求极限$\lim\limits_{x\to \infty}\dfrac{\sin x}{x}$.

♠**例 1.2.23** 求极限$\lim\limits_{x\to \infty}x\sin\dfrac{1}{2x}$.

♠**例 1.2.24** 求极限$\lim\limits_{n\to \infty}n\sin\dfrac{\pi}{n}$.

由以上例题可知，在求函数极限时，要先观察自变量的变化趋势.

2）极限 $\lim\limits_{x\to\infty}\left(1+\dfrac{1}{x}\right)^{x}=\mathrm{e}$.

▶ 推论 $\lim\limits_{x\to 0}(1+x)^{\frac{1}{x}}=\mathrm{e}$.

♠**例 1.2.25**　证明：$\lim\limits_{x\to\infty}\left(1+\dfrac{k}{x}\right)^{x}=\mathrm{e}^{k}$.　　（此公式可直接作为结论使用）

♠**例 1.2.26**　求极限 $\lim\limits_{x\to\infty}\left(1+\dfrac{k}{x}\right)^{ax+b}$.

♠**例 1.2.27**　求极限 $\lim\limits_{x\to\infty}\left(1-\dfrac{1}{x}\right)^{4x+3}$.

♠例 1.2.28 求极限 $\lim\limits_{x\to\infty}\left(\frac{x-1}{x+1}\right)^{x+1}$.

♠例 1.2.29 求极限 $\lim\limits_{x\to\infty}\left(\frac{x^2-2}{x^2-3}\right)^{\frac{x^2+5}{2}}$.

【已知极限反求值问题】

♠例 1.2.30 若极限 $\lim\limits_{x\to\infty}\left(1-\frac{3}{x}\right)^{px}=e^{-2}$,则 $p=$________.

4. 无穷大量与无穷小量

1) 无穷小量

定义 1.2.4 若当 $x\to x_0$(或 $x\to\infty$)时,有 $f(x)$ 的极限为 0,则称 $f(x)$ 为当 $x\to x_0$(或 $x\to\infty$)时的**无穷小量**.

▶一个非零的数,无论多么小都不是无穷小量.

▶无穷小量是一个变量. 0 是特殊的无穷小量.

2) 无穷大量

定义 1.2.5 若当 $x\to x_0$(或 $x\to\infty$)时,有 $f(x)$ 的绝对值无限增大,则称 $f(x)$ 为当 $x\to x_0$(或 $x\to\infty$)时的**无穷大量**.

▶一个数,无论多么大都不是无穷大量.

▶无穷大量是一个变量. 无穷小量与无穷大量表示一个量的变化状态,如果要说明函数 $f(x)$ 是无穷小量或无穷大量,必须指出自变量的变化趋势. 如图 1.2.4 所示,当 $x\to-\infty$(或 $x\to+\infty$)时,$\frac{1}{x}$ 是无穷小量,当 $x\to0^-$(或 $x\to0^+$)时,$\frac{1}{x}$ 是无穷大量;如图 1.2.5 所示,当 $x\to0$ 时,$\sin x$ 是无穷小量;如图 1.2.6 所示,当 $x\to-\infty$ 时,e^x 是无穷小量,而当 $x\to+\infty$ 时,e^x 是无穷大量.

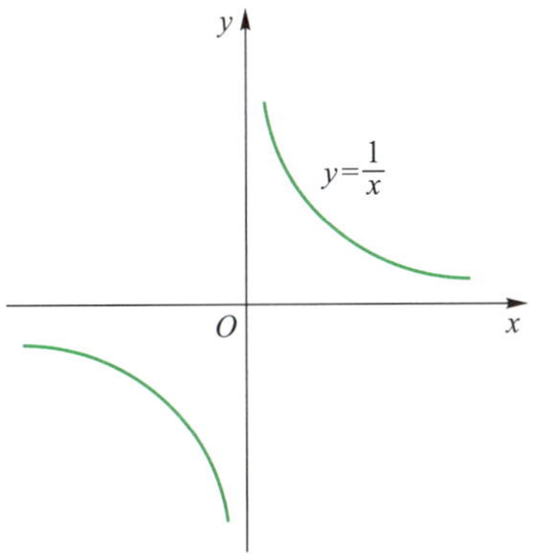

图 1.2.4

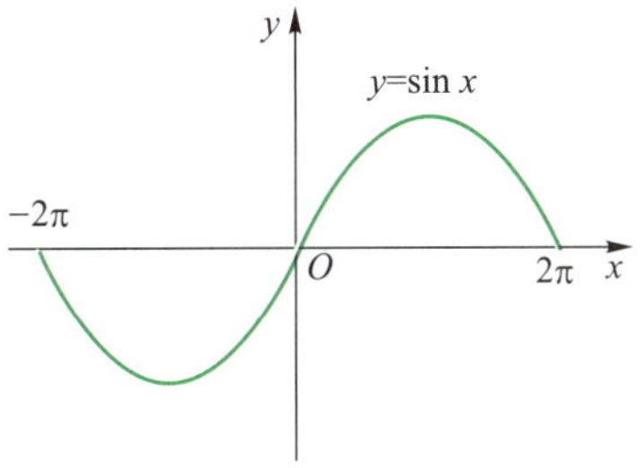

图 1.2.5

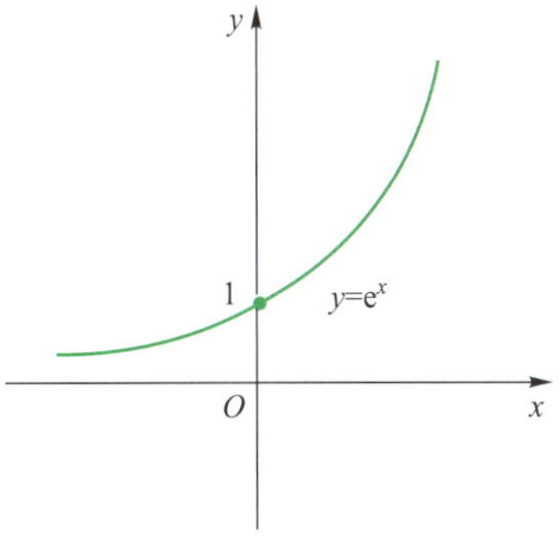

图 1.2.6

3）无穷大量与无穷小量之间的关系.

在 x 的同一变化趋势下：

i）若 $f(x)$ 为无穷小量且不为 0，则 $\dfrac{1}{f(x)}$ 为无穷大量.

ii）若 $f(x)$ 为无穷大量，则 $\dfrac{1}{f(x)}$ 为无穷小量.

♠**例 1.2.31** 求极限 $\lim\limits_{x\to\infty} x\sin\dfrac{1}{x}$.

4）无穷小量的性质.

性质 1 有限个无穷小量的代数和仍是无穷小量.

性质 2 有限个无穷小量的乘积仍是无穷小量.

性质 3 无穷小量与有界函数的乘积仍是无穷小量.

性质 4 无穷小量与常数的乘积仍是无穷小量.

♠**例 1.2.32** $\lim\limits_{x\to 0}\left(x\sin\dfrac{1}{x}+\dfrac{\sin x}{x}\right)=$________.

♠**例 1.2.33** $\lim\limits_{x\to\infty}\left(x\sin\dfrac{1}{x}+\dfrac{\sin x}{x}\right)=$________.

5. 无穷小量的比较

定义 1.2.6 若在自变量 x 的某一变化趋势下,有 $\lim\alpha(x)=0$, $\lim\beta(x)=0$,且 $\beta\neq 0$.

1) 若 $\lim\dfrac{\alpha(x)}{\beta(x)}=0$,则称 $\alpha(x)$ 是比 $\beta(x)$ **高阶的无穷小量**.

2) 若 $\lim\dfrac{\alpha(x)}{\beta(x)}=\infty$,则称 $\alpha(x)$ 是比 $\beta(x)$ **低阶的无穷小量**.

3) 若 $\lim\dfrac{\alpha(x)}{\beta(x)}=C$($C$ 是任意非零常数),则称 $\alpha(x)$ 与 $\beta(x)$ 是**同阶无穷小量**.

特别地,当 $C=1$ 时,称 $\alpha(x)$ 与 $\beta(x)$ 是**等价无穷小量**. 记为:$\alpha(x)\sim\beta(x)$.

6. 常见的等价无穷小量

当 $x\to 0$ 时,有

1) $\sin x\sim x$;　　2) $\arcsin x\sim x$;

3) $\tan x\sim x$;　　4) $\arctan x\sim x$;

5) $e^x-1\sim x$;　　6) $\ln(x+1)\sim x$;

7) $1-\cos x\sim\dfrac{1}{2}x^2$;　　8) $(1+x)^a-1\sim ax(a\neq 0)$.

7. 等价无穷小量替换原理

定理 1.2.3 1) 乘、除计算时可以使用等价无穷小量替换

若在 x 某一变化趋势下 $\alpha\sim\alpha_1$, $\beta\sim\beta_1$,则 $\lim\dfrac{\alpha}{\beta}=\lim\dfrac{\alpha_1}{\beta}=\lim\dfrac{\alpha}{\beta_1}=\lim\dfrac{\alpha_1}{\beta_1}$; $\lim\alpha\beta=\lim\alpha_1\beta=\lim\alpha\beta_1=\lim\alpha_1\beta_1$.

2) 加、减计算时在一定条件下可以使用等价无穷小量替换

若在 x 某一变化趋势下 $\alpha\sim\alpha_1,\beta\sim\beta_1$ 且 $\lim\dfrac{\alpha_1}{\beta_1}=A\neq 1$,则 $(\alpha-\beta)\sim(\alpha_1-\beta_1)$;若在 x 某一变化趋势下 $\alpha\sim\alpha_1,\beta\sim\beta_1$ 且 $\lim\dfrac{\alpha_1}{\beta_1}=A\neq -1$,则 $(\alpha+\beta)\sim(\alpha+\beta)$.

♠**例 1.2.34** $\lim\limits_{x\to 0}\dfrac{\ln(1+4x)}{\sin x}=$________.

♠例 1.2.35　$\lim\limits_{x\to0}\dfrac{e^{x^2}-1}{\cos x-1}=$________.

♠例 1.2.36　$\lim\limits_{x\to0}\dfrac{1-e^{3x}}{\tan 2x}=$________.

♠例 1.2.37　$\lim\limits_{x\to0}\dfrac{\sqrt{1+x^2}-1}{\arctan x^2}=$________.

【考点 1.13】无穷小量的比较

♠例 1.2.38　当 $x\to0$ 时，$e^{2x}-1$ 是 $\sin 3x$ 的(　　)无穷小量.

A. 高阶　　B. 低阶

C. 同阶但不等价　　D. 等价

♠例 1.2.39　当 $x\to0$ 时，下列无穷小量中与 $\sqrt{1+x}-\sqrt{1-x}$ 等价的是(　　).

A. x　　B. $2x$　　C. x^2　　D. $2x^2$

♠例 1.2.40　当 $x\to0$ 时，下列无穷小量的阶数最高的是(　　).

A. x^2　　B. $1-\cos x$　　C. $\sqrt{1-x}-1$　　D. $\sin x-\tan x$

【考点 1.14】根式有理化

▶极限式中含有根式形式的，要利用根式有理化(分子有理化或分母有理化)对极限式进行整理.

♠例 1.2.41　求$\lim\limits_{x\to0}\dfrac{x(e^x-1)}{\sqrt{1+x^2}-\sqrt{1-x^2}}$.

♠例 1.2.42　求$\lim\limits_{x\to\infty}(\sqrt{x^2+1}-\sqrt{x^2-1})$.

第三节 连续与间断

1. 增量

设函数 $f(x)$ 在点 x_0 处有增量 Δx，即 $\Delta x=x-x_0$，相应地有函数值的增量 $\Delta y=f(x)-f(x_0)=f(x_0+\Delta x)-f(x_0)$．如图 1.3.1 所示：

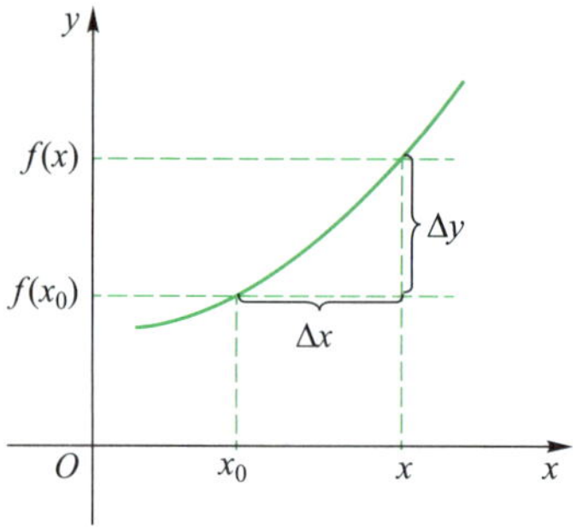

图 1.3.1

2. 连续

定义 1.3.1 函数 $y=f(x)$ 在点 x_0 某邻域内有定义，且 $x_0+\Delta x\in \mathring{U}(x_0;\delta)$，若

$$\lim_{\Delta x\to 0}\Delta y=\lim_{\Delta x\to 0}[f(x_0+\Delta x)-f(x_0)]=0,$$

则称 $y=f(x)$ 在点 x_0 处**连续**.

如图 1.3.1，当 $\Delta x\to 0$ 时，此时 $\Delta y\to 0$，即有 $\lim\limits_{\Delta x\to 0}\Delta y=0$，满足定义 1.3.1，所以 $f(x)$ 在点 x_0 处是连续的.

如图 1.3.2，当 $\Delta x\to 0$ 时，此时 Δy 不再趋于 0，而是趋于一个固定的常数 $A-f(x_0)$，即 $\lim\limits_{\Delta x\to 0}\Delta y=A-f(x_0)\neq 0$，所以 $f(x)$ 在 x_0 间断，即不连续.

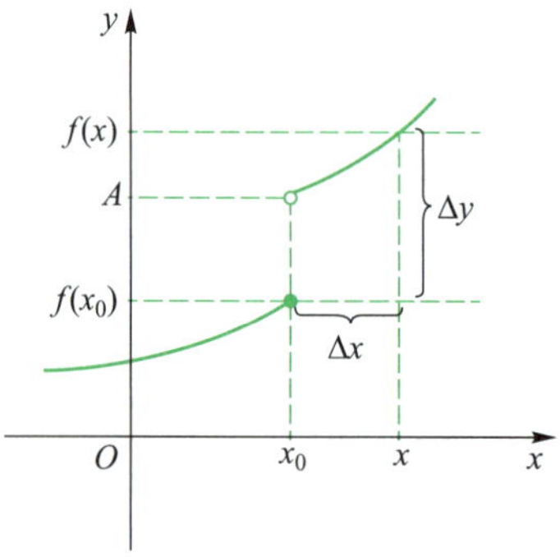

图 1.3.2

若 $f(x)$ 在点 x_0 连续，则当 $\Delta x \to 0$ 时，有 $x \to x_0$，所以有

$$\Delta y = f(x) - f(x_0),$$

因此，定义 1.3.1 可以写成

$$\lim_{x \to x_0}[f(x) - f(x_0)] = 0,$$

即 $\lim\limits_{x \to x_0} f(x) = f(x_0)$. 故有以下定义：

定义 1.3.2　函数 $f(x)$ 在 x_0 的某邻域上有定义，若

$$\lim_{x \to x_0} f(x) = f(x_0),$$

则称函数 $f(x)$ 在点 x_0 处**连续**.

从定义 1.3.2 中，可以得出连续的三要素：

1）$f(x)$ 在点 x_0 的某邻域内有定义；

2）$f(x)$ 在点 x_0 的极限存在，即 $\lim\limits_{x \to x_0} f(x) = A$；

3）$f(x)$ 在点 x_0 的极限 A 等于该点处的函数值 $f(x_0)$，即 $\lim\limits_{x \to x_0} f(x) = A = f(x_0)$.

3. 左连续、右连续

1）函数 $f(x)$ 在点 x_0 的左邻域内有定义，且 $\lim\limits_{x \to x_0^-} f(x) = f(x_0)$，则称函数 $f(x)$ 在点 $x = x_0$ 处**左连续**.

2）函数 $f(x)$ 在点 x_0 的右邻域内有定义，且 $\lim\limits_{x \to x_0^+} f(x) = f(x_0)$，则称函数 $f(x)$ 在点 $x = x_0$ 处**右连续**.

▶ 函数连续的充分必要条件：函数 $f(x)$ 在点 $x = x_0$ 处连续的充分必要条件是 $f(x)$ 在点 $x = x_0$ 处左连续且右连续.

【考点 1.15】连续的充分必要条件

♠**例 1.3.1**　$\lim\limits_{x \to x_0} f(x)$ 存在是 $f(x)$ 在点 $x = x_0$ 处连续的________条件.

♠**例 1.3.2**　$\lim\limits_{x \to x_0} f(x) = f(x_0)$ 是 $f(x)$ 在点 $x = x_0$ 处连续的________条件.

♠**例 1.3.3**　函数 $f(x)$ 在点 $x = x_0$ 处有定义是函数 $f(x)$ 在点 $x = x_0$ 处连续的________条件.

【考点 1.16】分段函数在点 $x = x_0$ 处连续的判断

♠**例 1.3.4**　设 $f(x) = \begin{cases} \dfrac{a\sin x}{x}, & x \neq 0, \\ 1, & x = 0 \end{cases}$ 在点 $x = 0$ 处连续，则（　　）.

A. $a = 1$　　B. $a = 2$　　C. $a = 0$　　D. $a = -1$

♠**例 1.3.5** 设 $f(x)=\begin{cases} e^{ax}-a, & x\leqslant 0, \\ a\cos 2x+x, & x>0 \end{cases}$ 在点 $x=0$ 处连续，则 $a=$________.

♠**例 1.3.6** 设 $f(x)=\begin{cases} \dfrac{\sin 2x}{x}, & x<0, \\ 3x^2-2x+k, & x\geqslant 0 \end{cases}$ 在点 $x=0$ 处连续，则 $k=$________.

4. 间断点的分类

间断点 $\begin{cases} \text{左、右极限都存在} \Rightarrow \text{第一类间断点} \begin{cases} \text{左极限} = \text{右极限} \Rightarrow \text{可去间断点} \\ \text{左极限} \neq \text{右极限} \Rightarrow \text{跳跃间断点} \end{cases} \\ \text{左、右极限至少有一个不存在} \Rightarrow \text{第二类间断点} \begin{cases} \text{极限为无穷大} \Rightarrow \text{无穷间断点} \\ \text{振荡不存在} \Rightarrow \text{振荡间断点} \end{cases} \end{cases}$

1）可去间断点（函数在该点间断，但在该点极限存在）

Ⅰ）如图 1.3.3 所示，$f(x)$ 在 $x=x_0$ 处无定义.

Ⅱ）如图 1.3.4 所示，$f(x)$ 在 $x=x_0$ 处有定义，但在该点处函数值不等于该点的极限.

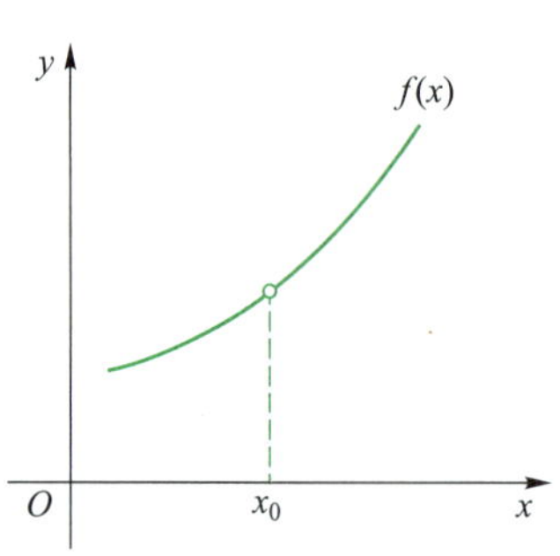

图 1.3.3

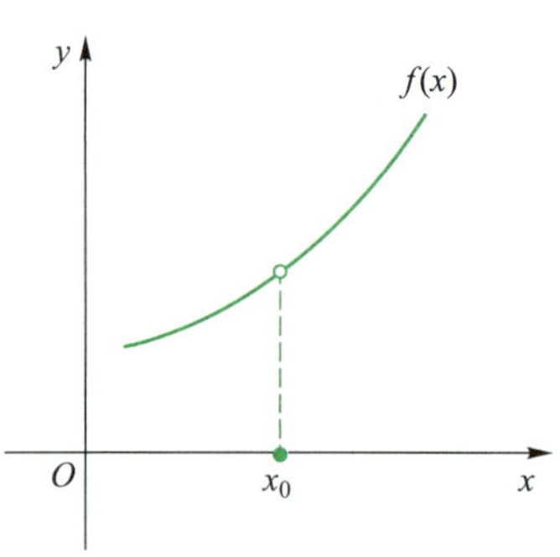

图 1.3.4

当 $x=x_0$ 为 $f(x)$ 的可去间断点时，可以通过重新定义 $x=x_0$ 处的函数值使 $f(x)$ 在 $x=x_0$ 处连续.

2）跳跃间断点（在该点左、右极限分别存在，但在该点极限不存在）

如图 1.3.5 所示，$x=x_0$ 为 $f(x)$ 的跳跃间断点.

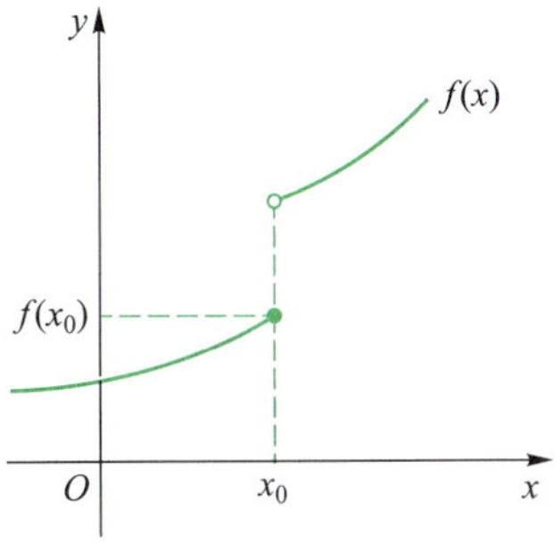

图 1.3.5

3）无穷间断点（在该点左、右极限至少有一个是无穷或不存在）

如图 1.3.6 所示，$x=0$ 是 $y=\dfrac{1}{x}$ 的无穷间断点.

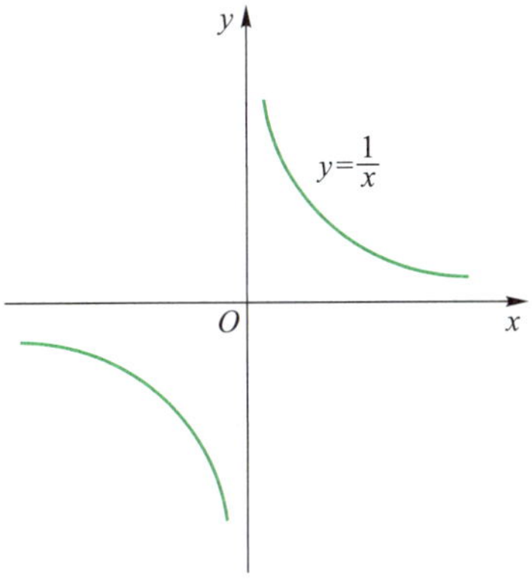

图 1.3.6

▶无穷间断点一定是使函数没有意义的点.（即该点不在函数定义域内）

4）振荡间断点（自变量趋近该点时，函数值在两个数值之间无限次振荡）

如图 1.3.7 所示，当 $x\to0$ 时，函数 $y=\sin\dfrac{1}{x}$ 的值在 $[-1,1]$ 之间无限次振荡. 极限 $\lim\limits_{x\to0}\sin\dfrac{1}{x}$ 不存在，因此 $x=0$ 是 $\sin\dfrac{1}{x}$ 的振荡间断点.

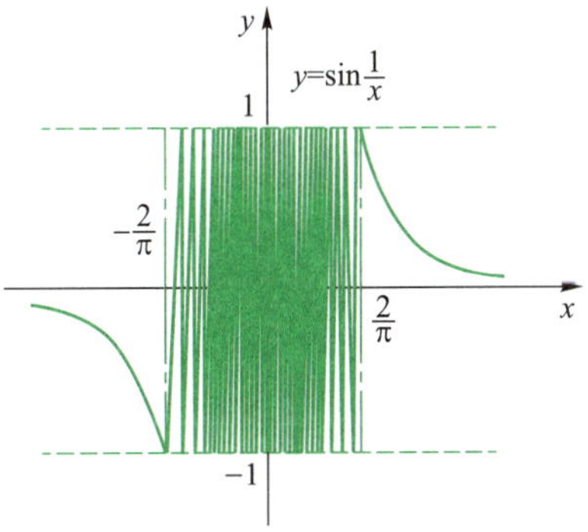

图 1.3.7

【考点 1.17】间断点类型的判断

间断点类型判断步骤：

1）求在 x_0 处的左、右极限；

2）判断左、右极限是否相等、是否有无定义的点或极限不存在的点.

♠**例 1.3.7** 设函数 $f(x)=\begin{cases}2-x, & x\neq 0,\\ 1, & x=0,\end{cases}$ 则 $x=0$ 是 $f(x)$ 的________间断点.

♠**例 1.3.8** $x=-1$ 是 $y=\dfrac{x^2-1}{x^2-x-2}$ 的________间断点.

♠**例 1.3.9** 设函数 $y=\dfrac{x^2-1}{x^2-3x+2}$，则 $x=1$ 是________间断点，$x=2$ 是________间断点.

♠**例 1.3.10** $x=0$ 是 $y=\dfrac{e^{\frac{1}{x}}+1}{e^{\frac{1}{x}}-1}$ 的________间断点.

♠例 1.3.11　$x=a$ 是 $f(x)=\dfrac{x-a}{|x-a|}$ 的________间断点.

5. 渐近线

1）水平渐近线：若 $\lim\limits_{x\to\infty}f(x)=C$ 或 $\lim\limits_{x\to+\infty}f(x)=C$ 或 $\lim\limits_{x\to-\infty}f(x)=C$，则 $y=C$ 是 $f(x)$ 的水平渐近线.

如图 1.3.8 所示，$y=\arctan x$ 有 2 条水平渐近线分别是 $y=\dfrac{\pi}{2}$ 和 $y=-\dfrac{\pi}{2}$.

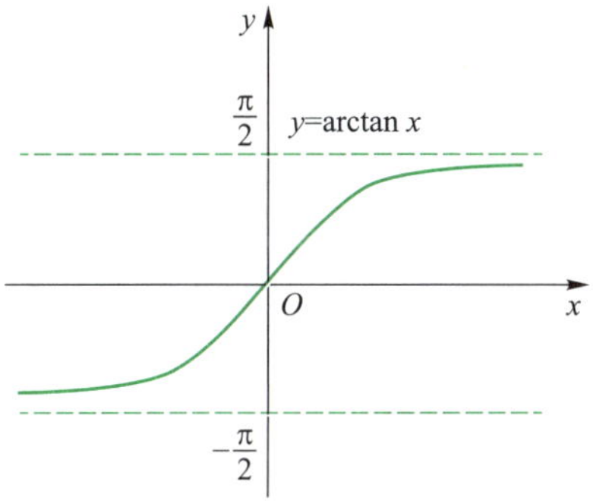

图 1.3.8

2）垂直渐近线：若 $\lim\limits_{x\to x_0}f(x)=\infty$ 或 $\lim\limits_{x\to x_0^-}f(x)=\infty$ 或 $\lim\limits_{x\to x_0^+}f(x)=\infty$，则 $x=x_0$ 是 $f(x)$ 的垂直渐近线.

如图 1.3.9 所示，$y=\dfrac{1}{x}$ 的垂直渐近线为 $x=0$.

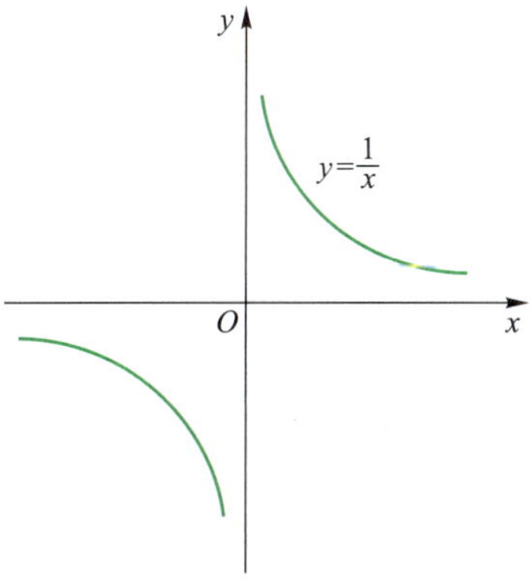

图 1.3.9

3）斜渐近线

若$\lim\limits_{x\to\infty}\frac{f(x)}{x}=k$且$\lim\limits_{x\to\infty}[f(x)-kx]=b$，则$f(x)$存在斜渐近线$y=kx+b$.

【考点 1.18】求渐近线

♠**例 1.3.12** 求$y=\frac{2}{2+x}$的渐近线.

♠**例 1.3.13** 求$y=\frac{x^2+4x-5}{x-1}$的渐近线.

♠**例 1.3.14** 求$y=e^{\frac{1}{x}}$的渐近线.

6. 零点定理(根的存在性定理)

定理 1.3.1 若函数$f(x)$在闭区间$[a,b]$上连续，且$f(a)f(b)<0$，则至少存在一点$\xi\in(a,b)$使得$f(\xi)=0$.

该定理可用来判断函数$f(x)$在某区间内零点的存在性，若函数$f(x)$在闭区间$[a,b]$上连续，不妨令 $f(a)>0$，$f(b)<0$，由图 1.3.10 可知，要想从点 A 到点 B，则曲线必然至少与 x 轴相交一次（也可能相交数次）．即 $f(x)=0$ 在区间 (a,b) 至少存在一个根．（同理 $f(a)<0$，$f(b)>0$ 情况亦如此．）

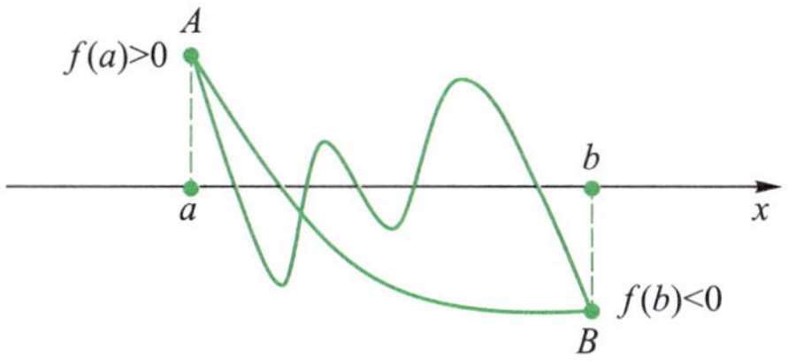

图 1.3.10

【考点 1.19】证明根的存在性

♠**例 1.3.15**　下列方程在 $[0,1]$ 上有实根的是（　　）．

A．$\sin x+x-\frac{1}{2}=0$　　B．$x^2+3x+1=0$

C．$\arcsin x+3=0$　　D．$x-\sin x+\frac{1}{2}=0$

♠**例 1.3.16**　证明方程 $x^2-4x=-1$ 在 $(0,1)$ 内至少有一个根．

★零点定理在证明存在根的问题时的解题步骤：

1）构造函数确定闭区间$[a,b]$；

2）验证零点定理的两个条件$\begin{cases}\text{在闭区间连续,}\\ \text{在端点函数值异号;}\end{cases}$

3）写结论：由零点定理可知，在区间$[a,b]$上原方程至少存在一个根.

4）零点定理与单调性可以结合考查根的唯一性；

验证根的唯一性（有且仅有一个、有唯一根）时，通常先求导，用导数的正负来判断函数的单调性，如果函数在该区间单调，则根唯一.

7. 介值定理

定理 1.3.2 设函数$f(x)$在闭区间$[a,b]$上连续，且在区间的端点处取不同的函数值，即$f(a)=A$及$f(b)=B(A<B)$，则对于A和B之间的任意一个数$C(A<C<B)$，在开区间(a,b)内至少有一点ξ，使得$f(\xi)=C$.

推论 若$f(x)$在$[a,b]$上连续，则$f(x)$在(a,b)内可取到介于最小值m与最大值M之间的任何值. 即：若函数$f(x)$在闭区间$[a,b]$上连续，对任意$\eta\in[m,M]$，存在$c\in(a,b)$，使得$f(c)=\eta$.

♠**例 1.3.17** $f(x)$在$[0,2]$上连续，且$2f(0)+f(1)+2f(2)=20$，证明：存在$c\in[0,2]$，使$f(c)=4$.

♠**例 1.3.18** 设$f(x)$在$[a,b]$上连续，$x_i\in[a,b]$，$t_i>0(i=1,2,3,\cdots,n)$，且$\sum\limits_{i=1}^{n}t_i=1$，证明：至少存在一点$\xi\in[a,b]$使$f(\xi)=t_1f(x_1)+t_2f(x_2)+\cdots+t_nf(x_n)$.

第二章　一元函数微分学

第一节　导数与微分

设在曲线 $y=f(x)$ 上有两点 $M(x_0,f(x_0))$，$N(x,f(x))$（如图 2.1.1），可知直线 l_{MN} 的斜率为 $k_{MN}=\dfrac{f(x)-f(x_0)}{x-x_0}$. 当 $\Delta x\to 0$ 时，点 $N\to M$，此时有直线 $l_{MN}\to l_{MT}$，即斜率 $k_{MN}\to k_{MT}$，所以有

$$\lim_{\Delta x\to 0}k_{MN}=k_{MT},$$

又 $f(x)=f(x_0+\Delta x)$，则有

$$k_{MT}=\lim_{\Delta x\to 0}\frac{f(x_0+\Delta x)-f(x_0)}{\Delta x}=\lim_{\Delta x\to 0}\frac{\Delta y}{\Delta x}.$$

该极限便是函数 $f(x)$ 在点 M 处切线的斜率.

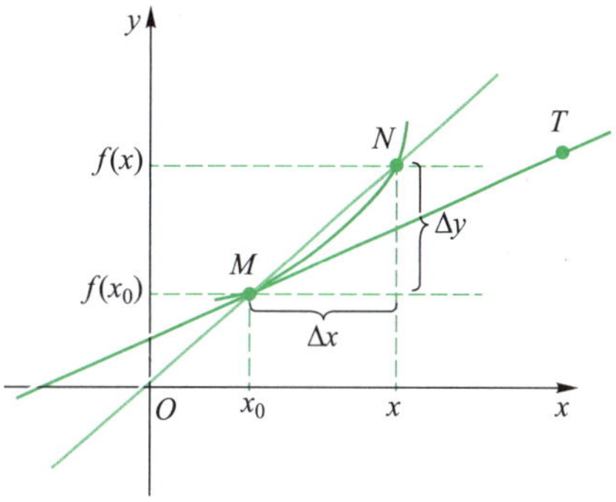

图 2.1.1

1. 导数的定义

定义 2.1.1　函数 $y=f(x)$ 在点 $x=x_0$ 的某邻域内有定义且在 $x=x_0$ 处有增量 Δx，相应地有 $\Delta y=f(x_0+\Delta x)-f(x_0)$，如果极限

$$\lim_{\Delta x\to 0}\frac{f(x_0+\Delta x)-f(x_0)}{\Delta x}$$

存在，则称 $y=f(x)$ 在点 $x=x_0$ 处**可导**，称此极限为 $y=f(x)$ 在点 $x=x_0$ 处的**导数**.

记为：$f'(x_0)$ 或 $y'\big|_{x=x_0}$ 或 $\left.\dfrac{\mathrm{d}y}{\mathrm{d}x}\right|_{x=x_0}$.

若该极限不存在，则称函数 $y=f(x)$ 在点 $x=x_0$ 处**不可导**.

若只表示函数 $f(x)$ 对 x 的导数，则记为：$f'(x)$ 或 y' 或 $\dfrac{\mathrm{d}y}{\mathrm{d}x}$.

★ 函数 $f(x)$ 在点 $x=x_0$ 处的导数值 $f'(x_0)$ 就是曲线 $y=f(x)$ 在点 $M(x_0,f(x_0))$ 处切线的斜率.

2. 左导数、右导数

定义 2.1.2　如果函数 $y=f(x)$ 在点 $x=x_0$ 及其左侧邻域内有定义，当

$$\lim_{\Delta x \to 0^-} \frac{f(x_0+\Delta x)-f(x_0)}{\Delta x}$$

存在时，则称该极限为函数 $f(x)$ 在点 $x=x_0$ 处的**左导数**，记为：$f'_-(x_0)$.

同理可得，$f(x)$ 在 $x=x_0$ 处的**右导数**为：

$$f'_+(x_0)=\lim_{\Delta x \to 0^+} \frac{f(x_0+\Delta x)-f(x_0)}{\Delta x}.$$

▶ 充分必要条件：

函数 $f(x)$ 在点 $x=x_0$ 处可导的充分必要条件是函数 $f(x)$ 在 $x=x_0$ 处的左、右导数**存在**且**相等**.

【考点 2.1】函数在点 $x=x_0$ 处的可导性判断

▶ 左导数、右导数用于判定“分段函数”“带绝对值函数”在点 $x=x_0$ 处的可导性.

♠**例 2.1.1** 讨论 $y=|x|$ 在 $x=0$ 处是否连续、可导.

♠**例 2.1.2** 设 $f(x)=\begin{cases} x^2\sin\dfrac{1}{x}, & x\neq 0, \\ 0, & x=0 \end{cases}$ 在点 $x=0$ 处（　　）.

A. 极限不存在　　B. 极限存在但不连续

C. 连续但不可导　　D. 连续且可导

【考点 2.2】可导与连续的关系

▶ 若 $f(x)$ 可导则 $f(x)$ 必连续，反之，若 $f(x)$ 连续则 $f(x)$ 不一定可导.

♠**例 2.1.3** $f(x)$ 在 x_0 处不连续，则在 x_0 处一定（　　）.

A. 不可导　　B. 无定义　　C. 极限不存在　　D. 可导

3. 导数在几何上的应用

题型：求函数 $f(x)$ 在点 $(x_0, f(x_0))$ 处的切线方程与法线方程.

求点斜式方程 $\begin{cases} 点(x_0, f(x_0)), \\ 切线的斜率\ k=f'(x_0), \end{cases}$

则 $f(x)$ 在 $(x_0, f(x_0))$ 处的切线方程为：

$$y-f(x_0)=f'(x_0)(x-x_0).$$

当 $f'(x_0)\neq 0$ 时，由互相垂直的直线斜率之积为 -1 可知法线斜率为 $-\dfrac{1}{f'(x_0)}$，即可求出 $f(x)$ 在 $(x_0, f(x_0))$ 处的法线方程为：

$$y-f(x_0)=-\frac{1}{f'(x_0)}(x-x_0).$$

4. 反函数的导数

反函数的导数是其直接函数导数的倒数.

设 $y=f(x)$ 与 $y=\varphi(x)$ 互为反函数,则当 $f'(x)\neq 0$ 时,有 $\varphi'(x)=\dfrac{1}{f'(x)}$.

5. 导函数的奇偶性

1）若 $f(x)$ 是偶函数,则 $f'(x)$ 是奇函数.

2）若 $f(x)$ 是奇函数,则 $f'(x)$ 是偶函数.

6. 导数的 18 个基本公式

1）$(C)'=0$;

2）当 $n\neq 0$ 时,$(x^n)'=nx^{n-1}$;

3）当 $a>0$ 且 $a\neq 1$ 时,$(a^x)'=a^x\ln a$;

4）当 $a>0$ 且 $a\neq 1$ 时,$(\log_a x)'=\dfrac{1}{x\ln a}$;

5）$(\sin x)'=\cos x$;

6）$(\cos x)'=-\sin x$;

7）$(\tan x)'=\sec^2 x$;

8）$(\cot x)'=-\csc^2 x$;

9）$(\sec x)'=\sec x\tan x$;

10）$(\csc x)'=-\csc x\cot x$;

11）$(\arcsin x)'=\dfrac{1}{\sqrt{1-x^2}}$;

12）$(\arccos x)'=-\dfrac{1}{\sqrt{1-x^2}}$;

13）$(\arctan x)'=\dfrac{1}{1+x^2}$;

14）$(\operatorname{arccot} x)'=-\dfrac{1}{1+x^2}$;

15）$\left(\dfrac{1}{x}\right)'=-\dfrac{1}{x^2}$;

16）$(\sqrt{x})'=\dfrac{1}{2\sqrt{x}}$;

17）$(\mathrm{e}^x)'=\mathrm{e}^x$;

18）$(\ln x)'=\dfrac{1}{x}$.

7. 导数的四则运算法则

设函数 $u=u(x)$,$v=v(x)$ 均为可导函数,则

1）$(u\pm v)'=u'\pm v'$;

2）$(uv)'=u'v+uv'$;

3）$\left(\dfrac{u}{v}\right)'=\dfrac{u'v-uv'}{v^2}$;

4）$(Cu)'=Cu'$（C 为常数）.

♠**例 2.1.4**　求 $y=2x^3+4x^2+5$ 的导数.

♠**例 2.1.5**　求 $y=\sin x\ln x$ 的导数.

♠**例 2.1.6** 求 $y=\dfrac{\sin x}{x}$的导数.

8. 复合函数的求导法则:链式法则

若有 $y=f(u)$,$u=u(x)$,由它们复合成的函数为 $y=f[u(x)]$,则 y 对 x 的导数为

$$\frac{\mathrm{d}y}{\mathrm{d}x}=\frac{\mathrm{d}y}{\mathrm{d}u}\frac{\mathrm{d}u}{\mathrm{d}x}.$$

【考点 2.3】复合函数求导

♠**例 2.1.7** 函数 $y=(x^2+1)^2$,求$\dfrac{\mathrm{d}y}{\mathrm{d}x}$.

♠**例 2.1.8** 函数 $y=\sqrt{2-\cos x}$,求 y'.

♠例 2.1.9　证明$(\tan x)'=\sec^2 x$.

♠例 2.1.10　函数 $y=\ln\sqrt{xe^x}$,求 y'.

【考点 2.4】导数定义式变形题

♠例 2.1.11　设 $f'(x)=1$,则 $\lim\limits_{h\to 0}\dfrac{f(x+2h)-f(x-3h)}{2h}=$________.

♠例 2.1.12　设 $f'(x_0)=-1$,则 $\lim\limits_{h\to 0}\dfrac{f(x_0)-f(x_0+3h)}{2h}=$________.

9. 高阶导数

设函数 $y=x^n$，则

$$\frac{dy}{dx}\leftrightarrow\text{一阶导数}\quad y'=nx^{n-1}$$

$$\frac{d^2y}{dx^2}\leftrightarrow\text{二阶导数}\quad y''=n(n-1)x^{n-2}$$

$$\frac{d^3y}{dx^3}\leftrightarrow\text{三阶导数}\quad y'''=n(n-1)(n-2)x^{n-3}$$

$$\cdots\cdots\quad\cdots\cdots$$

$$\frac{d^ny}{dx^n}\leftrightarrow n\text{ 阶导数}\quad y^{(n)}=n!$$

一般来说，函数 $f(x)$ 的导数仍然是关于 x 的函数. 如果 $f'(x)$ 在点 x 的导数存在，则称此导数为函数 $f(x)$ 在点 x 处的二阶导数，记为：$f''(x)$，y''或$\frac{d^2y}{dx^2}$且

$$f''(x)=\lim_{\Delta x\to 0}\frac{f'(x+\Delta x)-f'(x)}{\Delta x}.$$

类似地，二阶导数的导数，称为三阶导数，记为 $f'''(x)$，y'''或$\frac{d^3y}{dx^3}$.

▶ 常见的 n 阶导数：

1) $(e^x)^{(n)}=e^x$；

2) $(a^x)^{(n)}=a^x\ln^n a$；

3) $(x^m)^{(n)}=\begin{cases} m!, & m=n, \\ 0, & m<n, \\ \dfrac{m!}{(m-n)!}x^{m-n}, & m>n; \end{cases}$

4) $(\sin x)^{(n)}=\sin\left(n\cdot\frac{\pi}{2}+x\right)$；

5) $(\cos x)^{(n)}=\cos\left(n\cdot\frac{\pi}{2}+x\right)$.

【考点 2.5】求高阶导数

♠**例 2.1.13** 设函数 $f(x)=(x-1)(x-2)(x-3)\cdots(x-2023)$，则 $f'(1)=$ ________.

♠**例 2.1.14** 设函数 $y=x^{2022}+x^{2021}+x^{2020}+\cdots+x$,那么 $y^{(2022)}=$ ________.

10. 隐函数及其导数

1）如 $y=x+2$,能用 x 的表达式表示一个 y 的函数称为**显函数**.

2）将 $y=x+2$ 写成 $x-y+2=0$ 这种方程的形式,称为显函数隐化.

3）$e^{x+y}+e^{xy}=x$:此式无法写成用一个 x 的表达式表示 y 的形式,即无法显化. 但 x 与 y 具有函数关系,所以称其确定了一个**隐函数** $y=y(x)$.

【考点 2.6】隐函数求导

♠**例 2.1.15** 求由方程 $e^{y}+xy-e=0$ 所确定的隐函数 $y=y(x)$ 的导数$\frac{dy}{dx}$.

♠**例 2.1.16** 求方程 $x+y=e^{xy}$ 所确定的隐函数的导数 $y'|_{x=0}$.

♠**例 2.1.17** 求由 $\ln(x^2+y)=x^3y+\sin x$ 确定的隐函数 $y=y(x)$ 的导数.

【考点 2.7】对数求导法

1）恒等式变形求导.

♠**例 2.1.18** 求 $y=x^{\sin x}$ 的导数.

2）等号两边取对数.

♠**例 2.1.19** 函数 $y=\sqrt{\dfrac{(x-1)(x-2)}{(x-3)(x-4)}}$，求 y'.

【考点 2.8】参数方程求导

已知参数方程$\begin{cases}x=\varphi(t),\\y=\psi(t),\end{cases}$求$\dfrac{\mathrm{d}y}{\mathrm{d}x},\dfrac{\mathrm{d}^2y}{\mathrm{d}x^2}$.

♠**例 2.1.20**　若 x,y 满足参数方程 $\begin{cases} x=3t+1, \\ y=2t^2-t+1, \end{cases}$ 求 $\frac{dy}{dx},\frac{d^2y}{dx^2}$.

♠**例 2.1.21**　求参数方程 $\begin{cases} x=a\cos t, \\ y=b\sin t \end{cases}$ $(a\neq 0,b\neq 0)$ 在 $t=\frac{\pi}{4}$ 的对应点处的切线方程.

11. 微分

设 $f(x)$ 在点 $x=x_0$ 处可导,则

$$f'(x_0)=\lim_{\Delta x\to 0}\frac{\Delta y}{\Delta x}=A.$$

当 $\Delta x\to 0$ 时,有 $\frac{\Delta y}{\Delta x}\to A$,记

$$\frac{\Delta y}{\Delta x}-A=\alpha,$$

其中 α 是当 $\Delta x\to 0$ 时的无穷小量,即有

$$\Delta y=A\Delta x+\alpha\Delta x=f'(x_0)\Delta x+\alpha\Delta x.$$

这里 $\alpha\Delta x$ 是比 Δx 更高阶的无穷小量. 称 $f'(x_0)\Delta x$ 为 $f(x)$ 在 $x=x_0$ 处的**微分**,且有 $\Delta y\approx dy$. 记为:$dy=f'(x_0)\Delta x=f'(x_0)dx$.

12. 微分的 18 个基本公式

1) $dC=0$;

2) 当 $n\neq 0$ 时,$d(x^n)=nx^{n-1}dx$;

3) 当 $a>0$ 且 $a\neq 1$ 时,$d(a^x)=a^x\ln a\,dx$;

4) 当 $a>0$ 且 $a\neq 1$ 时,$d(\log_a x)=\frac{1}{x\ln a}dx$;

5) $d(\sin x)=\cos x\,dx$;

6) $d(\cos x)=-\sin x\,dx$;

7) $d(\tan x)=\sec^2 x\,dx$;

8) $d(\cot x)=-\csc^2 x\,dx$;

9) $d(\sec x)=\sec x\tan x\,dx$;

10) $d(\csc x)=-\csc x\cot x\,dx$;

11) $d(\arcsin x)=\frac{1}{\sqrt{1-x^2}}dx$;

12) $d(\arccos x)=-\frac{1}{\sqrt{1-x^2}}dx$;

13) $d(\arctan x)=\frac{1}{1+x^2}dx$;

14) $d(\text{arccot } x)=-\frac{1}{1+x^2}dx$;

15) $d\left(\frac{1}{x}\right)=-\frac{1}{x^2}dx$;

16) $d(\sqrt{x})=\frac{1}{2\sqrt{x}}dx$;

17) $d(e^x)=e^x dx$;

18) $d(\ln x)=\frac{1}{x}dx$.

13. 微分在近似计算中的应用

$\Delta y\approx dy$，又 $\Delta y=f(x_0+\Delta x)-f(x_0)$，$dy=f'(x_0)\Delta x$，所以有

$$f(x_0+\Delta x)-f(x_0)\approx f'(x_0)\Delta x,$$

移项可得

$$f(x_0+\Delta x)\approx f(x_0)+f'(x_0)\Delta x,$$

上式中，令 $x=x_0+\Delta x$，则有 $f(x)\approx f(x_0)+f'(x_0)\Delta x$. 即若题干中给的是 x 时，往往 $f(x)$ 是较难算出值的，此时只需要将 x 拆分成 $x_0+\Delta x$ 形式，然后代入上式计算，其中 $f(x_0)$ 是较容易求出的.

【考点 2.9】用微分求近似值

♠**例 2.1.22** 计算$\sqrt{5}$的近似值(结果保留两位小数).

♠**例 2.1.23** 求函数 $f(x)=\ln x$ 在 1.01 处的近似值.

第二节　洛必达法则求极限

如果在自变量的某个变化趋势下，两个函数都趋于 0 或者都趋于无穷大量，那么极限 $\lim \dfrac{f(x)}{g(x)}$ 可能存在，也可能不存在. 通常把这种极限叫作**未定式**，分别简记为“$\dfrac{0}{0}$”型或“$\dfrac{\infty}{\infty}$”型.

如：

1）$\dfrac{\sin x}{x}$，当 $x\to 0$ 时为“$\dfrac{0}{0}$”型未定式.

2）$\dfrac{e^x}{x}$，当 $x\to +\infty$ 时为“$\dfrac{\infty}{\infty}$”型未定式.

1. 洛必达法则

定理 2.2.1　设函数 $f(x)$，$g(x)$ 满足下列条件：

1）$\lim\limits_{x\to\square} f(x)=0$（或 $f(x)\to\infty$），$\lim\limits_{x\to\square} g(x)=0$（或 $g(x)\to\infty$）；

2）在点 x_0 的某去心邻域内函数 $f(x)$，$g(x)$ 都可导，且 $g'(x)\neq 0$；

3）$\lim\limits_{x\to\square}\dfrac{f'(x)}{g'(x)}=A$（或 ∞），

则 $\lim\limits_{x\to\square}\dfrac{f(x)}{g(x)}=\lim\limits_{x\to\square}\dfrac{f'(x)}{g'(x)}=A$（或 ∞）.

$x\to\square$ 可以是：$x\to x_0$，$x\to x_0^-$，$x\to x_0^+$，$x\to\infty$，$x\to -\infty$，$x\to +\infty$.

【考点 2.10】用洛必达法则求极限

♠**例 2.2.1**　求 $\lim\limits_{x\to 0}\dfrac{x-\sin x}{x^3}$.

♠**例 2.2.2**　求 $\lim\limits_{x\to 0}\dfrac{x-\sin x}{\sin^3 x}$.

♠**例 2.2.3**　求 $\lim\limits_{x\to 0}\dfrac{x^2(e^x-1)}{\sqrt{1+\tan x}-\sqrt{1+x}}$.

2. 洛必达法则使用的注意事项

1）洛必达法则可以连续使用.

2）每使用一次洛必达法则,必须先化简再计算.

3）洛必达法则不是万能的.

♠**例 2.2.4** 求 $\lim\limits_{x\to\infty}\dfrac{x+\sin x}{x-\cos x}$.

【考点 2.11】计算其他类型未定式极限

其他类型的未定式极限可通过整理转化为“$\dfrac{0}{0}$”型或“$\dfrac{\infty}{\infty}$”型,具体方法如下.

$$\text{“}\infty-\infty\text{”型}\xrightarrow{\text{通分}}\left\{\begin{array}{l}\text{“}\dfrac{0}{0}\text{”型}\\ \text{“}\dfrac{\infty}{\infty}\text{”型}\end{array}\right.\xleftarrow{\text{取倒数}}\text{“}0\cdot\infty\text{”型}\xleftarrow[u^v=\mathrm{e}^{v\ln u}]{\text{恒等变形}}\left\{\begin{array}{l}\text{“}0^0\text{”型}\\ \text{“}\infty^0\text{”型}\\ \text{“}1^\infty\text{”型}\end{array}\right.$$

1）“$\infty-\infty$”型求极限.

♠**例 2.2.5** 求极限 $\lim\limits_{x\to\frac{\pi}{2}}(\sec x-\tan x)$.

2）“$0\cdot\infty$”型求极限.

♠**例 2.2.6** 求极限 $\lim\limits_{x\to+\infty}x\left(\dfrac{\pi}{2}-\arctan x\right)$.

3）“0^0”型，“∞^0”型，“1^∞”型幂指函数求极限.

▶ 利用恒等变形关系式 $u^v=e^{v\ln u}$

♠例 2.2.7　求 $\lim\limits_{x\to0^+}x^{\sin x}$.

♠例 2.2.8　求 $\lim\limits_{x\to0^+}\left(\dfrac{1}{x}\right)^{\tan x}$.

♠例 2.2.9　求 $\lim\limits_{x\to0^+}(\cos x)^{\frac{1}{x^2}}$.

【考点 2.12】已知极限反求值问题

♠例 2.2.10　已知 $\lim\limits_{x\to1}\dfrac{x^2-ax+b}{1-x}=5$，求 a,b 的值.

【考点 2.13】洛必达法则与间断点结合

♠例 2.2.11　设 $f(x)=x^{\frac{1}{x-1}}$，则 $x=1$ 是________间断点.

第三节 微分中值定理

1. 罗尔中值定理

定理 2.3.1 设函数 $f(x)$ 满足以下条件：

1) $f(x)$ 在闭区间 $[a,b]$ 上连续；

2) $f(x)$ 在开区间 (a,b) 内可导；

3) $f(a)=f(b)$，

则在 (a,b) 内至少存在一点 ξ 使得

$$f'(\xi)=0.$$

▶ 罗尔中值定理的几何意义：

如图 2.3.1 所示，如果连续曲线 $y=f(x)$ 在区间 $[a,b]$ 上是光滑的曲线，且两端点的函数值相等，那么在这条曲线上至少存在一点 $\xi\in(a,b)$，使曲线在点 $x=\xi$ 处的切线与 x 轴平行.

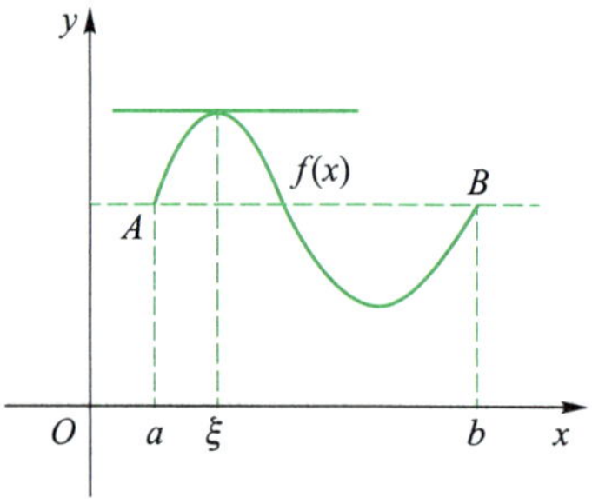

图 2.3.1

【考点 2.14】涉及罗尔中值定理的证明题

♠**例 2.3.1** 已知 $4x+3x^3-x^5=0$ 有一负根 $x=-2$，证明：方程 $4+9x^2-5x^4=0$ 必有大于 -2 的负根.

♠**例 2.3.2** 已知 $f(x)$ 在 $[0,1]$ 上连续，在 $(0,1)$ 内可导，且 $f(0)=0$，$f(1)=2$，证明：在 $(0,1)$ 内至少存在一点 ξ，使得 $f'(\xi)=2\xi+1$.

2. 拉格朗日中值定理

定理 2.3.2　设函数 $f(x)$ 满足以下条件：

1) $f(x)$ 在闭区间 $[a,b]$ 上连续；

2) $f(x)$ 在开区间 (a,b) 内可导，

则至少存在一点 $\xi\in(a,b)$ 使得

$$f'(\xi)=\frac{f(b)-f(a)}{b-a}.$$

▶ 拉格朗日中值定理的几何意义：

如图 2.3.2 所示，如果曲线 $y=f(x)$ 在 $[a,b]$ 上是光滑的，那么在这条曲线上至少存在一点 ξ，使曲线在点 $x=\xi$ 处的切线平行于两端点的连线 AB.

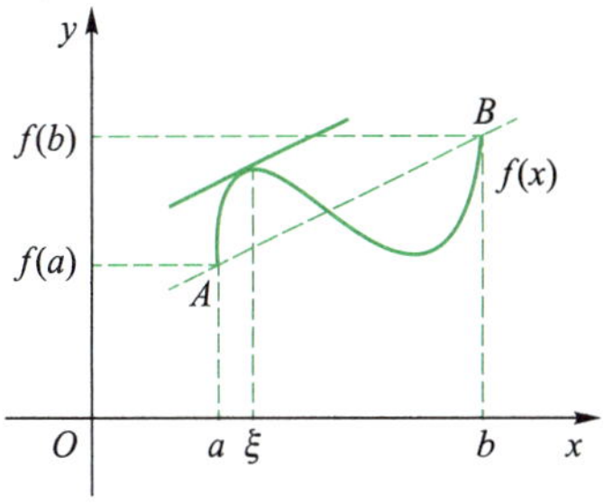

图 2.3.2

【考点 2.15】涉及拉格朗日中值定理的证明题

♠**例 2.3.3**　证明不等式：$\frac{m-n}{m}<\ln\frac{m}{n}<\frac{m-n}{n}$，其中 $0<n<m$.

♠**例 2.3.4**　证明：当 $x>0$ 时，$\frac{x}{1+x}<\ln(1+x)<x$.

3. 柯西中值定理

定理 2.3.3 设函数 $f(x)$ 和 $g(x)$ 满足

1) 在闭区间 $[a,b]$ 上连续;

2) 在开区间 (a,b) 内可导;

3) 对于任一 $x\in(a,b)$, $g'(x)\neq 0$

则至少存在一点 $\xi\in(a,b)$, 使得 $\dfrac{f(b)-f(a)}{g(b)-g(a)}=\dfrac{f'(\xi)}{g'(\xi)}$.

【考点 2.16】涉及柯西中值定理的证明题

♠**例 2.3.5** 设函数 $f(x)$ 在 $[a,b]$ 上连续, 在 (a,b) 内可导 $(a>0)$,

证明: 存在 $\xi\in(a,b)$, 使得 $f(b)-f(a)=\xi f'(\xi)\ln\dfrac{b}{a}$.

♠**例 2.3.6** 设函数 $f(x)$ 在 $[a,b]$ 上可导 $(a>0)$,

证明: 存在 $\xi\in(a,b)$, 使得 $2\xi[f(b)-f(a)]=(b^2-a^2)f'(\xi)$.

4. 泰勒中值定理

▶ 泰勒中值定理形式 1：

定理 2.3.4　如果函数 $f(x)$ 在点 $x=x_0$ 处具有 n 阶导数，那么存在 x_0 的一个邻域，对于该邻域内的任一 x，$f(x)=f(x_0)+f'(x_0)(x-x_0)+\frac{f''(x_0)}{2!}(x-x_0)^2+\cdots+\frac{f^{(n)}(x_0)}{n!}(x-x_0)^n+o[(x-x_0)^n]$ 其中 $o[(x-x_0)^n]$ 称为佩亚诺余项，意为当 $x\to x_0$ 时比 $(x-x_0)^n$ 高阶的无穷小量. 公式 $f(x)=f(x_0)+f'(x_0)(x-x_0)+\frac{f''(x_0)}{2!}(x-x_0)^2+\cdots+\frac{f^{(n)}(x_0)}{n!}(x-x_0)^n+o[(x-x_0)^n]$ 称为 $f(x)$ 在点 $x=x_0$ 处的带佩亚诺余项的 n 阶泰勒公式.

▶ 泰勒中值定理形式 2：

定理 2.3.5　如果函数 $f(x)$ 在点 $x=x_0$ 的某个邻域内具有 $(n+1)$ 阶导数，则对于该邻域内的任一 x，有

$$f(x)=f(x_0)+f'(x_0)(x-x_0)+\frac{f''(x_0)}{2!}(x-x_0)^2+\cdots+\frac{f^{(n)}(x_0)}{n!}(x-x_0)^n+\frac{f^{(n+1)}(\xi)}{(n+1)!}(x-x_0)^{n+1}$$

其中 $\frac{f^{(n+1)}(\xi)}{(n+1)!}(x-x_0)^{n+1}$ 称为拉格朗日余项，其中 ξ 是介于 x 与 x_0 之间的某个值. 公式

$$f(x)=f(x_0)+f'(x_0)(x-x_0)+\frac{f''(x_0)}{2!}(x-x_0)^2+\cdots+\frac{f^{(n)}(x_0)}{n!}(x-x_0)^n+\frac{f^{(n+1)}(\xi)}{(n+1)!}(x-x_0)^{n+1}$$

称为 $f(x)$ 在点 $x=x_0$ 处的带拉格朗日余项的 n 阶泰勒公式.

▶ 麦克劳林公式

当 $x_0=0$ 时的泰勒公式称为麦克劳林公式，即

(1) $f(x)=f(0)+f'(0)x+\frac{f''(0)}{2!}x^2+\cdots+\frac{f^{(n)}(0)}{n!}x^n+o(x^n)$，

该公式称为带佩亚诺余项的麦克劳林公式.

(2) $f(x)=f(0)+f'(0)x+\frac{f''(0)}{2!}x^2+\cdots+\frac{f^{(n)}(0)}{n!}x^n+\frac{f^{(n+1)}(\xi)}{(n+1)!}x^{n+1}$，

其中 ξ 介于 0 与 x 之间，该公式称为带拉格朗日余项的麦克劳林公式.

【考点 2.17】涉及泰勒中值定理的问题

♠**例 2.3.7**　求函数 $f(x)=\tan x$ 的带佩亚诺余项的 3 阶麦克劳林公式.

♠**例 2.3.8** 利用泰勒公式求极限 $\lim\limits_{x\to 0}\dfrac{\sin x-x\cos x}{\sin^3 x}$.

♠**例 2.3.9** 设 $f(x)$ 在 $[-1,1]$ 上三阶连续可导，$f(-1)=0,f'(0)=0,f(1)=1$，证明：存在 $\xi\in(-1,1)$，使得 $f'''(\xi)=3$.

第四节　导数的应用

一、函数的单调性

如图 2.4.1 与图 2.4.2 可以看出，单调递增的函数图像上任一点处的切线都必经过第一、第三象限，即 $k>0$；从图 2.4.3 与图 2.4.4 可以看出，单调递减的函数图像上任一点处切线都必经过第二、第四象限，即 $k<0$.

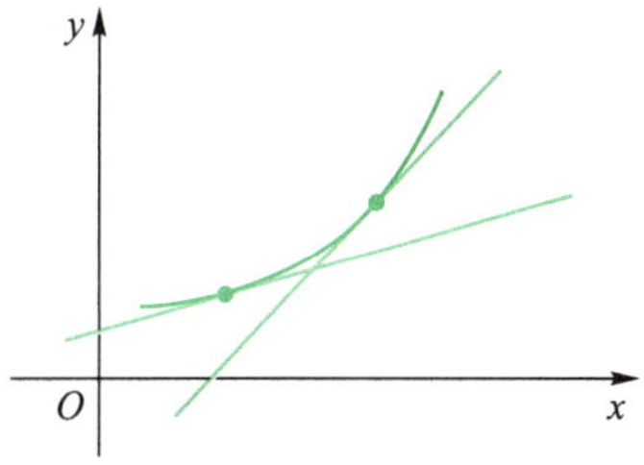

图 2.4.1

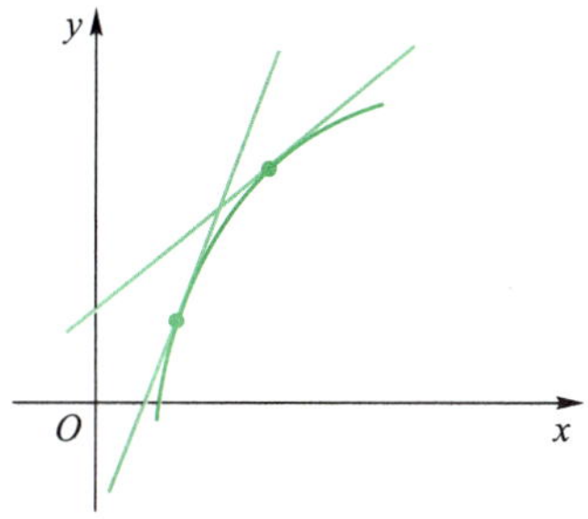

图 2.4.2

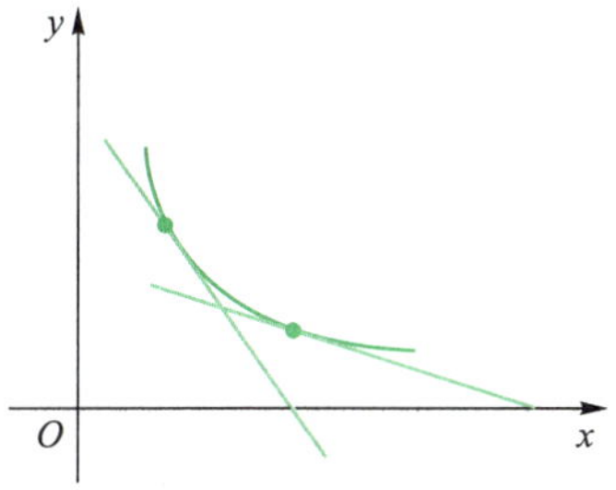

图 2.4.3

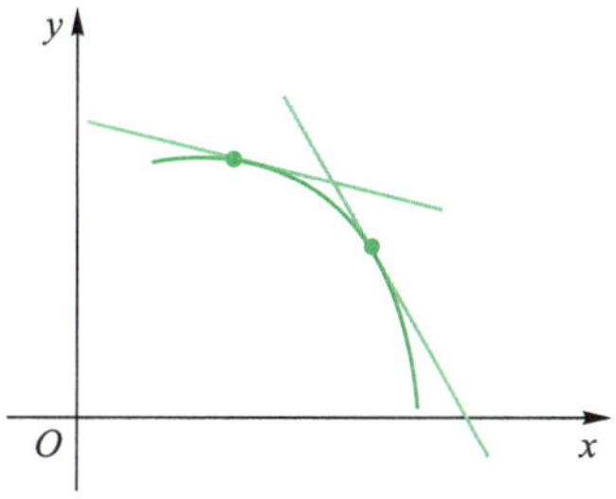

图 2.4.4

1. 函数单调性判定定理

定理 2.4.1　若函数 $y=f(x)$ 在 $[a,b]$ 上连续，在 (a,b) 内可导，则有

1) 若在 (a,b) 内 $f'(x)>0$，则 $f(x)$ 在 $[a,b]$ 上单调递增；

2) 若在 (a,b) 内 $f'(x)<0$，则 $f(x)$ 在 $[a,b]$ 上单调递减.

♠**例 2.4.1**　函数 $y=\sin x$ 在 $(0,2\pi)$ 上如何变化？

【考点 2.18】求函数的单调区间

题型:求 $y=f(x)$ 的单调区间.

具体步骤如下:

1) 求出 $f(x)$ 的定义域 D;

2) 求出 $f'(x)$,求出 $f'(x)=0$ 的根和 $f'(x)$ 无意义的点,并用这两类点将 D 分成若干子区间;

3) 列表:将求出的子区间填入表中,讨论 $f'(x)$ 在每个子区间的符号,从而判定 $f(x)$ 的单调性.

♠**例 2.4.2** 讨论 $f(x)=-x^3+3x$ 的单调性.

♠**例 2.4.3** 函数 $y=3x^4-4x^3$(　　).

A. 在 $(-\infty,1)$ 内单调递减　　B. 在 $(-\infty,0)$ 内单调递增

C. 在 $(0,+\infty)$ 内单调递减　　D. 在 $(0,+\infty)$ 内单调递增

二、 函数的极值

1. 函数极值的定义

定理 2.4.2 函数 $f(x)$ 在点 $x=x_0$ 的某邻域 $U(x_0;\delta)$ 内有定义,如果对该邻域内任一点 x,有 $f(x)<f(x_0)$ 成立,如图 2.4.5 所示,则称 $f(x_0)$ 为 $f(x)$ 的**极大值**,其中 x_0 为 $f(x)$ 的**极大值点**;

如果 $f(x)>f(x_0)$ 成立,如图 2.4.6 所示,则称 $f(x_0)$ 为 $f(x)$ 的**极小值**,其中 x_0 为 $f(x)$ 的**极小值点**;

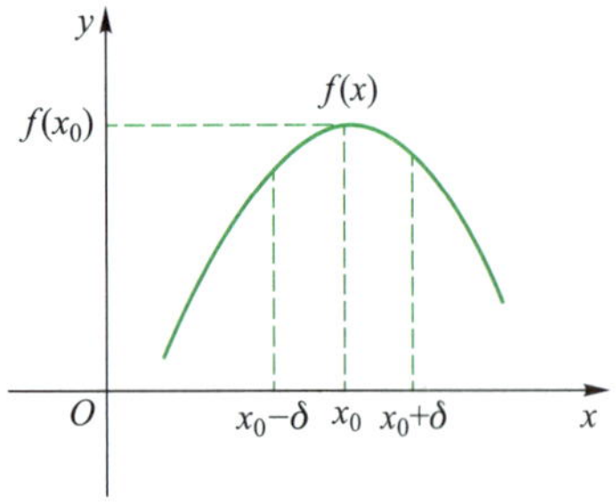

图 2.4.5

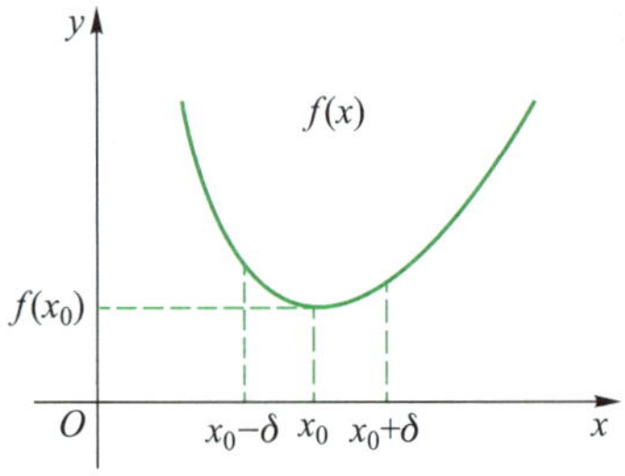

图 2.4.6

2. 极值的第一判定定理

定理 2.4.3　设函数 $f(x)$ 在点 $x=x_0$ 处连续，且在点 $x=x_0$ 的某一去心邻域 $\mathring{U}(x_0;\delta)$ 内可导，如果在该邻域内

1）当 $x<x_0$ 时，$f'(x)>0$；当 $x>x_0$ 时，$f'(x)<0$，则 $f(x)$ 在点 $x=x_0$ 处取**极大值**.

2）当 $x<x_0$ 时，$f'(x)<0$；当 $x>x_0$ 时，$f'(x)>0$，则 $f(x)$ 在点 $x=x_0$ 处取**极小值**.

3）若在点 $x=x_0$ 的两侧邻域内 $f'(x)$ 不变号，则 $f(x)$ 在点 $x=x_0$ 处不取极值.

▶ 极值点的特性：

1）是函数单调性的分界点；

2）是一个横坐标 x_0.

3. 驻点与不可导点

1）使 $f'(x)=0$ 的点叫作**驻点**.

2）使 $f'(x)$ 无意义的点叫作**不可导点**.

▶ 极值点从驻点或不可导点中取得.

图 2.4.7 为 $y=\sqrt{|x|}$ 的图像，$x=0$ 为不可导点，但是单调性的分界点，所以 $x=0$ 为极值点；图 2.4.8 为 $y=x^3$ 的图像，$x=0$ 为驻点，但其不是单调性的分界点，所以不是极值点.

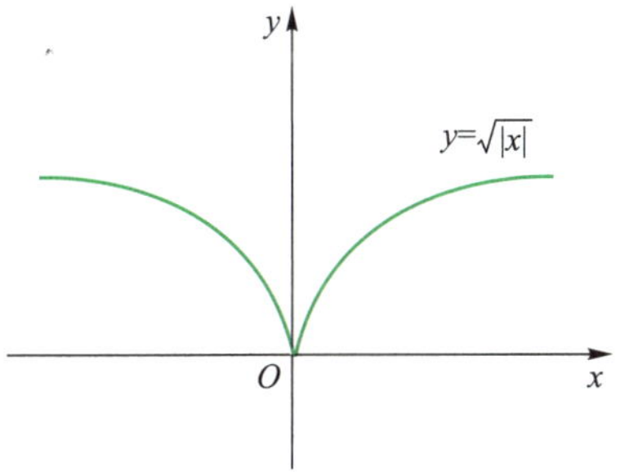

图 2.4.7

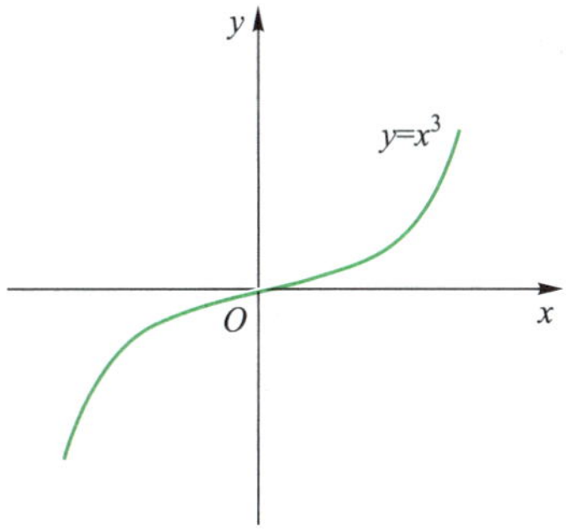

图 2.4.8

【考点 2.19】函数的单调区间与极值

题型：求 $f(x)$ 的单调区间与极值.

具体步骤如下：

1）求出 $f(x)$ 的定义域 D；

2）求出 $f'(x)$，求出 $f'(x)=0$ 的点（**驻点**）和 $f'(x)$ 不存在的点（**不可导点**），并用此两类点将 D 分成若干子区间；

3）列表，分别讨论 $f'(x)$ 在每个子区间的符号，进而判断 $f(x)$ 的单调性并判断 2）中的点是否是 $f(x)$ 单调性的分界点.

♠**例 2.4.4**　讨论 $f(x)=-x^3+3x$ 的单调性与极值.

♠**例 2.4.5** 已知函数$f(x)$在区间$(-\delta,\delta)$内连续,当$x\in(-\delta,0)$时,$f'(x)<0$;当$x\in(0,\delta)$时,$f'(x)>0$,则在区间$(-\delta,\delta)$内(　　).

A. $f(0)$是极小值　　B. $f(0)$是极大值

C. $f(0)$不是极值　　D. $f(0)$是最大值

♠**例 2.4.6** 设x_0是函数$f(x)$的极值点,则下列命题中正确的是(　　).

A. $f'(x_0)=0$　　B. $f'(x_0)\neq 0$

C. $f'(x_0)=0$或$f'(x_0)$不存在　　D. $f'(x_0)$不存在

4. 极值的第二判定定理

定理 2.4.4 设函数$f(x)$在点$x=x_0$的某邻域$U(x_0;\delta)$内一阶可导,在点$x=x_0$处二阶可导,且$f'(x_0)=0,f''(x_0)\neq 0$.

1) 如果$f''(x_0)>0$,则$f(x)$在x_0取极小值.

2) 如果$f''(x_0)<0$,则$f(x)$在x_0取极大值.

注意:当$f''(x_0)=0$时无法判定极值,第二定理失效.此时应用极值的第一判定定理判定极值.

♠**例 2.4.7** $f(x)=\dfrac{1}{3}x^3-x$,则$x=1$(　　).

A. 是极大值点　　B. 是极小值点

C. 不是极值点　　D. 是不可导点

三、 函数的最值

如果函数$f(x)$在闭区间$[a,b]$内连续,则在该区间必存在最值.

如图 2.4.9,结合极值、极值点的定义,可知:

1) 极值是一个局部性概念,是函数局部范围内的最值,而不是区间或定义域内的最值.

2) 函数在某段区间内极值点的个数不一定唯一.

3) 对于极值点,只要符合定义即可,不必连续或可导.故极值点可能是间断点、不可导点或导数为 0 的点,但不可能为区间端点.

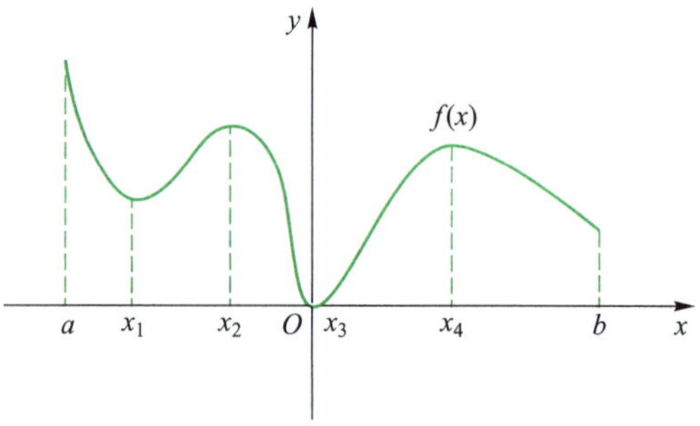

图 2.4.9

【考点 2.20】求函数的最值

题型:求函数$f(x)$在区间$[a,b]$上的最值.

具体步骤如下:

1) 求出$f'(x)$的驻点与$f'(x)$不存在的点;

2) 求出以上所有点的函数值及区间端点的函数值;

3) 以上函数值中,最大的即为$f(x)$在区间$[a,b]$上的最大值,最小的即为$f(x)$在区间$[a,b]$上的最小值.

♠**例 2.4.8**　求函数 $y=2x^3-3x^2$ 在区间 $[-1,4]$ 上的最值.

【考点 2.21】实际问题求最值

在实际应用中,若函数在给定区间内可导且有唯一驻点,并在该驻点处取得极值,则该极值便是实际问题的最值;若是极大值则为实际问题的最大值,若是极小值则为实际问题的最小值. 专升本考试中通常会考查以下两种实际问题:

▶ 利润最大

▶ 成本最低

解题步骤如下:

1）根据题干建立目标函数;

2）对目标函数求导,求出驻点、不可导点;

3）若只得一个驻点,由实际问题必存在最值可知,该驻点即为最值点.

♠**例 2.4.9**　某工厂生产计算器,日产量 x 台,成本函数为 $C(x)=7\ 500+50x-0.02x^2$(单位:元),收入函数为 $R(x)=80x-0.03x^2$(单位:元),产销平衡,试确定日产量为多少台时,利润最大?

♠**例 2.4.10**　造一个体积为 V m^3,深为 h m 的长方形无盖水池,池壁造价为 a 元/m^2,池底造价为 $2a$ 元/m^2,问:水池底面边长各为多少时,造价最低?

四、曲线的凹凸性与拐点

观察图 2.4.1 与图 2.4.3,曲线上任一点处的切线都在曲线的下方,称此曲线为凹的;而图 2.4.2 与图 2.4.4 中,曲线上任一点处的切线都在曲线的上方,称此曲线为凸的.

1. 曲线凹凸性判定定理

定理 2.4.5　设函数 $y=f(x)$ 在 $[a,b]$ 上连续,在 (a,b) 内存在二阶导数.

1) 若在 (a,b) 内 $f''(x)>0$,则曲线 $f(x)$ 在 (a,b) 内是凹的;

2) 若在 (a,b) 内 $f''(x)<0$,则曲线 $f(x)$ 在 (a,b) 内是凸的.

2. 拐点

- 连续曲线凹凸性的分界点,称为曲线的**拐点**.
- 拐点是一个点坐标 $(x_0,f(x_0))$.

如图 2.4.10 所示,$y=\sin x$ 的拐点为 $(k\pi,0)(k\in\mathbf{Z})$;如图 2.4.11 所示,$y=x^3$ 的拐点为 $(0,0)$.

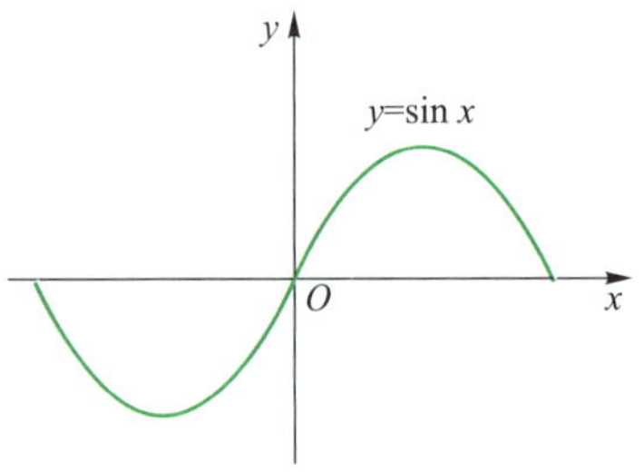

图 2.4.10

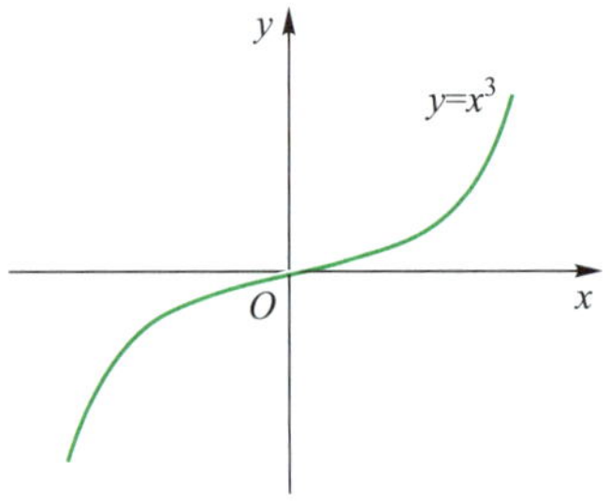

图 2.4.11

拐点是曲线凹凸性的分界点,即拐点两侧,曲线的凹凸性不同,从而在拐点的横坐标两侧,函数的二阶导数值符号异号.

【考点 2.22】求曲线的凹凸区间、拐点

题型:求函数 $f(x)$ 图像的凹凸区间与拐点.

1) 确定函数的定义域 D;

2) 求出 $f''(x)=0$ 的根和 $f''(x)$ 不存在的点;

3) 列表:用上述点将 D 分成若干子区间,讨论每个子区间中 $f''(x)$ 的符号,从而确定凹凸区间与拐点.

♠**例 2.4.11**　试判断函数 $y=x-\sin x$ 在区间 $\left(0,\dfrac{\pi}{2}\right)$ 上图像的凹凸性.

♠**例 2.4.12**　设 $a<x<b, f'(x)<0, f''(x)<0$，在 (a,b) 内 $y=f(x)$ (　　).

A. 单调递减且为凹函数　　B. 单调递减且为凸函数

C. 单调递增且为凹函数　　D. 单调递增且为凸函数

♠**例 2.4.13**　若点 $(1,2)$ 是曲线 $y=ax^3+bx^2$ 的拐点，则 $a=$________，$b=$________.

第三章　一元函数积分学

第一节　不定积分

一、不定积分的概念与性质

思考：已知 x^2 的导数是 $2x$. 那么以下括号中应填什么？

$$(\qquad\qquad)'=2x.$$

通过第二章的学习，利用求导公式可知，$(x^2)'=2x$，又因常数的导数为 0，所以不难发现 $(x^2+1)'=2x$，$(x^2+2)'=2x$，$(x^2+3)'=2x$，…，故 x^2 加上任意常数 C 的导数依然是 $2x$，即有 $(x^2+C)'=2x$.

那么，对于给定的函数 $f(x)$，如果已知 $F'(x)=f(x)$，该如何求 $F(x)$ 呢？为此，下面引入原函数的概念.

1. 原函数

定义 3.1.1　设 $f(x)$ 是区间 (a,b) 内的函数，若存在 $F(x)$ 使得对任意 $x\in(a,b)$ 均有 $F'(x)=f(x)$ 或 $\mathrm{d}[F(x)]=f(x)\mathrm{d}x$，则称 $F(x)$ 是 $f(x)$ 的**一个原函数**.

如上思考，$(x^2)'=2x$，所以 x^2 是 $2x$ 的一个原函数，而 x^2+C 也是 $2x$ 的原函数，且 C 可以取任意常数，所以 $2x$ 的原函数并不是唯一的.

2. 不定积分的概念

定义 3.1.2　设 $F(x)$ 是 $f(x)$ 在区间上的一个原函数，则 $f(x)$ 的全体原函数 $F(x)+C$ 称 $f(x)$ 在区间上的**不定积分**.

记为：$\int f(x)\mathrm{d}x$.

即有：$\int f(x)\mathrm{d}x = F(x) + C$.

其中 $\int$ 称积分符号，$f(x)$ 称被积函数，$f(x)\mathrm{d}x$ 称为被积表达式，x 称为积分变量，C 为积分常数.

♠**例 3.1.1**　求以下不定积分.

(1) $\int \cos x\mathrm{d}x=$ ________；

(2) $\int \mathrm{d}x=$ ________；

(3) $\int \sec x\tan x\mathrm{d}x=$ ________;

(4) $\int \frac{1}{1+x^2}\mathrm{d}x=$ ________.

3. 不定积分的性质

性质 1　$\int[f(x)\pm g(x)]\mathrm{d}x=\int f(x)\mathrm{d}x\pm\int g(x)\mathrm{d}x$;

性质 2　$\int kf(x)\mathrm{d}x=k\int f(x)\mathrm{d}x$;

性质 3　$\left[\int f(x)\mathrm{d}x\right]'=f(x)$ 或 $\mathrm{d}\left[\int f(x)\mathrm{d}x\right]=f(x)\mathrm{d}x$;

性质 4　$\int f'(x)\mathrm{d}x=f(x)+C$ 或 $\int \mathrm{d}f(x)=f(x)+C$.

【考点 3.1】考查不定积分的性质

♠**例 3.1.2**　若函数 $f(x)$ 可导,则下列等式中正确的是(　　).

A. $\int f'(x)\mathrm{d}x=f'(x)+C$　　B. $\mathrm{d}\int \mathrm{d}f(x)=f(x)+C$

C. $\frac{\mathrm{d}}{\mathrm{d}x}\int f'(x)\mathrm{d}x=f'(x)$　　D. $\mathrm{d}\int f(x)\mathrm{d}x=f(x)$

♠**例 3.1.3(1)**　可导函数 $f(x)$ 和 $g(x)$ 满足 $g'(x)=f'(x)$,则下列选项中正确的是(　　).

A. $g(x)=f(x)$　　B. $\left[\int g(x)\mathrm{d}x\right]'=\left[\int f(x)\mathrm{d}x\right]'$

C. $g(x)=f(x)-C$　　D. $\int g(x)\mathrm{d}x=\int f(x)\mathrm{d}x$

♠**例 3.1.3(2)**　若 $F(x)$ 是 $f(x)$ 的一个原函数,则不定积分 $\int f(1-x)\mathrm{d}x=$(　　).

A. $F(1-x)+C$　　B. $F(x)+C$

C. $-F(1-x)+C$　　D. $-F(x)+C$

♠**例 3.1.4**　函数 $f(x)$ 的一个原函数是 $\sin x$,则 $\int f'(x)\mathrm{d}x=$(　　).

A. $\sin x+C$　　B. $-\sin x+C$

C. $\cos x+C$　　D. $-\cos x+C$

4. 基本积分公式

1) $\int k\mathrm{d}x=kx+C$.

2) 当 $n\neq-1$ 时, $\int x^n\mathrm{d}x=\frac{1}{n+1}x^{n+1}+C$.

3) $\int \frac{1}{x}\mathrm{d}x=\ln|x|+C$.

4) $\int \mathrm{e}^x\mathrm{d}x=\mathrm{e}^x+C$.

5) $a>0$ 且 $a\neq1$ 时, $\int a^x\mathrm{d}x=\frac{a^x}{\ln a}+C$.

6) $\int \sin x\mathrm{d}x=-\cos x+C$.

7) $\int \cos x\mathrm{d}x=\sin x+C$.

8) $\int \sec x\tan x\mathrm{d}x=\sec x+C$.

9) $\int \csc x\cot x\mathrm{d}x=-\csc x+C$.

10) $\int \sec^2 x\mathrm{d}x=\tan x+C$.

11) $\int \csc^2 x\mathrm{d}x = -\cot x + C.$

12) $\int \frac{1}{\sqrt{1-x^2}}\mathrm{d}x = \arcsin x + C.$

13) $\int \frac{1}{1+x^2}\mathrm{d}x = \arctan x + C.$

14) $\int \tan x\mathrm{d}x = -\ln|\cos x| + C$

$=\ln|\sec x|+C.$

15) $\int \cot x\mathrm{d}x = \ln|\sin x| + C$

$=-\ln|\csc x|+C.$

16) $\int \sec x\mathrm{d}x = \ln|\sec x + \tan x| + C.$

17) $\int \csc x\mathrm{d}x = \ln|\csc x - \cot x| + C.$

【考点 3.2】直接积分法

♠**例 3.1.5** 求 $\int (x^3 + 2x + 1)\mathrm{d}x.$

♠**例 3.1.6** 求 $\int (x+1)^2\mathrm{d}x.$

♠**例 3.1.7** 求 $\int \sin^2 \frac{x}{2}\mathrm{d}x.$

♠**例 3.1.8** 求 $\int \cos^2 x\mathrm{d}x.$

♠**例 3.1.9** 求 $\int 3^x e^x\mathrm{d}x.$

♠**例 3.1.10** 求 $\int x^2\sqrt{x}\,\mathrm{d}x.$

♠例 3.1.11　求 $\int \frac{x^2}{1+x^2}dx$.

二、第一换元积分法

下面以 $\int 2x\sin^2 x dx$ 为例，说明第一换元积分法的四个步骤：凑微分、换元、求积分、回代.

$\int g(x)dx$		$\int 2x\sin x^2 dx$
$=\int f[\varphi(x)]\varphi'(x)dx$		$=\int \sin x^2\cdot(x^2)'dx$
$=\int f[\varphi(x)]d(\varphi(x))$	凑微分	$=\int \sin x^2 d(x^2)$
$=\int f(u)du$	换　元	$=\int \sin u du$
$=F(u)+C$	求积分	$=-\cos u+C$
$=F[\varphi(x)]+C$	回　代	$=-\cos x^2+C$

1. 常用的凑微分等式

1）$dx=\frac{1}{a}d(ax+b)$；

2）$e^x dx=d(e^x)$；

3）$xdx=\frac{1}{2}d(x^2+b)$；

4）$\frac{1}{x}dx=d(\ln|x|)$；

5）$\frac{1}{\sqrt{x}}dx=2d(\sqrt{x})$；

6）$\cos xdx=d(\sin x)$；

7）$\sin xdx=-d(\cos x)$；

8）$\frac{1}{1+x^2}dx=d(\arctan x)$；

9）$\frac{1}{\sqrt{1-x^2}}dx=d(\arcsin x)$；

10）$\sec^2 xdx=d(\tan x)$；

11）$\csc^2 xdx=d(-\cot x)$.

【考点 3.3】用第一换元积分法求不定积分

▶ 被积函数是某个一次式的高次幂.

♠例 3.1.12　求 $\int (x+1)^{10}dx$.

▶ 被积函数中有可凑微分的函数.

♠例 3.1.13 求 $\int 3x^2 e^{x^3} dx$.

♠例 3.1.14 求 $\int \frac{\ln x}{x} dx$.

▶ 分子的指数比分母小 1 次.

♠例 3.1.15 求 $\int \frac{x}{\sqrt{1+x^2}} dx$.

♠例 3.1.16 求 $\int \frac{x}{1+x^2} dx$.

▶ 分子次数比分母高.

♠例 3.1.17 求 $\int \frac{x^2}{x-1} dx$.

▶ 分子为常数,分母为二次式.

♠例 3.1.18 求 $\int \frac{1}{x^2-4x+3} dx$.

♠例 3.1.19 求 $\int \frac{1}{x^2+2x+2} dx$.

▶ 分母是二次式,分子是一次式.

♠**例 3.1.20** 求 $\int \frac{x+3}{x^2-5x+6}\mathrm{d}x$.

▶ 对于分母是二次式,分子是一次式类型积分,通常的处理办法如下:

令 $\frac{x+3}{x^2-5x+6}=\frac{A}{x-2}+\frac{B}{x-3}=\frac{A(x-3)+B(x-2)}{(x-2)(x-3)}=\frac{Ax+Bx-3A-2B}{x^2-5x+6}$,

对比可知:$\begin{cases}Ax+Bx=x,\\-3A-2B=3,\end{cases}$ 解得 $\begin{cases}A=-5,\\B=6.\end{cases}$

即 $\frac{x+3}{x^2-5x+6}=\frac{-5}{x-2}+\frac{6}{x-3}$.

▶ 三角函数类型积分.

♠**例 3.1.21** 求 $\int \sec^2 x\tan^3 x\mathrm{d}x$.

♠**例 3.1.22** 求 $\int \cot x\mathrm{d}x$.

♠**例 3.1.23** 求 $\int \frac{\mathrm{d}x}{\sec x+\sin x\tan x}$.

♠**例 3.1.24** 求 $\int \frac{1}{\sin^2 x\cos^2 x}\mathrm{d}x$.

▶ $\int \sin^m x\cos^n x\mathrm{d}x$ 类型积分,m,n 为非负整数.

1) 当 m,n 至少有一个是奇数时,拆奇数项凑微分.

2) 当 m,n 均为偶数时,可使用半角公式降幂,然后求微分.

♠例 3.1.25 求 $\int \cos^3 x\sin x\mathrm{d}x$.

♠例 3.1.26 求 $\int \sin^3 x\cos^2 x\mathrm{d}x$.

♠例 3.1.27 求 $\int \sin^2 x\cos^2 x\mathrm{d}x$.

三、第二换元积分法

下面以 $\int \frac{1}{1+\sqrt{x}}\mathrm{d}x$ 为例,说明第二换元积分法的四个步骤:换元、求微分、求积分、回代.

$\int f(x)\mathrm{d}x$		$\int \frac{1}{1+\sqrt{x}}\mathrm{d}x$
(令 $x=\varphi(u)$,则 $\mathrm{d}x=\varphi'(u)\mathrm{d}u$)		(令 $x=u^2$,则 $\mathrm{d}x=2u\mathrm{d}u$)
$=\int f[\varphi(u)]\mathrm{d}(\varphi(u))$	换　元	$=\int \frac{1}{1+u}\mathrm{d}u^2$
$=\int f[\varphi(u)]\varphi'(u)\mathrm{d}u$	求微分	$=\int \frac{2u}{1+u}\mathrm{d}u$
$=F(u)+C$	求积分	$=2u-2\ln\|1+u\|+C$
$=f[\varphi^{-1}(x)]+C$	回　代	$=2\sqrt{x}-2\ln(1+\sqrt{x})+C$

【考点 3.4】用第二换元积分法求不定积分

（1）被积函数含有$\sqrt[n]{ax+b}$，令 $u=\sqrt[n]{ax+b}$，则 $x=\frac{1}{a}(u^n-b)$.

♠**例 3.1.28**　求 $\int \frac{x+1}{\sqrt[3]{3x+1}}\mathrm{d}x$.

（2）被积函数含有不同次根式$\sqrt[a]{x}$，$\sqrt[b]{x}$，取 a，b 的最小公倍数 n，令 $u=\sqrt[n]{x}$，有 $x=u^n$.

♠**例 3.1.29**　求 $\int \frac{1}{\sqrt{x}+\sqrt[3]{x}}\mathrm{d}x$.

（3）被积函数含有 e^x 类型.

♠**例 3.1.30**　求 $\int \frac{1}{1+\mathrm{e}^x}\mathrm{d}x$.

♠**例 3.1.31**　求 $\int \frac{\mathrm{e}^{2x}}{\sqrt{1+\mathrm{e}^x}}\mathrm{d}x$.

（4）被积函数含有$\sqrt{a^2\pm x^2}$或$\sqrt{x^2-a^2}$时，用**三角代换**.

1）【换正弦】含有$\sqrt{a^2-x^2}$时，令 $x=a\sin u\left(-\frac{\pi}{2}<u<\frac{\pi}{2}\right)$，则$\sqrt{a^2-x^2}=a\cos u$；

2)【换正切】含有$\sqrt{a^2+x^2}$时,令 $x=a\tan u\left(-\frac{\pi}{2}<u<\frac{\pi}{2}\right)$,则$\sqrt{a^2+x^2}=a\sec u$;

3)【换正割】含有$\sqrt{x^2-a^2}$时,令 $x=a\sec u\left(0<u<\frac{\pi}{2}\right)$,则$\sqrt{x^2-a^2}=a\tan u$.

【考点 3.5】利用三角代换求不定积分

♠**例 3.1.32** 求$\int\frac{x^2}{\sqrt{4-x^2}}\mathrm{d}x$.

♠**例 3.1.33** 求$\int\frac{1}{x^2\sqrt{a^2+x^2}}\mathrm{d}x(a>0)$.

♠**例 3.1.34** 求$\int\frac{1}{x\sqrt{x^2-a^2}}\mathrm{d}x(a>0)$.

三角代换是第二换元积分法的重点、难点,但解题时还需具体问题具体分析.

♠**例 3.1.35** 求$\int\frac{\mathrm{d}x}{\sqrt{a^2-x^2}}$.

♠**例 3.1.36**　求 $\int x\sqrt{a^2-x^2}\,\mathrm{d}x$.

四、分部积分法

考虑两个函数乘积的导数运算公式：

$$(uv)'=u'v+uv'$$

两边同时积分得：

$$\int (uv)'\mathrm{d}x=\int u'v\mathrm{d}x+\int uv'\mathrm{d}x$$

整理得 $uv=\int v\mathrm{d}u+\int u\mathrm{d}v$

移项可得 $\int u\mathrm{d}v=uv-\int v\mathrm{d}u$.

上述公式称为分部积分公式. 该公式可以把较难的不定积分问题转化为较容易求解的不定积分问题.

各类函数优先级：在分部积分法中通常遵循口诀“反对幂指三”来选取 u 的部分，即按 u 的优先级顺序排列分别是反三角函数、对数函数、幂函数、指数函数、三角函数.

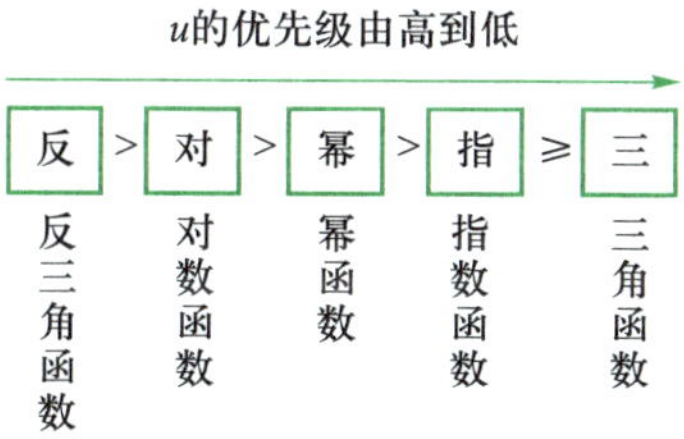

【考点 3.6】用分部积分法求不定积分

♠**例 3.1.37**　求 $\int x\cos x\mathrm{d}x$.

♠**例 3.1.38**　求 $\int x\mathrm{e}^x\mathrm{d}x$.

♠例 3.1.39 求 $\int x^2\ln x\mathrm{d}x$.

♠例 3.1.40 求 $\int \ln x\mathrm{d}x$.

♠例 3.1.41 求 $\int x\arctan x\mathrm{d}x$.

► 循环积分.

♠例 3.1.42 $\int \sec x\tan^2 x\mathrm{d}x$.

在解决循环积分问题时,分部积分法多与其他积分法结合使用.

♠例 3.1.43 求 $\int \sqrt{x}\mathrm{e}^{\sqrt{x}}\mathrm{d}x$.

♠**例 3.1.44**　求 $\int \arctan(2x+1)\mathrm{d}x$.

第二节　定　积　分

一、定积分的定义

问题：如图 3.2.1 所示，求由 $y=f(x)\geq 0$，直线 $x=a$，$x=b$ 及 x 轴所围曲边梯形的面积 A.

曲边梯形底边上的高 $f(x)$ 在区间 $[a,b]$ 内变动，且是连续变化的，因此在 $[a,b]$ 内子区间中小曲边梯形高的变动幅度相对整个区间的变动幅度较小，若这个任意的子区间很小，则在这个子区间内的函数值可近似为不变. 倘若该任意的子区间无限缩小，曲边梯形的底边长度也越接近子区间上任一点的函数值. 因此，如果把区间 $[a,b]$ 分成许多小区间，在每个小区间上任选一点的函数值来近似代替同区间上小曲边梯形的底边，则可用小矩形条的面积来近似代替小曲边梯形的面积，将所有小矩形条的面积相加，便可求出大曲边梯形的近似面积. 显然，把区间 $[a,b]$ 分割得越细，误差越小，所求面积越接近大曲边梯形的真实面积.

下面具体展示上述过程，共分为 4 步.

(1) 分割

如图 3.2.2 所示，在区间 $[a,b]$ 中任意插入 $n-1$ 个点，

$$a=x_0<x_1<x_2<\cdots<x_{n-1}<x_n=b,$$

把区间分成 n 个小区间：$[x_{i-1},x_i]$，$i=1,2,\cdots,n$. 每个小区间长度为：$\Delta x_i=x_i-x_{i-1}$.

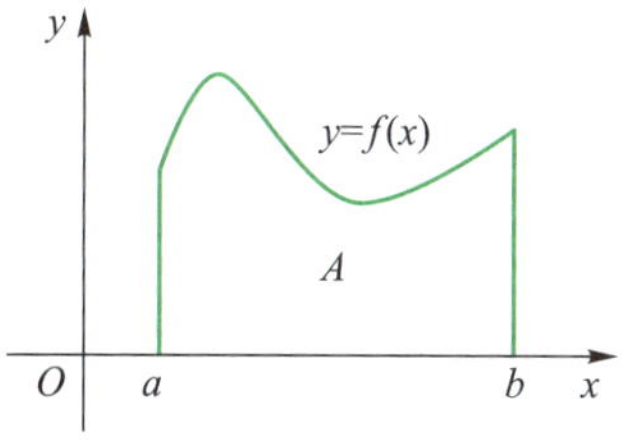

图 3.2.1

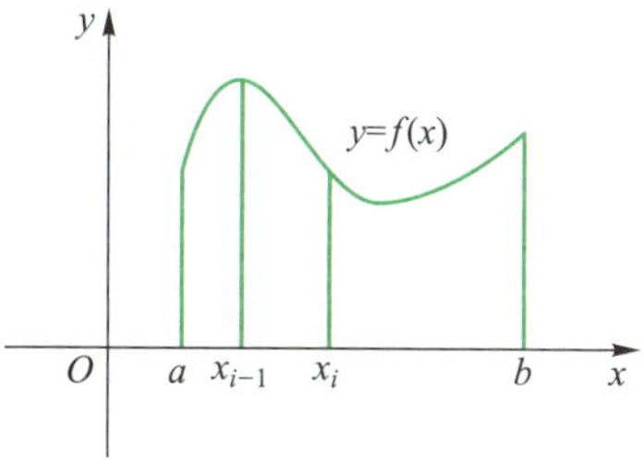

图 3.2.2

(2) 取近似

如图 3.2.3 所示，在区间 $[x_{i-1},x_i]$ 上任取一点 ξ_i，以 Δx_i 为宽，$f(\xi_i)$ 为长的小矩形面积近似代替小曲边梯形的面积. 设每个小曲边梯形的面积为 ΔA_i，$i=1,2,\cdots,n$. 则 $\Delta A_i\approx f(\xi_i)\Delta x_i$.

(3) 求和

如图 3.2.4 所示，将 n 个小曲边梯形的近似面积相加，可得大曲边梯形的近似面积：

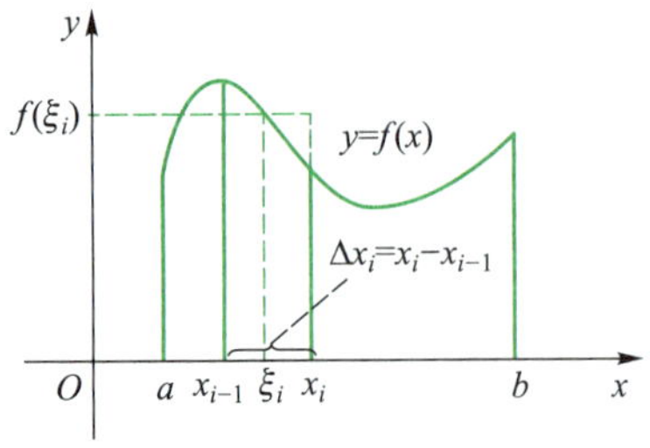

图 3.2.3

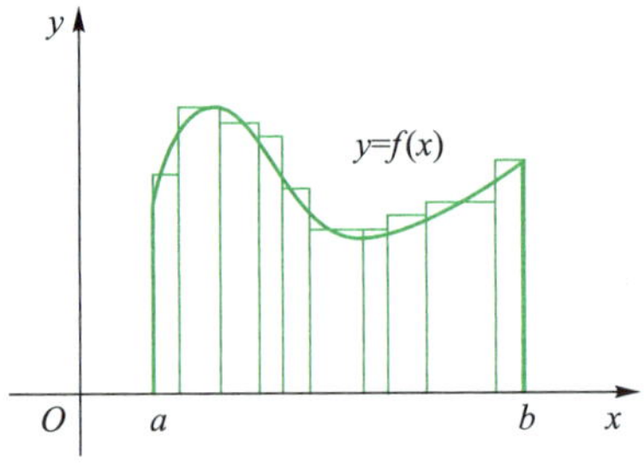

图 3.2.4

$$A=\Delta A_1+\Delta A_2+\cdots+\Delta A_n\approx f(\xi_1)\Delta x_1+f(\xi_2)\Delta x_2+\cdots+f(\xi_n)\Delta x_n$$
$$=\sum_{i=1}^{n}f(\xi_i)\Delta x_i.$$

（4）取极限

当分割得越细时，$\sum_{i=1}^{n}f(\xi_i)\Delta x_i$ 的值就与曲边梯形的真实面积 A 越接近. 设 $\lambda=\max\limits_{1\leqslant i\leqslant n}\{\Delta x_i\}$，当 $\lambda\to 0$ 时，和式 $\sum_{i=1}^{n}f(\xi_i)\Delta x_i$ 的极限就是曲边梯形的面积. 令

$$A=\lim_{\lambda\to 0}\sum_{i=1}^{n}f(\xi_i)\Delta x_i,$$

则称 A 为函数 $f(x)$ 在 $[a,b]$ 上的**定积分**. 若 A 存在，称 $f(x)$ 在 $[a,b]$ 上**可积**.

记作：$\int_a^b f(x)\mathrm{d}x$. 即：$\int_a^b f(x)\mathrm{d}x=\lim\limits_{\lambda\to 0}\sum_{i=1}^{n}f(\xi_i)\Delta x_i=A$.

其中，a 称为积分下限，b 称为积分上限，$[a,b]$ 称为积分区间.

如果把定义中的条件改为把区间 $[a,b]$ 等分为 n 份，则每一个小区间的长度为 $\frac{b-a}{n}$，即每个小矩形的底边长度是 $\frac{b-a}{n}$，任一区间段 $[x_{i-1},x_i]$ 可以表示为 $\left[a+\frac{b-a}{n}(i-1),\ a+\frac{b-a}{n}i\right]$，若取每个区间的右端点 $a+\frac{b-a}{n}i$ 的函数值 $f\left(a+\frac{b-a}{n}i\right)$ 为高，并作和式 $\sum_{i=1}^{n}f\left(a+\frac{b-a}{n}i\right)\cdot\frac{b-a}{n}$，当 $n\to\infty$ 时，区间长度 $\frac{b-a}{n}$ 会趋近于 0. 故此时定积分 $\int_a^b f(x)\mathrm{d}x$ 可表示为

$$\int_a^b f(x)\mathrm{d}x=\lim_{n\to\infty}\frac{b-a}{n}\sum_{i=1}^{n}f\left(a+\frac{b-a}{n}i\right).$$

当条件中 $a=0,b=1$ 时，即区间为 $[0,1]$，则可得 $\int_0^1 f(x)\mathrm{d}x=\lim\limits_{n\to\infty}\frac{1}{n}\sum_{i=1}^{n}f\left(\frac{i}{n}\right)$.

这个等式是常考的知识点，望考生理解并记忆.

注意：（1）$\int_a^b f(x)\mathrm{d}x$ 是一个数值，其与积分变量的字母无关，即

$$\int_a^b f(x)\mathrm{d}x=\int_a^b f(t)\mathrm{d}t=\int_a^b f(u)\mathrm{d}u.$$

（2）若交换积分上、下限的位置，就要改变积分的符号，即**换限必换号**.

$$\int_a^b f(x)\mathrm{d}x=-\int_b^a f(x)\mathrm{d}x.$$

(3) $f(x)$ 在 $[a,b]$ 上连续，或 $f(x)$ 在 $[a,b]$ 上存在有限个第一类间断点时，定积分 $\int_a^b f(x)\mathrm{d}x$ 存在，即函数 $f(x)$ 在 $[a,b]$ 上可积.

二、定积分的几何意义

1）当对任意 $x\in[a,b]$ 都有 $f(x)\geqslant 0$ 时，如图 3.2.5 所示，$\int_a^b f(x)\mathrm{d}x$ 在几何上表示曲线 $y=f(x)$，$x=a$，$x=b$ 及 x 轴所围封闭图形的面积.

2）当对任意 $x\in[a,b]$ 都有 $f(x)\leqslant 0$ 时，如图 3.2.6 所示，$\int_a^b f(x)\mathrm{d}x$ 在几何上表示曲线 $y=f(x)$，$x=a$，$x=b$ 及 x 轴所围封闭图形面积的负数.

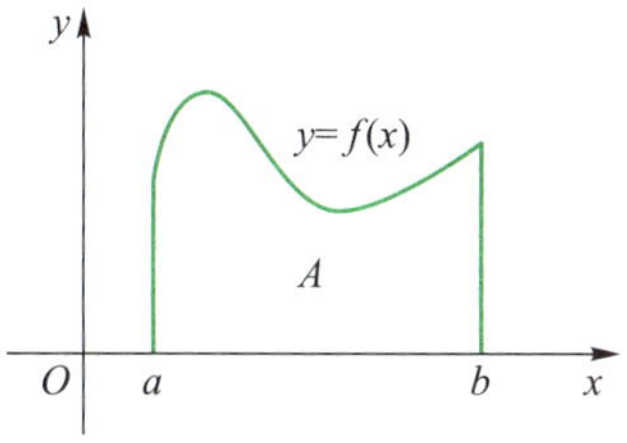

图 3.2.5

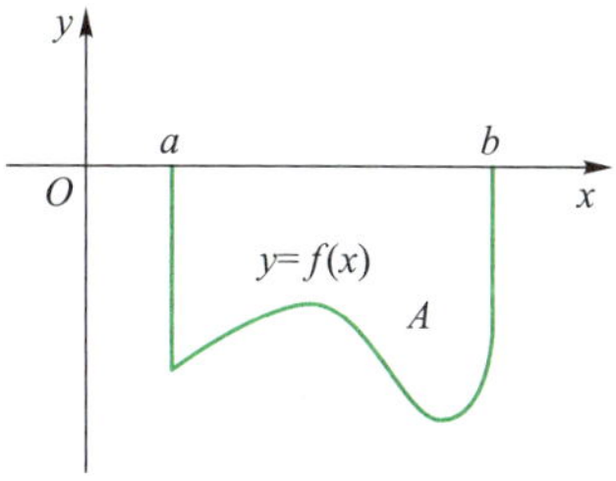

图 3.2.6

【考点 3.7】利用定积分的几何意义求积分

♠**例 3.2.1**　函数 $f(x)$ 在区间 $[a,b]$ 上的图像如图 3.2.7 所示，在区间 $[a,b]$ 上的三部分阴影面积分别为 A_1，A_2，A_3，则 $\int_a^b f(x)\mathrm{d}x=$________.

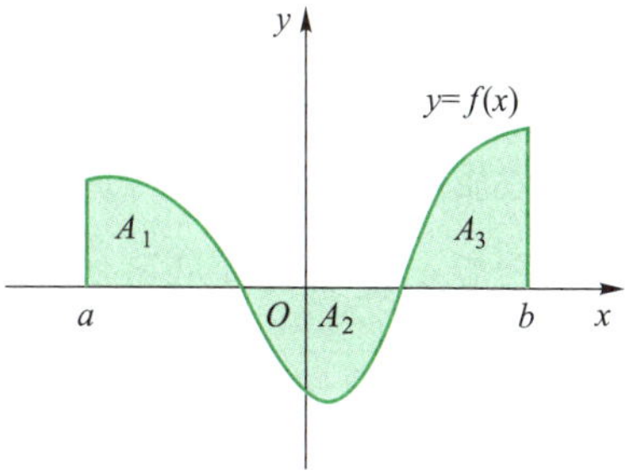

图 3.2.7

♠**例 3.2.2**　在 $[-\pi,\pi]$ 上 $y=\sin x$ 的图像如图 3.2.8 所示，$\int_{-\pi}^{\pi}\sin x\mathrm{d}x=$________.

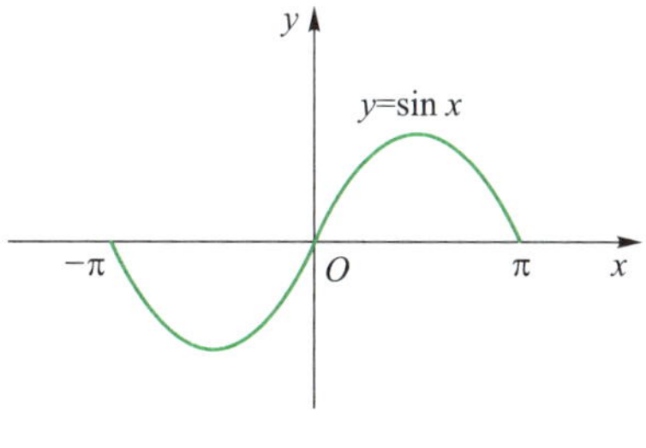

图 3.2.8

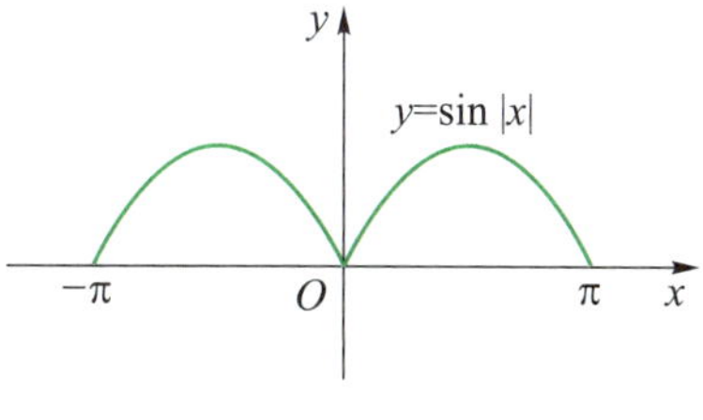

图 3.2.9

▶ 推论：

1）如图 3.2.8 所示，当 $f(x)$ 为奇函数时，有 $\int_{-a}^{a} f(x)\mathrm{d}x=0$.

2）如图 3.2.9 所示，当 $f(x)$ 为偶函数时，有 $\int_{-a}^{a} f(x)\mathrm{d}x=2\int_0^a f(x)\mathrm{d}x$.

♠**例 3.2.3**　根据图 3.2.10 计算定积分 $\int_0^1 x\mathrm{d}x=$________.

♠**例 3.2.4** 根据图 3.2.11 计算定积分 $\int_{-1}^{1}\sqrt{1-x^2}\,\mathrm{d}x=$________.

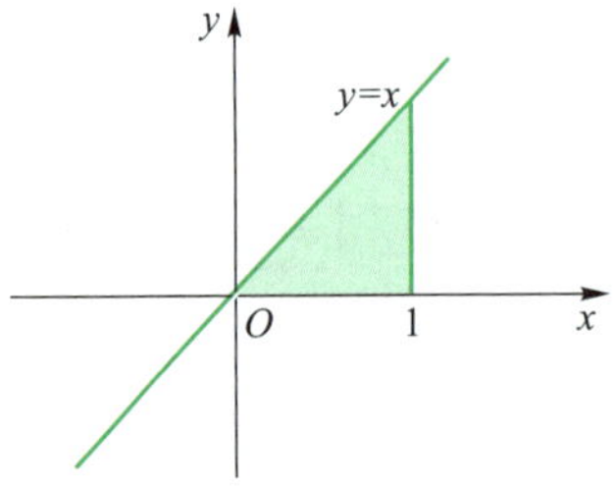

图 3.2.10

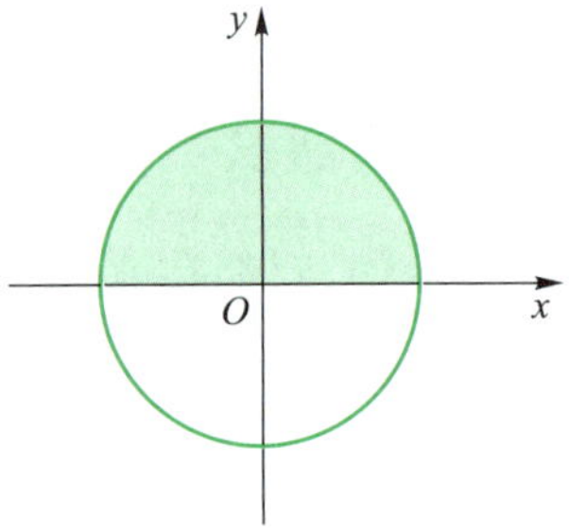

图 3.2.11

三、定积分的性质

性质 1 $\int_a^b f(x)\,\mathrm{d}x=-\int_b^a f(x)\,\mathrm{d}x$.

性质 2 当 $a=b$ 时，$\int_a^b f(x)\,\mathrm{d}x=0$.

性质 3 若 $f(x)\equiv k(k>0)$，则 $\int_a^b k\,\mathrm{d}x=k(b-a)$.

性质 4 $\int_a^b [f(x)\pm g(x)]\,\mathrm{d}x=\int_a^b f(x)\,\mathrm{d}x\pm\int_a^b g(x)\,\mathrm{d}x$.

性质 5 $\int_a^b kf(x)\,\mathrm{d}x=k\int_a^b f(x)\,\mathrm{d}x$（$k$ 为任意常数）.

性质 6（积分区间的可加性） 无论 a,b,c 三点位置如何，都有

$$\int_a^b f(x)\,\mathrm{d}x=\int_a^c f(x)\,\mathrm{d}x+\int_c^b f(x)\,\mathrm{d}x.$$

性质 7（保号性） 若在 $[a,b]$ 上 $f(x)\geqslant g(x)$，则

$$\int_a^b f(x)\,\mathrm{d}x\geqslant\int_a^b g(x)\,\mathrm{d}x.$$

性质 8（定积分介值定理） 设 $f(x)$ 在 $[a,b]$ 上有最大值 M，最小值 m，则有

$$m(b-a)\leqslant\int_a^b f(x)\,\mathrm{d}x\leqslant M(b-a).$$

可借助图 3.2.12 中的面积关系理解此定理.

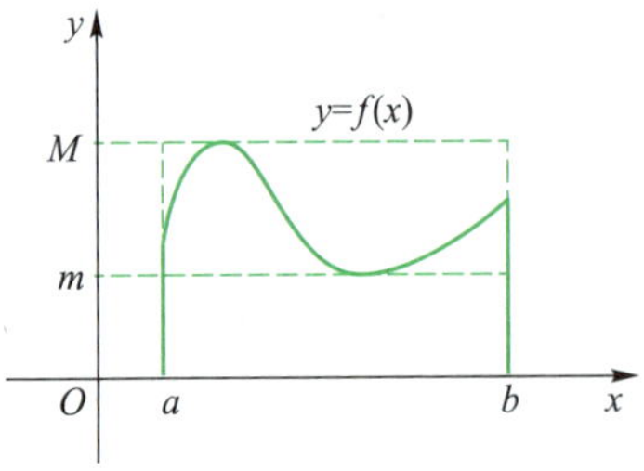

图 3.2.12

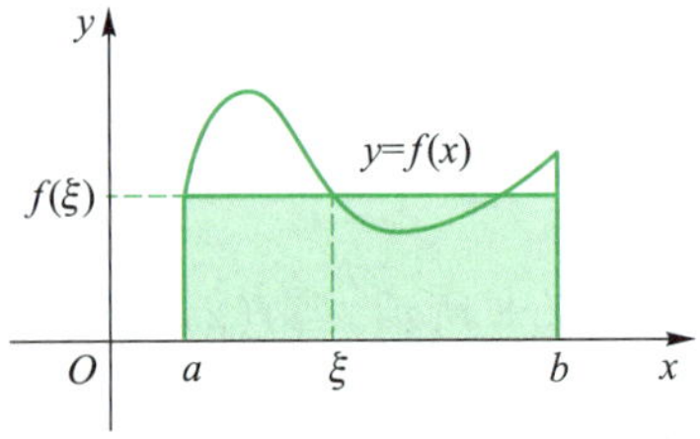

图 3.2.13

性质 9（定积分中值定理） 如图 3.2.13 所示，若 $f(x)$ 在 $[a,b]$ 上连续，则至少存在一点 $\xi\in[a,b]$，使得

$$\int_a^b f(x)\,dx = f(\xi)(b-a).$$

性质 10　若$f(x)$在$[a,b]$上可积,则$|f(x)|$在$[a,b]$上也可积,且

$$\left|\int_a^b f(x)\,dx\right| \leqslant \int_a^b |f(x)|\,dx.$$

【考点 3.8】定积分比较大小

♠例 3.2.5　$\int_0^1 x\,dx$ ________ $\int_0^1 x^2\,dx$.

♠例 3.2.6　$\int_0^1 \sqrt{x}\,dx$ ________ $\int_0^1 x^2\,dx$.

四、定积分的计算：牛顿-莱布尼茨公式

定理 3.2.1　若$f(x)$在$[a,b]$上连续,且存在原函数$F(x)$,即$F'(x)=f(x)$,则$f(x)$在$[a,b]$上可积,且

$$\int_a^b f(x)\,dx = F(x)\Big|_a^b = F(b)-F(a).$$

牛顿-莱布尼茨公式给出了计算定积分的一种简便方法,要求$\int_a^b f(x)\,dx$,只需用不定积分的方法求出被积函数$f(x)$的一个原函数,然后再计算原函数在积分上限与下限的函数值之差即可.

【考点 3.9】定积分的计算

♠例 3.2.7　计算$\int_1^2 \left(x+\frac{1}{x}\right)^2 dx$.

♠例 3.2.8　计算$\int_0^{\frac{\pi}{2}} \sin^3 x\cos x\,dx$.

♠例 3.2.9　计算$\int_0^1 \frac{1}{1+\sqrt{x}}\,dx$.

♠**例 3.2.10** 计算 $\int_{-1}^{2}|1-x|\mathrm{d}x$.

♠**例 3.2.11** 计算 $\int_{0}^{\frac{\pi}{2}}x\sin x\mathrm{d}x$.

♠**例 3.2.12** 求 $\int_{0}^{2}f(x)\mathrm{d}x$,其中 $f(x)=\begin{cases}x+1, & x\leqslant 1,\\ \frac{1}{2}x^2, & x>1.\end{cases}$

♠**例 3.2.13** $f(x)=\begin{cases}x^2+1, & x\leqslant 0,\\ \mathrm{e}^x, & x>0,\end{cases}$ 求 $\int_{1}^{3}f(x-2)\mathrm{d}x$.

♠**例 3.2.14**　$f(x)=x^2-\int_0^2 f(x)\,dx$，求$\int_0^2 f(x)\,dx$.

第三节　变限积分与反常积分

一、变限积分

1. 变上限的定积分

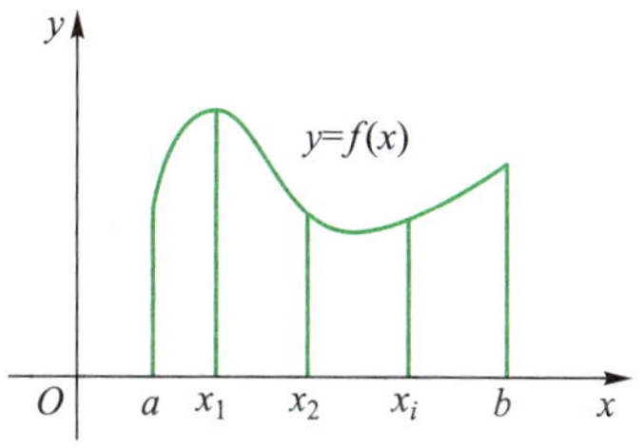

图 3.3.1

设函数$f(x)$在区间$[a,b]$上连续（如图 3.3.1），则其在$[a,b]$上可积，若x在$[a,b]$内变动，对于任意确定的x，定积分$\int_a^x f(t)\,dt$都有一个唯一确定的值与之对应. 显然，这符合函数的定义.

定义 3.3.1　设$f(x)$在$[a,b]$上可积，则对任何$x\in[a,b]$，$f(x)$在$[a,x]$上也可积，即

$$\Phi(x)=\int_a^x f(t)\,dt,\ x\in[a,b].$$

称为**变上限的定积分**.

类似地，可定义**变下限的定积分**

$$\Psi(x)=\int_x^b f(t)\,dt,\ x\in[a,b].$$

2. 变限积分的求导

1) $\left[\int_a^x f(t)\,dt\right]'=f(x)$.

推广：$\left[\int_a^{v(x)} f(t)\,dt\right]'=f[v(x)]\cdot v'(x)$ 或 $\frac{d}{dx}\int_a^{v(x)} f(t)\,dt=f[v(x)]\cdot v'(x)$.

2) $\left[\int_x^b f(t)\,dt\right]'=-f(x)$.

推广：$\left[\int_{u(x)}^b f(t)\,dt\right]'=-f[u(x)]\cdot u'(x)$ 或 $\frac{d}{dx}\int_{u(x)}^b f(t)\,dt=-f[u(x)]\cdot u'(x)$.

3) $\left[\int_{u(x)}^{v(x)} f(t)\mathrm{d}t\right]' = f[v(x)]v'(x) - f[u(x)]u'(x)$ 或 $\frac{\mathrm{d}}{\mathrm{d}x}\int_{u(x)}^{v(x)} f(t)\mathrm{d}t = f[v(x)]v'(x) - f[u(x)]u'(x)$.

【考点 3.10】变限积分的求导

♠**例 3.3.1** $\frac{\mathrm{d}}{\mathrm{d}x}\left[\int_0^x \sqrt{t}\ln(1+t)\mathrm{d}t\right] =$ ________.

♠**例 3.3.2** $\frac{\mathrm{d}}{\mathrm{d}x}\int_{\sin x}^{2022} (-\cos t^2)\mathrm{d}t =$ ________.

♠**例 3.3.3** 求极限$\lim\limits_{x\to 0}\frac{\int_0^x \sin t\mathrm{d}t}{x^2}$.

♠**例 3.3.4** 求极限$\lim\limits_{x\to 0}\dfrac{\int_0^{x^2} t^{\frac{3}{2}}\mathrm{d}t}{\int_0^x t(t-\sin t)\mathrm{d}t}$.

♠**例 3.3.5** 已知$f(x)$在$[0,1]$上连续,且$f(x)<1$,证明:方程$2x-\int_0^x f(t)\mathrm{d}t=1$在$(0,1)$内仅有一个实根.

二、 反常积分

1. 无穷区间上的反常积分

定义 3.3.2 设函数$f(x)$在区间$[a,+\infty)$上连续,若极限

$$\lim_{u\to+\infty}\int_a^u f(x)\mathrm{d}x$$

存在,则称此极限为$f(x)$在无穷区间$[a,+\infty)$上的**反常积分**.

记为:$\int_a^{+\infty} f(x)\mathrm{d}x$.

即:$\int_a^{+\infty} f(x)\mathrm{d}x=\lim\limits_{u\to+\infty}\int_a^u f(x)\mathrm{d}x$.

此时,称反常积分$\int_a^{+\infty} f(x)\mathrm{d}x$ **收敛**. 若极限不存在,则称其**发散**.

▶ 类似地,有$(-\infty,b]$上的反常积分:

$$\int_{-\infty}^b f(x)\mathrm{d}x=\lim_{u\to-\infty}\int_u^b f(x)\mathrm{d}x.$$

及$(-\infty,+\infty)$上的反常积分:

$$\int_{-\infty}^{+\infty} f(x)\mathrm{d}x=\int_{-\infty}^c f(x)\mathrm{d}x+\int_c^{+\infty} f(x)\mathrm{d}x.$$

【考点 3.11】无穷区间上反常积分的计算

♠**例 3.3.6** 计算反常积分 $\int_{1}^{+\infty}\frac{1}{x^2(x^2+1)}\mathrm{d}x$ 并判断其敛散性.

♠**例 3.3.7** 计算反常积分 $\int_{1}^{+\infty}\frac{1}{x}\mathrm{d}x$ 并判断其敛散性.

2. 无界函数的反常积分(瑕积分)

定义 3.3.3 设函数 $f(x)$ 在区间 $(a,b]$ 上连续,点 a 称为 $f(x)$ 的**瑕点**,若

$$\lim_{u\to a^+}\int_{u}^{b}f(x)\mathrm{d}x$$

存在,则称该极限为函数 $f(x)$ 在 $(a,b]$ 上的**反常积分**,或称为**瑕积分**.

记为:$\int_{a}^{b}f(x)\mathrm{d}x$.

即:$\int_{a}^{b}f(x)\mathrm{d}x=\lim_{u\to a^+}\int_{u}^{b}f(x)\mathrm{d}x$.

此时称反常积分 $\int_{a}^{b}f(x)\mathrm{d}x$ **收敛**,否则,称其**发散**.

►类似地,有在 $[a,b)$ 上的反常积分 $\int_{a}^{b}f(x)\mathrm{d}x=\lim_{u\to b^-}\int_{a}^{u}f(x)\mathrm{d}x$.

【考点 3.12】反常积分的计算

♠**例 3.3.8**　计算反常积分 $\int_0^1 \frac{1}{x}dx$ 并判断其敛散性.

【考点 3.13】反常积分敛散性的判断

1) $\int_a^{+\infty} \frac{1}{x^p}dx = \begin{cases} 收敛, & p > 1, \\ 发散, & p \leqslant 1. \end{cases}$

2) $\int_2^{+\infty} \frac{1}{x(\ln x)^p}dx = \begin{cases} 收敛, & p > 1, \\ 发散, & p \leqslant 1. \end{cases}$

3) $\int_0^1 \frac{1}{x^p}dx = \begin{cases} 收敛, & p < 1, \\ 发散, & p \geqslant 1. \end{cases}$

♠**例 3.3.9**　下列反常积分收敛的是(　　).

A. $\int_1^{+\infty} \frac{1}{\sqrt{x}}dx$　　B. $\int_e^{+\infty} \frac{1}{\sqrt{x^3}}dx$　　C. $\int_1^{+\infty} \frac{1}{x}dx$　　D. $\int_e^{+\infty} \frac{1}{x\ln x}dx$

♠**例 3.3.10**　下列反常积分收敛的是(　　).

A. $\int_2^{+\infty} \frac{\ln x}{x}dx$　　B. $\int_1^{+\infty} \frac{x}{x^2+1}dx$　　C. $\int_1^2 \frac{1}{\sqrt{x-1}}dx$　　D. $\int_1^{+\infty} \cos x dx$

♠例 3.3.11 当 k 为何值时，$\int_{-\infty}^{0} e^{-kx}dx$ 收敛.

∞ 第四节 定积分的换元法和分部积分法 ∞

一、求定积分的换元法

定理 3.4.1 假设函数 $f(x)$ 在区间 $[a,b]$ 上连续，函数 $x=\varphi(t)$ 满足条件：

(1) $\varphi(\alpha)=a, \varphi(\beta)=b$;

(2) $\varphi(t)$ 在 $[\alpha,\beta]$ (或 $[\beta,\alpha]$) 上具有连续导数，且其值域 $R_{\varphi}=[a,b]$，则有

$$\int_{a}^{b} f(x)dx=\int_{\alpha}^{\beta} f[\varphi(t)]\varphi'(t)dt.$$

上面的公式称为定积分的换元公式.

[注] 不定积分换元法与定积分换元法的区别：

1) 在用换元法计算定积分时，不必做变量还原，只要用新的积分上、下限计算出结果即可.

2) 不定积分所求的是被积函数的原函数，理应保持与原来相同的自变量.

3) 定积分的值是一个确定的数，与积分变量的代表元素并没有关系.

【考点 3.14】换元法求定积分

♠例 3.4.1 求 $\int_{0}^{a}\sqrt{a^2-x^2}\,dx\,(a>0)$.

♠**例 3.4.2**　求 $\int_0^{\frac{\pi}{2}}\cos^5 x\sin x\mathrm{d}x$.

♠**例 3.4.3**　求 $\int_0^{\pi}\sqrt{\sin^3 x-\sin^5 x}\,\mathrm{d}x$.

♠**例 3.4.4**　求 $\int_0^4\frac{x+2}{\sqrt{2x+1}}\mathrm{d}x$.

♠**例 3.4.5**　$\Phi(x)=\int_0^x f(x-t)\mathrm{d}t$,求 $\Phi'(x)$.

♠例 3.4.6 $\Phi(x)=\int_1^2 f(x+t)\mathrm{d}t$,求 $\Phi'(x)$.

二、求定积分的分部积分法

求定积分的分部积分法,与不定积分较为类似.

$$\int_a^b uv'\mathrm{d}x=(uv)\Big|_a^b-\int_a^b u'v\mathrm{d}x$$

【考点 3.15】分部积分法求定积分

♠例 3.4.7 求 $\int_0^{\frac{1}{2}}\arcsin x\mathrm{d}x$.

♠例 3.4.8 计算 $\int_0^1 \mathrm{e}^{\sqrt{x}}\mathrm{d}x$.

♠例 3.4.9　求 $\int_{1}^{e} x\ln x\mathrm{d}x$.

♠例 3.4.10　求 $\int_{\frac{1}{e}}^{e} |\ln x|\mathrm{d}x$.

三、定积分计算的几个重要结论

（1）若 $f(x)$ 在 $[-a,a]$ 上连续且为偶函数，则 $\int_{-a}^{a} f(x)\mathrm{d}x = 2\int_{0}^{a} f(x)\mathrm{d}x$；

（2）若 $f(x)$ 在 $[-a,a]$ 上连续且为奇函数，则 $\int_{-a}^{a} f(x)\mathrm{d}x = 0$.

［注］若 $f(x)$ 在 $[-a,a]$ 上连续，则

1）若 $f(x)$ 是奇（偶）函数，则

$$\int_{-a}^{a} f(x)\mathrm{d}x = \begin{cases} 2\int_{0}^{a} f(x)\mathrm{d}x, & f(x)\text{ 为偶函数}, \\ 0, & f(x)\text{ 为奇函数}. \end{cases}$$

2）若 $f(x)$ 为非奇非偶函数，也要考虑

$$\int_{-a}^{a} f(x)\mathrm{d}x = \int_{0}^{a} [f(-x)+f(x)]\mathrm{d}x.$$

事实上 1）的结论只是 2）的结论的一种特殊情况而已，2）的结论适用于所有可积的函数.

【考点 3.16】综合问题

♠**例 3.4.11** 求 $\int_{-\pi}^{\pi} x^4 \sin x\, dx$.

♠**例 3.4.12** 求 $\int_{-\frac{1}{2}}^{\frac{1}{2}} \frac{x^3+1}{\sqrt{1-x^2}} dx$.

♠**例 3.4.13** 设 $f(x)$ 是连续的周期函数，周期为 T，证明：

(1) $\int_{a}^{a+T} f(x)\,dx = \int_{0}^{T} f(x)\,dx$；

(2) $\int_{a}^{a+nT} f(x)\,dx = n\int_{0}^{T} f(x)\,dx$.

♠**例 3.4.14**　求 $\int_0^{2024\pi}\sqrt{1-\cos^2 x}\,\mathrm{d}x$.

四、华里士公式

$$\int_0^{\frac{\pi}{2}}\sin^n x\mathrm{d}x=\int_0^{\frac{\pi}{2}}\cos^n x\mathrm{d}x=\begin{cases}\dfrac{n-1}{n}\cdot\dfrac{n-3}{n-2}\cdot\cdots\cdot\dfrac{1}{2}\cdot\dfrac{\pi}{2},n\text{ 为大于等于 2 的偶数},\\ \dfrac{n-1}{n}\cdot\dfrac{n-3}{n-2}\cdot\cdots\cdot\dfrac{2}{3}\qquad,n\text{ 为大于 1 的奇数}.\end{cases}$$

♠**例 3.4.15**　求 $\int_0^{\pi}x\sin^2 x\cos^2 x\mathrm{d}x$.

♠**例 3.4.16**　求 $\int_{-\pi}^{\pi}\left[\dfrac{2\sin x\cdot(x^4+3x^2+1)}{1+x^2}+\sin^4 x\right]\mathrm{d}x$.

♠例 3.4.17　求 $\int_{\frac{\pi}{2}}^{\frac{3\pi}{2}} \sin^2 x\,\mathrm{d}x$.

♠例 3.4.18　求 $\int_{0}^{3\pi} \sqrt{1-\sin^2 x}\,\mathrm{d}x$.

♠例 3.4.19　求 $\int_{0}^{2\pi} \sqrt{1-\sin 2x}\,\mathrm{d}x$.

♠例 3.4.20　求 $\int_{-1}^{1} (x\cos^3 x+\sqrt{1-x^2})\,\mathrm{d}x$.

[注] 对于 $\int_0^1 \sqrt{1-x^2}\,\mathrm{d}x$ 的计算，可不必进行三角换元再计算，可以从定积分的几何意义来理解，$\int_0^1 \sqrt{1-x^2}\,\mathrm{d}x$ 可以表示为圆 $x^2+y^2=1$ 的面积的 $\frac{1}{4}$，即 $\frac{\pi}{4}$.

♠**例 3.4.21**　求 $\int_{-\frac{\pi}{2}}^{\frac{\pi}{2}}\left[\ln(x+\sqrt{1+x^2})+\sin^2 x\right]\cos x\mathrm{d}x$.

♠**例 3.4.22**　求 $\int_{-\frac{\pi}{2}}^{\frac{\pi}{2}}\frac{\sin^4 x}{1+\mathrm{e}^x}\mathrm{d}x$.

第五节　定积分的应用

一、封闭图形的面积计算

1）画出函数草图，找准封闭图形，求出交点.

2）判断封闭图形类型（X 型积分区域或 Y 型积分区域），选择积分变量，确定积分区间.

3）列出面积的定积分表达式，计算定积分.

1. X 型积分区域

形如图 3.5.1 所示的积分区域为 X 型封闭图形，对于 X 型积分区域，其面积可用公式 $S_D=\int_a^b|f(x)-g(x)|\mathrm{d}x$ 计算.

2. Y 型积分区域

形如图 3.5.2 所示的积分区域为 Y 型封闭图形，对于 Y 型积分区域，其面积可用公式 $S_D=\int_c^d|\varphi(y)-\psi(y)|\mathrm{d}y$ 计算.

3. XY 型积分区域

形如图 3.5.3 所示的积分区域为 XY 型封闭图形. 显然，XY 型的封闭图形，既可以用 X 型公式计算，也可以用 Y 型公式计算.

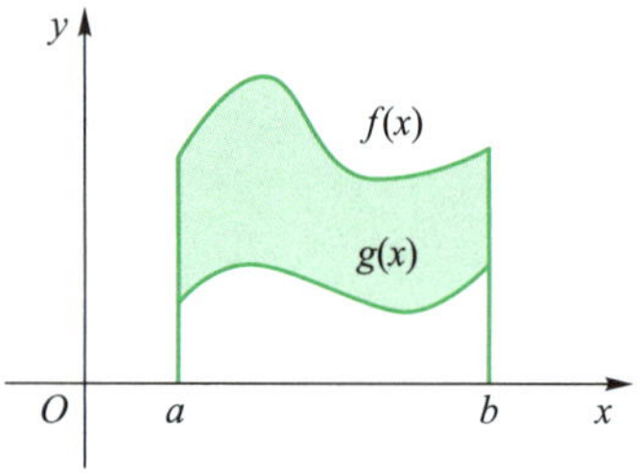

图 3.5.1

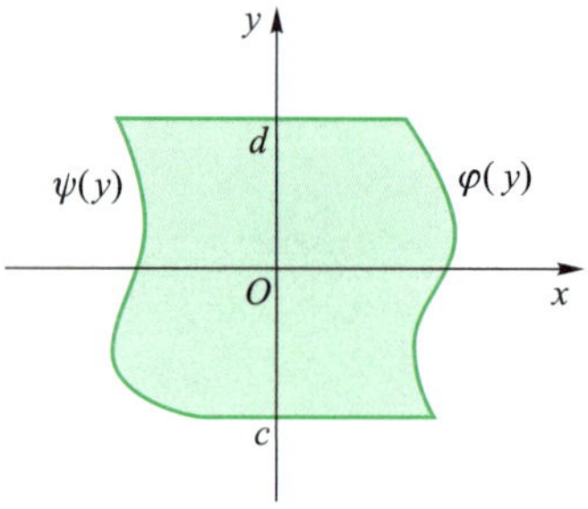

图 3.5.2

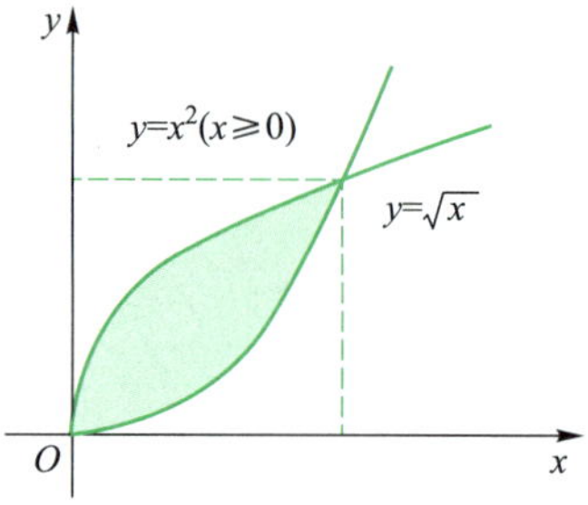

图 3.5.3

【考点 3.17】求封闭图形的面积

♠**例 3.5.1** D 由 $y=x, y=2x, x=1$ 围成,求 D 的面积.

♠**例 3.5.2** 求由抛物线 $y=1-x^2$ 与 x 轴所围封闭图形的面积.

♠**例 3.5.3** 求由抛物线 $y^2=2x$ 与直线 $y=x-4$ 所围平面图形的面积.

二、旋转体的体积计算

1）画出函数草图，找出所围封闭图形.

2）以旋转轴为参考，选对应轴上的积分区间.

3）套用旋转体体积公式，计算定积分.

▶几种常见的几何体体积

圆柱体、球体、圆锥体是最常见的三种几何体，其示意图分别如图 3.5.4、图 3.5.5 和图 3.5.6 所示。

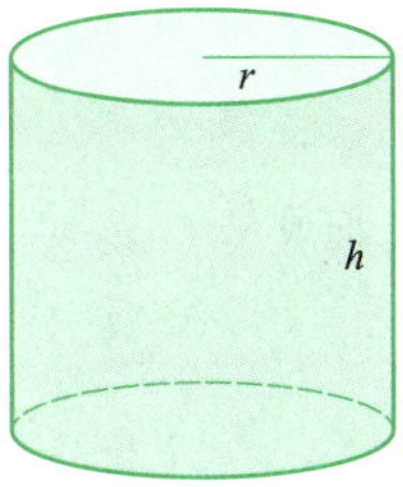

图 3.5.4

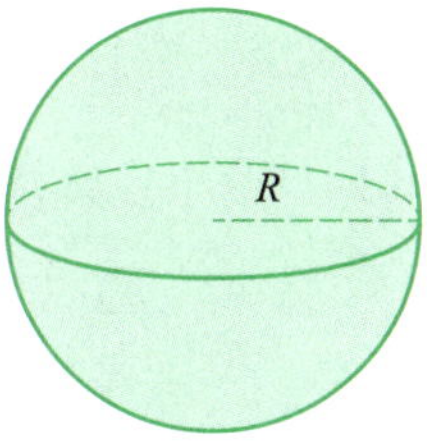

图 3.5.5

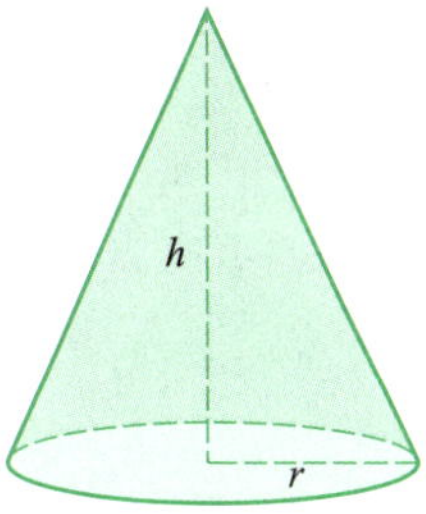

图 3.5.6

体积公式：$V_{圆柱}=\pi r^2 h$　　$V_{球}=\frac{4}{3}\pi R^3$　　$V_{圆锥}=\frac{1}{3}\pi r^2 h$

1. 绕 x 轴旋转体体积

如图 3.5.7 所示，求 $f(x)$ 在 $[a,b]$ 区间所围封闭图形绕 x 轴旋转一周所成旋转体的体积.

此旋转体的体积公式为：$V_x=\pi\int_a^b f^2(x)\,\mathrm{d}x$.

2. 绕 y 轴旋转体体积

如图 3.5.8 所示，求 $\varphi(y)$ 在区间 $[c,d]$ 所围封闭图形绕 y 轴旋转一周所成旋转体的体积.

此旋转体的体积公式为：$V_y=\pi\int_c^d \varphi^2(y)\,\mathrm{d}y$.

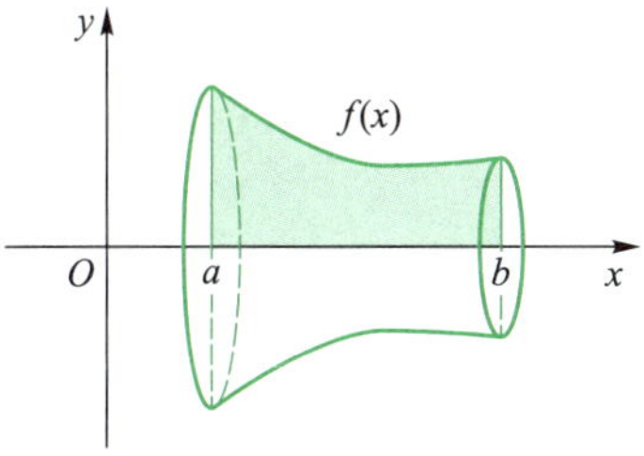

图 3.5.7

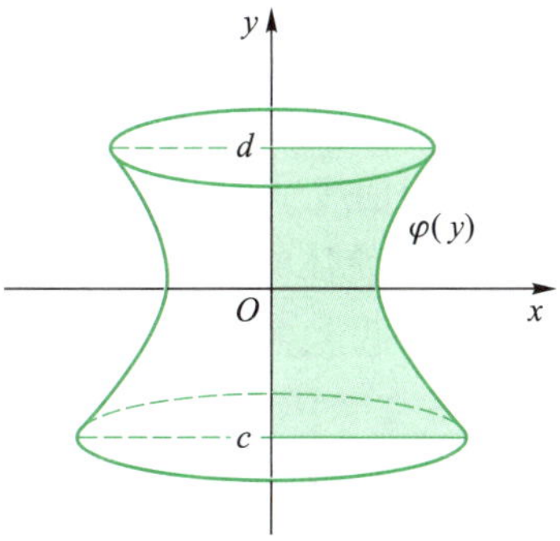

图 3.5.8

【考点 3.18】旋转体的体积

♠**例 3.5.4** 求由直线 $x=1,x=\mathrm{e},y=0$ 及曲线 $y=\dfrac{1}{x}$ 所围平面绕 x 轴旋转一周所得旋转体的体积.

♠**例 3.5.5** 求由直线 $x=0,y=\mathrm{e}$ 及曲线 $y=\mathrm{e}^x$ 所围平面绕 y 轴旋转一周所得旋转体的体积.

♠**例 3.5.6** 求由 $y=x^3,x+y=2$ 及 y 轴所围平面绕 y 轴旋转所得旋转体的体积.

♠**例 3.5.7** 求由曲线 $y=x^2$,直线 $y=-x+2$ 及 $y=0$ 所围封闭图形的面积 S_D,并求该封闭图形绕 x 轴旋转所得旋转体的体积 V_x.

第四章　无穷级数

第一节　数项级数

一、数项级数的概念与性质

1. 级数的定义

定义 4.1.1　给定一个无穷数列 $\{u_n\}$,对它的各项依次用“+”号连接起来的表达式

$$u_1+u_2+\cdots+u_n+\cdots$$

称为**常数项无穷级数**,也称**数项级数**,或者称**级数**. 其中 u_n 称为数项级数的**通项**或**一般项**.

记为:$\sum\limits_{n=1}^{\infty}u_n$ 或 $\sum u_n$.

2. 数项级数的前 *n* 项和

设级数

$$\sum_{n=1}^{\infty}u_n=u_1+u_2+\cdots+u_n+\cdots,$$

则该级数的前 n 项和为

$$S_n=u_1+u_2+u_3+\cdots+u_n,$$

当 n 依次取 $1,2,3,\cdots$ 时,就得到一个新的数列

$$S_1,S_2,S_3,\cdots,S_n,\cdots,$$

这个数列称为级数 $\sum\limits_{n=1}^{\infty}u_n$ 的**部分和数列**,记为:$\{S_n\}$.

3. 级数收敛与发散

定义 4.1.2　若数项级数的部分和数列 $\{S_n\}$ 有极限 S,即 $\lim\limits_{n\to\infty}S_n=S$,则称数项级数 $\sum\limits_{n=1}^{\infty}u_n$ **收敛**,称 S 为数项级数 $\sum\limits_{n=1}^{\infty}u_n$ 的**和**.

记作:$S=u_1+u_2+\cdots+u_n+\cdots$ 或 $S=\sum\limits_{n=1}^{\infty}u_n$.

若部分和数列 $\{S_n\}$ 没有极限,则称级数 $\sum\limits_{n=1}^{\infty}u_n$ **发散**.

例如,有两个一模一样的水箱(如图 4.1.1 和图 4.1.2),其中一个装满了水(如图 4.1.1 所示),另一个水箱初始状态没有水(如图 4.1.2 所示).现需要将图 4.1.1 中的水转移到图 4.1.2 中,同时,拟定一个规则:每次取图 4.1.1 水箱中剩余水量的一半.如此,图 4.1.2 中水的体积便对应一个级数 $\frac{1}{2}+\frac{1}{2^2}+\cdots+\frac{1}{2^n}+\cdots$,那么无论取多少次,图 4.1.1 水箱中总是剩余上次转移前水量的一半.理论上是无法取尽的,但随着水不断地转移,图 4.1.2 中水的体积越来越趋近于水箱的体积.也即级数 $\sum\limits_{n=1}^{\infty}\frac{1}{2^n}$ 是收敛的.

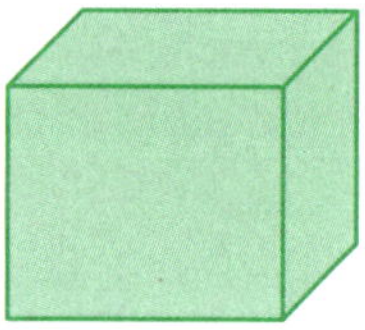

图 4.1.1

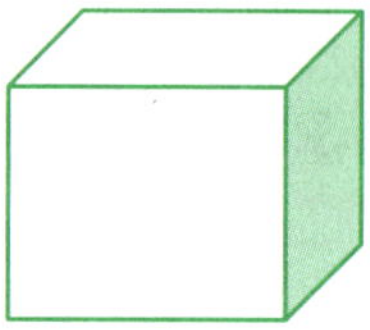

图 4.1.2

又如级数 $1+(-1)+1+(-1)+1+\cdots$,从第 1 项开始,每两项加上括号得 $[1+(-1)]+[1+(-1)]+\cdots$,这个新级数的和为 0;若从第二项开始,每两项加上括号得 $1+[(-1)+1]+[(-1)+1]+\cdots$,又产生一个新级数,这个级数的和为 1.所以原级数没有收敛于一个固定的常数,它是发散的.

4. 数项级数的性质

性质 1 $\sum u_n$ 与 $\sum ku_n$ 同敛散($k\neq 0$).

性质 2 设级数 $\sum u_n$ 及 $\sum v_n$,则有

1) 若 $\sum u_n=S_1$,$\sum v_n=S_2$,则 $\sum(u_n\pm v_n)=S_1\pm S_2$.

2) 若 $\sum u_n$ 收敛,$\sum v_n$ 发散,则 $\sum(u_n\pm v_n)$ 发散.

3) 若 $\sum u_n$,$\sum v_n$ 均发散,则 $\sum(u_n\pm v_n)$ 的敛散性不确定.

性质 3 在级数 $\sum u_n$ 中添加、去掉或改变有限项,不影响级数 $\sum u_n$ 的敛散性.

性质 4 设级数 $\sum u_n$ 收敛,则对其各项任意加括号后的级数仍收敛于原级数的和.

性质 5 级数 $\sum u_n$ 收敛的必要条件:$\lim\limits_{n\to\infty}u_n=0$.

▶ 推论:若 $\lim\limits_{n\to\infty}u_n\neq 0$,则级数 $\sum\limits_{n=1}^{\infty}u_n$ 必发散.

5. 常见的级数

1) 调和级数:$\sum\limits_{n=1}^{\infty}\frac{1}{n}=1+\frac{1}{2}+\frac{1}{3}+\cdots+\frac{1}{n}+\cdots$ 发散.

2) 等比级数($a\neq 0$):$\sum\limits_{n=1}^{\infty}aq^{n-1}=a+aq+aq^2+\cdots+aq^{n-1}+\cdots$. $q=1$ 时,$S_n=na$,发散.

$$S_n=\frac{a(1-q^n)}{1-q}\quad\begin{array}{ll}|q|<1, & 收敛,\\ q>1 \text{ 或 } q\leqslant -1, & 发散.\end{array}$$

3）p-级数：$\sum_{n=1}^{\infty}\frac{n^a+\alpha}{n^b+\beta}\xrightarrow{p=b-a}\sum_{n=1}^{\infty}\frac{1}{n^p}\begin{cases}p>1, & 收敛,\\ p\leqslant 1, & 发散,\end{cases}$其中，$\alpha,\beta$ 是含 n 的最高次分别低于 a，b 的多项式.

【考点 4.1】级数的性质

♠**例 4.1.1**　若级数 $\sum_{n=1}^{\infty}\frac{1}{u_n}$收敛，则级数 $\sum_{n=1}^{\infty}\left(\frac{1}{u_n}-\frac{1}{u_{n+1}}\right)$ 为________.

♠**例 4.1.2**　级数 $\sum_{n=0}^{\infty}2^n3^{1-n}=$________.

♠**例 4.1.3**　已知 $\sum_{n=1}^{\infty}(u_{2n-1}+u_{2n})$收敛，则（　　）.

A. $\sum_{n=0}^{\infty}u_n$ 收敛　　　　B. $\lim\limits_{n\to\infty}u_n=0$

C. $\sum_{n=0}^{\infty}u_n$ 敛散性不确定　　　　D. $\sum_{n=0}^{\infty}u_n$ 发散

二、正项级数及其审敛法

▶ 级数 $\sum_{n=1}^{\infty} u_n(u_n \geqslant 0)$ 称为**正项级数**.

▶ 正项级数 $\sum u_n$ 收敛的充分必要条件是：部分和数列 $\{S_n\}$ 有界，即存在某个正数 M，对一切正整数 n 有 $S_n<M$.

1. 正项级数敛散性的五种审敛法

（1）比较审敛法

定理 4.1.1 设 $\sum u_n$ 和 $\sum v_n$ 是两个正项级数，且 $u_n \leqslant v_n(n=1,2,\cdots)$.

1）若级数 $\sum v_n$ 收敛，则级数 $\sum u_n$ 也收敛.

2）若级数 $\sum u_n$ 发散，则级数 $\sum v_n$ 也发散.

如图 4.1.3 所示，若 $\sum u_n$ 发散可视为向外膨胀，那么其迫使 $\sum v_n$ 也向外膨胀，即 $\sum v_n$ 发散. 若 $\sum v_n$ 收敛可视为向内收缩，其迫使 $\sum u_n$ 也向内收缩，即 $\sum u_n$ 收敛.

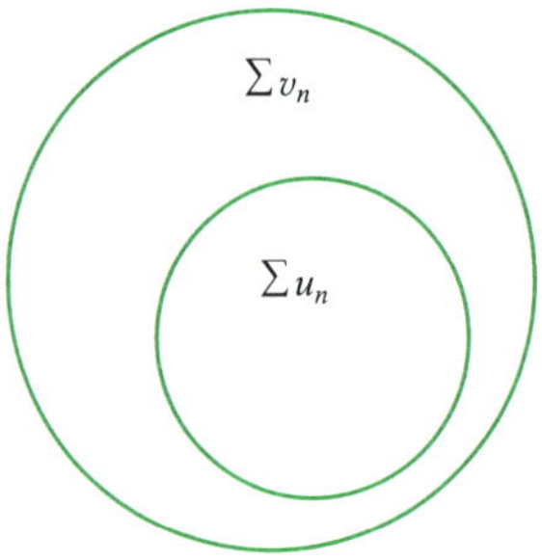

图 4.1.3

（2）比较审敛法的极限形式

定理 4.1.2 设 $\sum u_n$ 和 $\sum v_n$ 都是正项级数，且 $\lim_{n\to\infty}\frac{u_n}{v_n}=l$,

1）若 $0<l<+\infty$ 时，则 $\sum u_n$ 和 $\sum v_n$ 同时收敛或同时发散.

2）若 $l=0$ 时，且 $\sum v_n$ 收敛，则 $\sum u_n$ 也收敛.

3）若 $l=+\infty$ 时，且 $\sum v_n$ 发散，则 $\sum u_n$ 发散.

比较审敛法和比较审敛法的极限形式适用于通项含有 n 的多项式、三角函数、反三角函数的级数.

【考点 4.2】比较审敛法判断级数敛散性

♠**例 4.1.4**　已知级数 $\sum_{n=1}^{\infty} a_n$ 和级数 $\sum_{n=1}^{\infty} b_n$ 都发散，则下列结论中正确的是(　　).

A. $\sum_{n=1}^{\infty}(a_n+b_n)$ 必发散　　B. $\sum_{n=1}^{\infty} a_n b_n$ 必收敛

C. $\sum_{n=1}^{\infty}(|a_n|+|b_n|)$ 必发散　　D. $\sum_{n=1}^{\infty}(a_n^2+b_n^2)$ 必发散

♠**例 4.1.5**　判断级数 $\sum_{n=1}^{\infty} \frac{1}{10n-1}$ 的敛散性.

♠**例 4.1.6**　判断级数 $\sum_{n=1}^{\infty} \frac{1}{n^2-n+1}$ 的敛散性.

♠**例 4.1.7** 判断级数 $\sum\limits_{n=1}^{\infty}\frac{1}{\sqrt{n(n+1)}}$的敛散性.

♠**例 4.1.8** 判断级数 $\sum\limits_{n=1}^{\infty}\sin\frac{1}{n}$的敛散性.

♠**例 4.1.9** 判断级数 $\sum\limits_{n=1}^{\infty}\frac{1}{2^n-n}$的敛散性.

(3) 比值审敛法(达朗贝尔审敛法)

定理 4.1.3 设级数 $\sum u_n$ 为正项级数,若 $\lim\limits_{n\to\infty}\frac{u_{n+1}}{u_n}=q$,则

1) 当 $q>1$ 时,$\sum u_n$ 发散.

2) 当 $q<1$ 时,$\sum u_n$ 收敛.

3) 当 $q=1$ 时,无法判断.

（4）根值审敛法（柯西审敛法）

定理 4.1.4　设 $\sum u_n$ 是一个正项级数，如果 $\lim\limits_{n\to\infty}\sqrt[n]{u_n}=\rho$，则

1）当 $\rho>1$ 时，$\sum u_n$ 发散.

2）当 $\rho<1$ 时，$\sum u_n$ 收敛.

3）当 $\rho=1$ 时，无法判断.

比值审敛法和根值审敛法适用于通项含有 $n!$，a^n，n^n 的级数. 通常情况下，能用比值审敛法判断的级数，也能由根值审敛法判断，根值审敛法比比值审敛法更有效.

【考点 4.3】比值、根值审敛法判断敛散性

♠**例 4.1.10**　判断级数 $\sum\limits_{n=1}^{\infty}\dfrac{1}{n!}$ 的敛散性.

♠**例 4.1.11**　判断级数 $\sum\limits_{n=1}^{\infty}\dfrac{3^n}{n^2 2^n}$ 的敛散性.

♠**例 4.1.12**　判断级数 $\sum\limits_{n=1}^{\infty}\dfrac{n!}{n^n}$ 的敛散性.

♠**例 4.1.13** 判断级数 $\sum_{n=1}^{\infty}\frac{(n!)^2}{(2n)!}$ 的敛散性.

♠**例 4.1.14** 判断级数 $\sum_{n=1}^{\infty}\frac{n^2}{\left(2+\frac{1}{n}\right)^n}$ 的敛散性.

(5) 积分审敛法

定理 4.1.5 设 $f(x)$ 为 $[1,+\infty)$ 上非负递减函数，那么正项级数 $\sum_{n=1}^{\infty}f(n)$ 与反常积分 $\int_1^{+\infty}f(x)\mathrm{d}x$ 同时收敛或同时发散.

如图 4.1.4 所示，级数 $\sum_{n=1}^{\infty}f(n)$ 的每一项都在函数 $f(x)$ 的图像上，所以两者的敛散性相同.

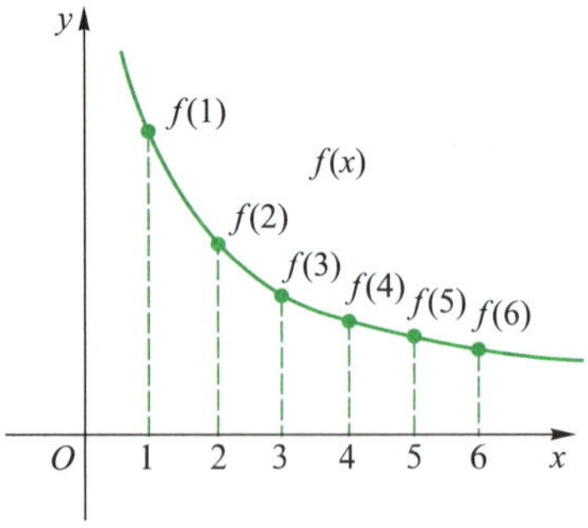

图 4.1.4

♠例 4.1.15　下列正项级数收敛的是(　　).

A. $\sum\limits_{n=2}^{\infty}\frac{1}{3n+1}$　　B. $\sum\limits_{n=2}^{\infty}\frac{1}{n\ln n}$

C. $\sum\limits_{n=2}^{\infty}\frac{1}{n(\ln n)^2}$　　D. $\sum\limits_{n=2}^{\infty}\frac{2n-3}{1000n}$

三、交错级数及其审敛法

1. 交错级数的定义

定义 4.1.3　若级数的各项符号正负相间,即

$$u_1-u_2+u_3-\cdots+(-1)^{n+1}u_n+\cdots(u_n>0),$$

则称其为交错级数.

交错级数记为: $\sum\limits_{n=1}^{\infty}(-1)^n u_n$ 或 $\sum\limits_{n=1}^{\infty}(-1)^{n-1}u_n$.

2. 莱布尼茨审敛法

定理 4.1.6　如果交错级数 $\sum\limits_{n=1}^{\infty}(-1)^{n-1}u_n$ 满足条件:

1) $\lim\limits_{n\to\infty}u_n=0$;

2) $u_{n+1}\leqslant u_n(n=1,2,\cdots)$,

则交错级数 $\sum\limits_{n=1}^{\infty}(-1)^{n-1}u_n$ 收敛.

▶ 判定 $u_{n+1}\leqslant u_n$ 的三种方法:

1) 比值法: $\frac{u_{n+1}}{u_n}\leqslant 1$;

2) 差值法: $u_{n+1}-u_n<0$;

3) 函数法:令 $u_n=f(n)$,可得其对应的连续可导函数 $f(x)$,若 $f'(x)<0$,则 $f(x)$ 是单调递减的,所以 $f(n+1)<f(n)$,故有 $u_{n+1}\leqslant u_n$.

【考点 4.4】交错级数敛散性判断

♠例 4.1.16 判断级数 $\sum_{n=1}^{\infty}(-1)^{n-1}\frac{1}{n}$的敛散性.

♠例 4.1.17 判断级数 $\sum_{n=1}^{\infty}\frac{(-1)^n}{1+a^n}(a>0)$的敛散性.

3. 绝对收敛、条件收敛

对于收敛级数 $\sum_{n=1}^{\infty}u_n$,若

(1) $\sum_{n=1}^{\infty}|u_n|$收敛,那么称 $\sum_{n=1}^{\infty}u_n$ 绝对收敛;

(2) $\sum_{n=1}^{\infty}|u_n|$发散,那么称 $\sum_{n=1}^{\infty}u_n$ 条件收敛.

在考试中对于交错级数的考查,需要具体到绝对收敛或条件收敛.

[注] 加绝对值增加发散性,去绝对值增加收敛性.

这表明:1) 若 $\sum_{n=1}^{\infty}u_n$ 发散,那么 $\sum_{n=1}^{\infty}|u_n|$必定发散;

2) 若 $\sum_{n=1}^{\infty}|u_n|$收敛,那么 $\sum_{n=1}^{\infty}u_n$ 必定收敛.

【考点 4.5】绝对收敛、条件收敛的判断

♠例 4.1.18 判断以下级数是绝对收敛还是条件收敛.

(1) $\sum_{n=1}^{\infty}(-1)^n\frac{n}{n+1}$.

(2) $\sum_{n=1}^{\infty}(-1)^n\frac{1}{\sqrt[3]{n^2}}$.

(3) $\sum_{n=1}^{\infty}\frac{(-1)^n}{n(n+1)}$.

♠**例 4.1.19**　判断级数 $\sum_{n=1}^{\infty}(-1)^{n-1}\frac{\ln n}{n}$ 是绝对收敛还是条件收敛.

第二节　幂　级　数

一、函数项级数

定义 4.2.1　如果给定一个定义在区间 I 上的函数列 $u_1(x),u_2(x),\cdots,u_n(x),\cdots$,那么由这函数列构成的表达式:

$$\sum_{n=1}^{\infty}u_n(x)=u_1(x)+u_2(x)+\cdots+u_n(x)+\cdots \tag{1}$$

称为定义在区间 I 上的**函数项无穷级数**,简称**函数项级数**.

对于每一个确定的值 $x_0\in I$,函数项级数得到一个数项级数:

$$\sum_{n=1}^{\infty}u_n(x_0)=u_1(x_0)+u_2(x_0)+\cdots+u_n(x_0)+\cdots, \tag{2}$$

该级数可能收敛,也可能发散.

如果数项级数(2)收敛,则称 x_0 是函数项级数(1)的**收敛点**.

如果数项级数(2)发散,则称 x_0 是函数项级数(1)的**发散点**.

由函数项级数的全体收敛点组成的集合称为**收敛域**.

所以,在收敛域上的任一点处,函数项级数所确定的数项级数都收敛. 即每一个确定的 x 值都有唯一确定的 S 值与之对应,因此 S 是 x 的函数,即有 $S(x)$ 为函数项级数的**和函数**. 且有

$$S(x)=\sum_{n=1}^{\infty}u_n(x)=u_1(x)+u_2(x)+\cdots+u_n(x)+\cdots,$$

函数 $S(x)$ 的定义域就是函数项级数的收敛域.

如函数项级数 $\sum_{n=0}^{\infty}x^n=1+x+x^2+\cdots+x^n+\cdots$,其公比 $q=x$,当 $|x|<1$ 时,级数收敛,即其收敛域为 $(-1,1)$,且

$$S(x)=\frac{1}{1-x}=\sum_{n=0}^{\infty}x^n.$$

二、 幂级数

1. 幂级数的定义

各项都是常数乘幂函数的函数项级数,称为幂级数.

$$\sum_{n=0}^{\infty}a_n(x-x_0)^n=a_0+a_1(x-x_0)+a_2(x-x_0)^2+\cdots+a_n(x-x_0)^n+\cdots$$

称为 $(x-x_0)$ 的**幂级数**. 当 $x_0=0$ 时,上式变为

$$\sum_{n=0}^{\infty}a_nx^n=a_0+a_1x+a_2x^2+\cdots+a_nx^n+\cdots$$

称为 x 的**幂级数**. 以下着重讨论 x 的幂级数的相关性质,对于 $(x-x_0)$ 的幂级数,只需令 $t=x-x_0$,将其看作 t 的幂级数便可应用 x 的幂级数相关结论.

2. 阿贝尔定理

定理 4.2.1 设 x_0 为任意非零常数,有幂级数 $\sum_{n=0}^{\infty}a_nx^n$,

当 $x=x_0$ 时收敛,则对于所有满足 $|x|<|x_0|$ 的点 x,该幂级数绝对收敛.

当 $x=x_0$ 时发散,则对于所有满足 $|x|>|x_0|$ 的点 x,该幂级数发散.

♠**例 4.2.1** 设幂级数 $\sum_{n=0}^{\infty}a_nx^n$ 在 $x=4$ 处收敛,则该级数在 $x=1$ 处(　　).

A. 发散　　B. 条件收敛

C. 绝对收敛　　D. 敛散性不确定

3. 收敛区间与收敛域

任意一个幂级数在 $x=0$ 处都收敛,如果幂级数 $\sum_{n=0}^{\infty} a_n x^n$ 不是仅在点 $x=0$ 处收敛,也不是在整个数轴上都收敛,那么必有一个确定的正数 R 存在,使得:

当 $|x|<R$ 时,幂级数绝对收敛.

当 $|x|>R$ 时,幂级数发散.

当 $|x|=R$ 时,幂级数可能收敛也可能发散.

其中,R 称为幂级数的**收敛半径**,开区间 $(-R,R)$ 称为幂级数的**收敛区间**. 则幂级数的**收敛域**有四种情形,分别为 $(-R,R)$,$[-R,R)$,$(-R,R]$,$[-R,R]$.

4. 幂级数的收敛半径

定理 4.2.2 对于幂级数 $\sum_{n=0}^{\infty} a_n x^n$,如果 $\lim_{n\to\infty}\left|\frac{a_{n+1}}{a_n}\right|=\rho$,

1) 若 $\rho\neq 0$,则 $R=\frac{1}{\rho}$.

2) 若 $\rho=0$,则 $R=+\infty$.

3) 若 $\rho=+\infty$,则 $R=0$.

【考点 4.6】求幂级数的收敛半径、收敛区间、收敛域

♠**例 4.2.2** 求幂级数 $\sum_{n=1}^{\infty}(-1)^{n-1}\frac{x^n}{n}$ 的收敛半径与收敛域.

♠**例 4.2.3** 求幂级数 $\sum_{n=0}^{\infty}\frac{x^n}{n!}$ 的收敛域.

♠例 4.2.4 求幂级数 $\sum_{n=0}^{\infty}\frac{(2n)!}{(n!)^2}x^{2n}$ 的收敛半径.

♠例 4.2.5 求幂级数 $\sum_{n=1}^{\infty}\frac{(x-1)^n}{2^n n}$的收敛域.

5. 幂级数的性质

性质 1 设幂级数 $\sum_{n=0}^{\infty}a_nx^n=S_1(x)$，$\sum_{n=0}^{\infty}b_nx^n=S_2(x)$，则

$$\sum_{n=0}^{\infty}a_nx^n\pm\sum_{n=0}^{\infty}b_nx^n=\sum_{n=0}^{\infty}(a_n\pm b_n)x^n=S_1(x)\pm S_2(x).$$

性质 2 若幂级数 $\sum_{n=0}^{\infty}a_nx^n$ 和 $\sum_{n=0}^{\infty}b_nx^n$ 的收敛半径分别是 R_1,R_2，则 $\sum_{n=0}^{\infty}(a_n+b_n)x^n$ 的收敛半径为 $R=\min\{R_1,R_2\}$.

性质 3 设幂级数 $\sum_{n=0}^{\infty}a_nx^n$ 的和函数 $S(x)$ 在其收敛区间 $(-R,R)$ 内可导，且有**逐项求导公式**

$$S'(x)=\left(\sum_{n=0}^{\infty}a_nx^n\right)'=\sum_{n=0}^{\infty}(a_nx^n)'=\sum_{n=1}^{\infty}na_nx^{n-1}.$$

▶ 逐项求导后所得幂级数和原幂级数有相同的收敛半径.

性质 4 设幂级数 $\sum_{n=0}^{\infty}a_nx^n$ 的和函数 $S(x)$ 在其收敛域上可积，并有**逐项积分公式**

$$\int_0^x S(t)\,\mathrm{d}t=\int_0^x\left(\sum_{n=0}^{\infty}a_nt^n\right)\mathrm{d}t=\sum_{n=0}^{\infty}\left(\int_0^x a_nt^n\,\mathrm{d}t\right)=\sum_{n=0}^{\infty}\frac{a_n}{n+1}x^{n+1}.$$

▶ 逐项求积分后得到的幂级数与原幂级数有相同的收敛半径.

三、简单的初等函数展开为幂级数

1. 泰勒级数与麦克劳林级数

设 $f(x)$ 在 x_0 的某邻域内存在直至 $n+1$ 阶的连续导数,则对此邻域内任意点 x,有

$$f(x)=f(x_0)+\frac{f'(x_0)}{1}(x-x_0)+\frac{f''(x_0)}{2!}(x-x_0)^2+\cdots+\frac{f^{(n)}(x_0)}{n!}(x-x_0)^n+R_n(x),$$

称其为 $f(x)$ 在 x_0 处的 n **阶泰勒公式**. 其中 $R_n(x)$ 称为 n 阶泰勒公式的**拉格朗日余项**,且有

$$R_n(x)=\frac{f^{(n+1)}(\xi)}{(n+1)!}(x-x_0)^{n+1}(\xi \text{ 在 } x \text{ 与 } x_0 \text{ 之间}).$$

当 $n\to\infty$ 时,则有

$$f(x)=\sum_{n=0}^{\infty}\frac{f^{(n)}(x_0)}{n!}(x-x_0)^n,$$

称其为 $f(x)$ 在 x_0 处的**泰勒展开式**或**泰勒级数**. 即 $f(x)$ 可展开成 $(x-x_0)$ 的幂级数.

特别地,当 $x_0=0$ 时,有

$$f(x)=f(0)+\frac{f'(0)}{1!}x+\frac{f''(0)}{2!}x^2+\cdots+\frac{f^{(n)}(0)}{n!}x^n+R_n(x),$$

称其为 $f(x)$ 的 n 阶**麦克劳林公式**. 其中,$R_n(x)=\dfrac{f^{(n+1)}(\xi)}{(n+1)!}x^{n+1}(\xi \text{ 在 } 0 \text{ 与 } x \text{ 之间})$.

当 $n\to\infty$ 时,有

$$f(x)=\sum_{n=0}^{\infty}\frac{f^{(n)}(0)}{n!}x^n$$

称其为 $f(x)$ 的**麦克劳林级数**或称为 $f(x)$ 的**麦克劳林展开式**.

♠**例 4.2.6**　写出 $f(x)=\mathrm{e}^x$ 的麦克劳林展开式.

2. 常用的麦克劳林级数

1) $e^x=\sum\limits_{n=0}^{\infty}\frac{x^n}{n!},x\in(-\infty,+\infty)$;

2) $\sin x=\sum\limits_{n=0}^{\infty}(-1)^n\frac{x^{2n+1}}{(2n+1)!},x\in(-\infty,+\infty)$;

3) $\cos x=\sum\limits_{n=0}^{\infty}(-1)^n\frac{x^{2n}}{(2n)!},x\in(-\infty,+\infty)$;

4) $\frac{1}{1-x}=\sum\limits_{n=0}^{\infty}x^n,x\in(-1,1)$;

5) $\ln(1+x)=\sum\limits_{n=1}^{\infty}(-1)^{n-1}\frac{x^n}{n},x\in(-1,1]$;

6) $\frac{1}{1+x}=\sum\limits_{n=0}^{\infty}(-1)^n x^n,x\in(-1,1)$;

7) $\ln(1-x)=-\sum\limits_{n=1}^{\infty}\frac{x^n}{n},x\in[-1,1)$.

【考点 4.7】幂级数的和函数

♠**例 4.2.7** 级数 $\sum\limits_{n=0}^{\infty}\frac{2^n}{n!}$的和为(　　).

A. 0　　B. e　　C. e^2　　D. 不存在

♠**例 4.2.8** 幂级数 $\sum\limits_{n=0}^{\infty}(-1)^n\frac{x^{n+1}}{(n+1)2^{n+1}}$的和函数为________.

♠例 4.2.9　求幂级数 $\sum\limits_{n=0}^{\infty}(-1)^n\frac{x^{2n+1}}{2n+1}$, $|x|<1$ 的和函数 $S(x)$.

【考点 4.8】函数展开成幂级数

♠例 4.2.10　将函数 $f(x)=\frac{1}{1-2x}$展开成 x 的幂级数.

♠例 4.2.11　将函数 $f(x)=\frac{3}{-x^2+x+2}$展开为 x 的幂级数.

♠**例 4.2.12** 将函数 $f(x)=\arctan x$ 展开为 x 的幂级数.

♠**例 4.2.13** 将函数 $f(x)=\ln(2-x)$ 展开为 $(x-1)$ 的幂级数.

♠**例 4.2.14** 将函数 $f(x)=\sin x$ 展开成 $\left(x-\frac{\pi}{4}\right)$ 的幂级数.

第五章　常微分方程

第一节　微分方程的基本概念

微分方程：表示未知函数及其导数与自变量之间关系的方程称为微分方程.

常微分方程：在常微分方程中，未知函数仅有一个自变量.

微分方程的阶：微分方程中未知函数导数的最高阶数称为该方程的阶.

微分方程的解：代入微分方程，使方程式恒成立的函数 $y(x)$.

隐式解：方程的解 $y=\varphi(x)$ 由关系式 $\Phi(x,y)=0$ 决定，称 $\Phi(x,y)=0$ 为隐式解.

微分方程的通解：若微分方程的解中含有相互独立的任意常数的个数与方程的阶数相同，则该解为微分方程的通解.

初始条件：用来确定通解中任意常数的条件.

特解：通解中任意常数被确定的解称为该方程的特解.

线性微分方程：未知函数及其各阶导数是一次有理整式.

在本节内容中，我们把常微分方程称为"微分方程"，有时也简称为"方程". 下面我们对以上名词做简单的解释.

方程

$$\frac{\mathrm{d}^2y}{\mathrm{d}x^2}+b\frac{\mathrm{d}y}{\mathrm{d}x}+cy=f(x), \tag{1}$$

$$\left(\frac{\mathrm{d}y}{\mathrm{d}x}\right)^2+x\frac{\mathrm{d}y}{\mathrm{d}x}+y=0 \tag{2}$$

就是常微分方程，这里 y 是未知函数，x 是自变量. 方程(1)中未知函数导数的最高阶数为 2，所以方程(1)为二阶常微分方程. 方程(2)中有 $\left(\frac{\mathrm{d}y}{\mathrm{d}x}\right)^2$，2 是未知函数一阶导数的指数，未知函数导数的最高阶数是 1，故方程(2)是一阶常微分方程.

如果函数 $y=\varphi(x)$ 代入方程(1)或(2)后，能使它恒成立，则 $y=\varphi(x)$ 就是它们的解. 若这个解 $y=\varphi(x)$ 由关系式 $\Phi(x,y)=0$ 所确定，那么这个关系式 $\Phi(x,y)=0$ 就称为方程的隐式解. 例如，一阶微分方程

$$\frac{\mathrm{d}y}{\mathrm{d}x}=\frac{x}{y} \tag{3}$$

有解 $y=\sqrt{x^2+2}$ 和 $y=-\sqrt{x^2+2}$；而关系式 $y^2-x^2=2$ 便是方程(3)的隐式解. 在本章中，微分方程的解和隐式解统称为方程的解. $y^2-x^2=C$ 两边同时对 x 求导，整理后可得方程(3)，这种含有独立任意常数 C 的解就是方程(3)的通解. 一阶微分方程的通解含有一个独立任意常数，二阶微分方程的通解含有两个相互独立的任意常数.

若给定一个初始条件 $y(0)=\sqrt{2}$，将其代入通解 $y^2-x^2=C$，可得到该初始条件下对应的常数 $C=2$，满足该初始条件的解 $y^2-x^2=2$ 就是微分方程(3)的特解.

方程(1)中 y 及$\frac{dy}{dx}$，$\frac{d^2y}{dx^2}$为一次有理整式，则称方程(1)为二阶线性常微分方程. 方程(2)中$\left(\frac{dy}{dx}\right)^2$是$\frac{dy}{dx}$的二次式，故其不是线性方程，称其为一阶非线性常微分方程. 又如 $\sin y$ 是无理式，方程

$$y''+\sin y=0$$

是二阶非线性常微分方程.

【考点 5.1】微分方程的判断

♠**例 5.1.1**　微分方程 $4(y')^2+(y'')^3y+xy'''y^4=0$ 的阶数为(　　).

A. 5　　B. 4　　C. 3　　D. 2

♠**例 5.1.2**　微分方程 $x^2\frac{d^2y}{dx^2}+x\frac{dy}{dx}=1$ 是(　　).

A. 二阶非线性微分方程　　B. 二阶线性微分方程

C. 一阶非线性微分方程　　D. 一阶线性微分方程

第二节　一阶微分方程

1. 可分离变量的微分方程

一般地，如果一个一阶微分方程能化成

$$\frac{dy}{dx}=f(x)g(y)$$

时,就称其是**可分离变量的微分方程**. 这里 $f(x)$,$g(y)$ 分别是关于 x,y 的连续函数,且 $g(y)\neq 0$,通过移项可得

$$\frac{1}{g(y)}dy=f(x)dx.$$

这样,变量就"分离"到等式的左右两侧. 两边同时积分,有 $\int\frac{1}{g(y)}dy=\int f(x)dx$. 然后两边同时求解积分,可得其通解.

【考点 5.2】求解可分离变量的微分方程

♠例 5.2.1　解微分方程 $\frac{dy}{dx}=e^{x+y}$.

♠例 5.2.2　求微分方程 $y'=\frac{y}{x}\ln y$ 的通解.

2. 齐次微分方程

若微分方程可化为

$$\frac{dy}{dx}=g\left(\frac{y}{x}\right)$$

的形式,则称该方程为**齐次微分方程**. 此时,令 $u=\frac{y}{x}$,有 $y=ux$,于是

$$\frac{dy}{dx}=x\frac{du}{dx}+u,$$

则原方程变为

$$g(u)=x\frac{\mathrm{d}u}{\mathrm{d}x}+u,$$

可视为是 u 关于 x 的可变量分离的微分方程. 解出 u 关于 x 的函数后,将 $u=\frac{y}{x}$ 回代即可得到原方程的通解 y.

【考点 5.3】求解齐次微分方程

♠**例 5.2.3**　求微分方程 $\frac{\mathrm{d}y}{\mathrm{d}x}=\frac{y}{x}+\tan\frac{y}{x}$ 满足条件 $y\big|_{x=1}=\frac{\pi}{6}$ 的特解.

♠**例 5.2.4**　解方程 $y'=\frac{\frac{y}{x}}{\frac{y}{x}-1}$.

3. 一阶线性微分方程

形式为

$$\frac{\mathrm{d}y}{\mathrm{d}x}+P(x)y=Q(x)\quad 或\quad y'+P(x)y=Q(x)$$

的方程称为**一阶线性非齐次微分方程**. 当 $Q(x)=0$ 时,方程转化为

$$\frac{\mathrm{d}y}{\mathrm{d}x}+P(x)y=0\quad 或\quad y'+P(x)y=0$$

称为**一阶线性齐次微分方程**.

1）一阶线性齐次微分方程的通解:

$$y=C\mathrm{e}^{-\int P(x)\mathrm{d}x}.$$

2）一阶线性非齐次微分方程的通解:

$$y=e^{-\int P(x)dx}\left[\int Q(x)e^{\int P(x)dx}dx+C\right].$$

如果方程可化为一阶线性非齐次微分方程或一阶线性齐次微分方程，只需找出对应的 $P(x)$ 和 $Q(x)$ 代入以上通解公式求解即可. 若不能解出，则应考虑将 x 视为是 y 的函数，再判断是否可化为 x 关于 y 的一阶线性微分方程形式.

【考点 5.4】求解一阶线性微分方程

♠**例 5.2.5**　求微分方程 $y'+\frac{1}{x}y=0$ 的通解.

♠**例 5.2.6**　求微分方程 $\frac{dy}{dx}+\frac{1}{x}y=\frac{\cos x}{x}$ 的通解.

*第三节　可降阶的高阶微分方程

1. $y^{(n)}=f(x)$ 型微分方程

当 $n\geqslant 2$ 时，此类型为高阶微分方程，对 $f(x)$ 逐次求积分即可得到 $y(x)$.

♠**例 5.3.1**　求微分方程 $y'''=e^x$ 的通解.

*：本节为选学内容，浙江省普通高校专升本高等数学考试大纲对此节内容不做要求.

2. $y''=f(x,y')$ 型微分方程(不显含 y)

令 $y'=p(x)$,则 $y''=p'(x)=\dfrac{\mathrm{d}p}{\mathrm{d}x}$,于是方程化为一阶微分方程

$$p'=f(x,p),$$

是关于 p 与 x 的一阶微分方程. 可解出 $p(x)$,即有

$$\frac{\mathrm{d}y}{\mathrm{d}x}=p(x),$$

进而直接求 $p(x)$ 的不定积分即可.

3. $y''=f(y,y')$ 型微分方程(不显含 x)

令 $y'=p(y)$,则

$$y''=\frac{\mathrm{d}p}{\mathrm{d}x}=\frac{\mathrm{d}p}{\mathrm{d}y}\frac{\mathrm{d}y}{\mathrm{d}x}=p\frac{\mathrm{d}p}{\mathrm{d}y},$$

方程化为以 y 为自变量,$p(y)$ 为未知函数的一阶微分方程

$$p\frac{\mathrm{d}p}{\mathrm{d}y}=f(y,p)$$

可解出 $p(y)$,即有

$$\frac{\mathrm{d}y}{\mathrm{d}x}=p(y),$$

从而用分离变量法进一步解出通解 y.

【考点 5.5】求解可降阶的微分方程

♠**例 5.3.2** 解微分方程 $y''=\dfrac{x}{1-x^2}y'$.

♠**例 5.3.3** 求微分方程 $xy''+y'=4x$ 的通解.

♠**例 5.3.4**　求微分方程 $y''-e^{2y}=0$ 满足初始条件 $y(0)=0, y'(0)=1$ 的特解.

♠**例 5.3.5**　求方程 $y''=2yy'$ 满足初始条件 $y(0)=1, y'(0)=2$ 的特解.

第四节　二阶常系数线性微分方程

1. 二阶线性微分方程及其解的结构

形如

$$\frac{d^2y}{dx^2}+p(x)\frac{dy}{dx}+q(x)y=f(x) \text{ 或 } y''+p(x)y'+q(x)y=f(x)$$

的微分方程称为**二阶线性非齐次微分方程**. 当 $f(x)\equiv 0$ 时,称

$$\frac{d^2y}{dx^2}+p(x)\frac{dy}{dx}+q(x)y=0 \text{ 或 } y''+p(x)y'+q(x)y=0$$

为**二阶线性齐次微分方程**.

特别地,当 $p(x), q(x)$ 都是常数时,

$$\frac{d^2y}{dx^2}+p\frac{dy}{dx}+qy=f(x) \text{ 或 } y''+py'+qy=f(x)$$

称为**二阶常系数线性非齐次微分方程**. 当 $f(x)\equiv 0$ 时,

$$\frac{d^2y}{dx^2}+p\frac{dy}{dx}+qy=0 \text{ 或 } y''+py'+qy=0$$

称为**二阶常系数线性齐次微分方程**.

定理 5.4.1 设二阶线性齐次微分方程

$$y''+p(x)y'+q(x)y=0,$$

1）如果函数 y_1,y_2 都是该方程的解，那么

$$y=C_1y_1+C_2y_2$$

也是该方程的解.

2）如果函数 y_1^*,y_2^* 是该方程两个线性无关的特解，那么

$$y=C_1y_1^*+C_2y_2^*$$

是该方程的通解.

定理 5.4.2 设二阶线性非齐次微分方程

$$y''+p(x)y'+q(x)y=f(x),$$

1）设函数 $\bar{y}$ 是该方程对应齐次方程的通解，函数 y^* 是该方程的特解，那么该方程的通解是

$$y=\bar{y}+y^*.$$

2）设函数 y_1^*,y_2^*,y_3^* 是该方程三个线性无关的特解，那么函数

$$y=C_1(y_1^*-y_3^*)+C_2(y_2^*-y_3^*)+y_3^*$$

是方程的通解.

定理 5.4.3 若函数 y_1^*,y_2^* 分别为二阶线性非齐次微分方程

$$y''+p(x)y'+q(x)y=f_1(x),$$

$$y''+p(x)y'+q(x)y=f_2(x)$$

的特解，则

$$y=y_1^*+y_2^*$$

为方程

$$y''+p(x)y'+q(x)y=f_1(x)+f_2(x)$$

的特解.

2. 求解二阶常系数线性齐次微分方程

设方程 $y''+py'+qy=0$，其对应的**特征方程**为

$$r^2+pr+q=0.$$

此方程为关于 r 的一元二次方程. 可解出**特征根** r_1,r_2. 则

1）当 $r_1\neq r_2$ 时，通解为：$y=C_1e^{r_1x}+C_2e^{r_2x}$.

2）当 $r_1=r_2$ 时，通解为：$y=(C_1+C_2x)e^{rx}$.

3）当 $r=\alpha\pm\beta i$ 为共轭复根时，通解为：$y=e^{\alpha x}(C_1\cos\beta x+C_2\sin\beta x)$.

注意：$\alpha\pm\beta i$ 是共轭复数，其中 α 为实部，β 为虚部，i 为复数单位，且有 $i^2=-1$.

补充：解一元二次方程

设一元二次方程 $ax^2+bx+c=0(a\neq 0)$

1）根的判别式：$\Delta=b^2-4ac\begin{cases}\Delta>0, & \text{方程有两个不相等的实根.}\\ \Delta=0, & \text{方程有两个相等的实根.}\\ \Delta<0, & \text{方程有两个共轭复根.}\end{cases}$

2）当 $\Delta>0$ 时，一元二次方程 $ax^2+bx+c=0$ 的两个不相等的实根分别为 $x_1=\dfrac{-b+\sqrt{b^2-4ac}}{2a}$，$x_2=\dfrac{-b-\sqrt{b^2-4ac}}{2a}$.

3）当 $\Delta<0$ 时，一元二次方程 $ax^2+bx+c=0$ 的两个不相等的复根分别为 $x_1=\dfrac{-b+\sqrt{4ac-b^2}\,\mathrm{i}}{2a}$，$x_2=\dfrac{-b-\sqrt{4ac-b^2}\,\mathrm{i}}{2a}$.

【考点 5.6】解二阶常系数线性齐次微分方程

♠**例 5.4.1**　解微分方程 $y''+5y'+4y=0$.

♠**例 5.4.2**　解微分方程 $y''-2y'+y=0$.

♠**例 5.4.3**　解微分方程 $y''+4y'+13y=0$.

3. 求解二阶常系数线性非齐次微分方程

设二阶常系数线性非齐次微分方程

$$y''+py'+qy=f(x),$$

通解为

$$y=\bar{y}+y^*,$$

其中，$\bar{y}$ 为二阶齐次方程

$$y''+py'+qy=0$$

的通解，y^* 为二阶非齐次方程 $y''+py'+qy=f(x)$ 的特解.

▶ 求解步骤：

（Ⅰ）求出对应齐次方程的特征根 r_1, r_2，并求出齐次方程的通解 $\bar{y}$.

（Ⅱ）设非齐次方程的特解为 y^*，并求 $y^{*\prime}, y^{*\prime\prime}$，分别对应方程中 y, y', y''，代入方程，求出待定系数.

步骤（Ⅰ）中求解齐次方程的通解相对较容易. 此类问题的难点是如何求步骤（Ⅱ）中的 y^*，以下给出两种类型 y^* 的求法.

1）当 $f(x)=P_n(x)e^{\lambda x}$ 时，设特解

$$y^*=x^kQ_n(x)e^{\lambda x},$$

其中

$$k=\begin{cases}0, & \lambda \text{ 不是特征根;}\\ 1, & \lambda \text{ 是单特征根;}\\ 2, & \lambda \text{ 是二重特征根.}\end{cases}$$

$Q_n(x)$ 是与 $P_n(x)$ 同次的多项式.

例如，当 $f(x)=x^2$ 时，此时 $\lambda=0$，$P_n(x)=x^2$ 是二次多项式，则设 $Q_n(x)=Ax^2+Bx+C$.

2）当 $f(x)=e^{\lambda x}[P_m(x)\cos\omega x+P_n(x)\sin\omega x]$ 时，设特解

$$y^*=x^ke^{\lambda x}[R_l(x)\cos\omega x+Q_l(x)\sin\omega x].$$

其中 $R_l(x)$ 和 $Q_l(x)$ 为两个不同的 x 的 l 次多项式的标准式形式，且 $l=\max\{m,n\}$.

$$k=\begin{cases}0, \text{若 } \lambda\pm\omega i \text{ 不是特征方程的根,}\\ 1, \text{若 } \lambda\pm\omega i \text{ 是特征方程的根.}\end{cases}$$

【考点 5.7】求解二阶常系数非齐次微分方程

♠**例 5.4.4** 对于微分方程 $y''-2y'=x^2$，利用待定系数法求其特解 y^* 时，下列特解设法中正确的是（　　）.

A. $y^*=ax^2+bx+c$　　B. $y^*=x^2(ax^2+bx+c)$

C. $y^*=x(ax^2+bx)$　　D. $y^*=x(ax^2+bx+c)$

♠**例 5.4.5** 微分方程 $y''+2y'+y=0$ 的通解为(　　).

A. $C_1e^{-x}+C_2e^{x}$　　　　B. $C_1+C_2e^{-x}$

C. $C_1e^{-x}+C_2e^{-x}$　　　　D. $(C_1+C_2x)e^{-x}$

♠**例 5.4.6** 解微分方程 $y''-2y'-3y=(3x+1)e^{2x}$.

♠**例 5.4.7** 求微分方程 $y''+4y'+4y=e^{-2x}$ 的通解.

♠**例 5.4.8** 求微分方程 $y''+y=\cos x$ 的通解.

第六章　向量代数与空间解析几何

第一节　空间向量

一、两点间的距离公式

1. 平面上两点间的距离

设平面上两点 $A(x_1,y_1)$，$B(x_2,y_2)$（如图 6.1.1 所示），则 A，B 之间的距离为：

$$|AB|=\sqrt{(x_2-x_1)^2+(y_2-y_1)^2}.$$

2. 空间中两点间的距离

设空间中两点 $M_1(x_1,y_1,z_1)$，$M_2(x_2,y_2,z_2)$（如图 6.1.2 所示），则 M_1，M_2 之间的距离为：

$$|M_1M_2|=\sqrt{(x_2-x_1)^2+(y_2-y_1)^2+(z_2-z_1)^2}.$$

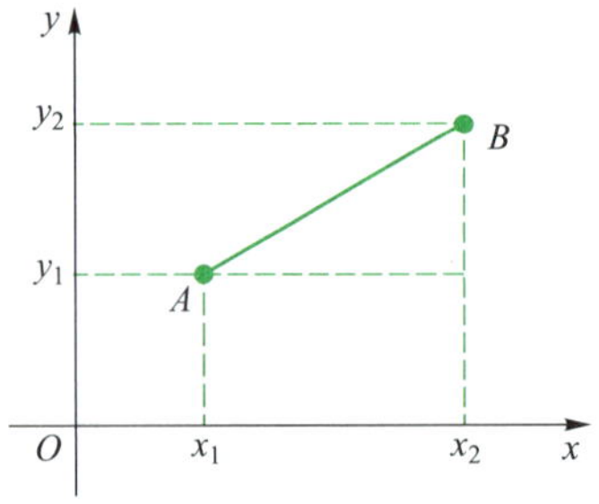

图 6.1.1

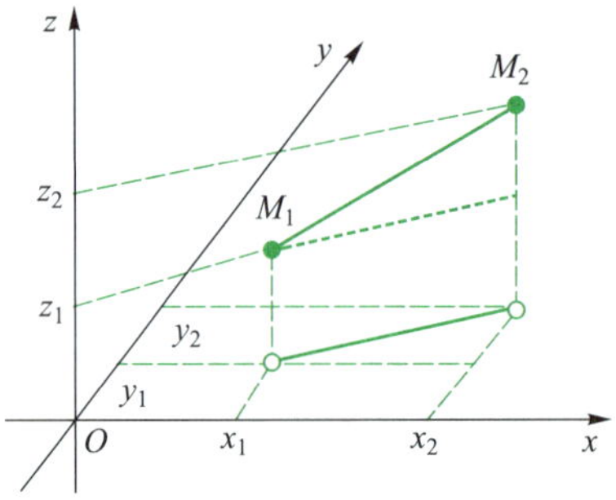

图 6.1.2

二、 向量

现实世界中，我们常见的量有两类：一类是确定度量单位后，可以用数值来完全刻画的量，即这种量只有大小，称为数量，或称**标量**. 如功、温度、长度、质量等. 另一类是除了量的大小之外，还要同时指出其方向才可以完全表示出来的量，即这种量既有大小又有方向，称为**向量**，或称矢量. 如力、加速度、速度等.

在几何空间中，给定一个起点和一个终点，起点到终点的有向线段表示一个向量，该线段的长度即是向量的大小，从起点到终点的方向表示向量的方向. 如图 6.1.3 所示，起点为 A，终点为 B 的向量记为 $\overrightarrow{AB}$.

1. 向量（矢量）

向量是既有大小又有方向的量.

向量也可以用 $\boldsymbol{a}$ 表示（如图 6.1.4 所示），a_x，a_y，a_z 分别是向量 $\boldsymbol{a}$ 在 x，y，z 轴上的分量.

则 $\boldsymbol{a}=a_x\boldsymbol{i}+a_y\boldsymbol{j}+a_z\boldsymbol{k}$ 为向量 $\boldsymbol{a}$ 的坐标表示式. 简写为 $\boldsymbol{a}=(a_x,a_y,a_z)$.

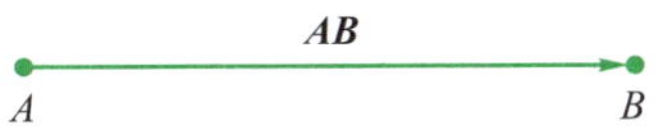

图 6.1.3

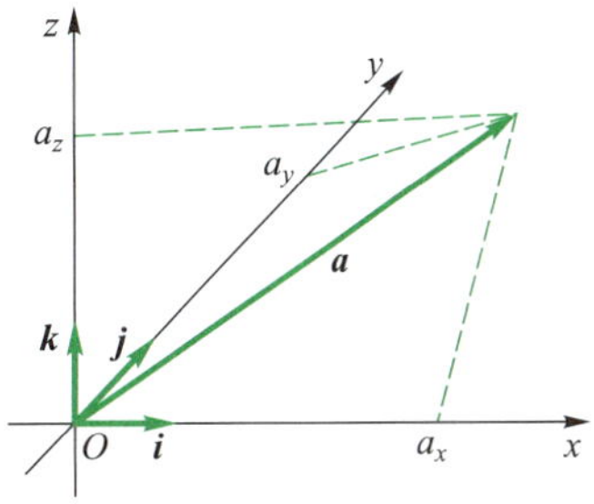

图 6.1.4

2. 向量的模

▶向量的长度(即大小)称为向量的**模**.

设向量 $\boldsymbol{a}=(a_x,a_y,a_z)$,向量 $\overrightarrow{M_1M_2}=(x_2-x_1,y_2-y_1,z_2-z_1)$,则

$\boldsymbol{a}$ 的模为:$|\boldsymbol{a}|=\sqrt{a_x^2+a_y^2+a_z^2}$;

$\overrightarrow{M_1M_2}$ 的模为:$|\overrightarrow{M_1M_2}|=\sqrt{(x_2-x_1)^2+(y_2-y_1)^2+(z_2-z_1)^2}$.

3. 单位向量

模为 1 的向量称为**单位向量**.

模为 0 的向量称为**零向量**.

如图 6.1.5 所示,x,y,z 轴方向的单位向量分别记为 $\boldsymbol{i},\boldsymbol{j},\boldsymbol{k}$,称为基本单位向量.

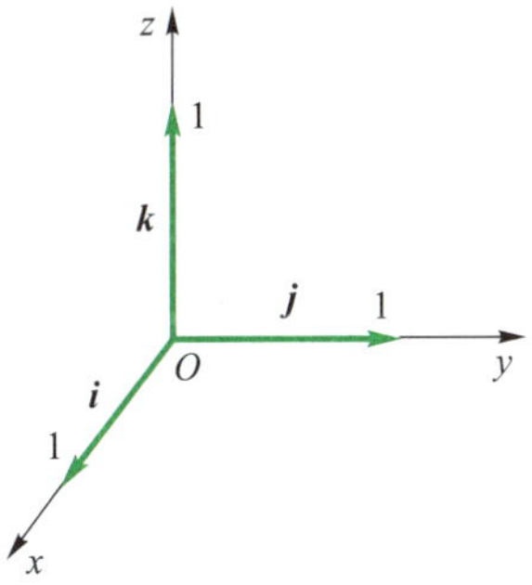

图 6.1.5

【考点 6.1】向量模的计算

♠**例 6.1.1**　已知向量 $\boldsymbol{a}=(1,0,1)$,则 $|\boldsymbol{a}|=$__________.

♠**例 6.1.2**　已知空间中两点 $A(1,1,0)$,$B(3,2,2)$,则 $|\overrightarrow{AB}|=$__________.

♠例 6.1.3 若 $\boldsymbol{i}$, $\boldsymbol{j}$, $\boldsymbol{k}$ 分别表示 x 轴和 y 轴上的单位向量,向量 $\boldsymbol{b}=\boldsymbol{i}-2\boldsymbol{j}-3\boldsymbol{k}$,则 $|\boldsymbol{b}|=$______.

4. 方向余弦

1）平面中向量的方向余弦

如图 6.1.6 所示,在平面直角坐标系中,向量与 x 轴正方向的夹角为 α,与 y 轴正方向的夹角为 β,则有

$$\cos^2\alpha+\cos^2\beta=1.$$

2）空间中向量的方向余弦

如图 6.1.7 所示,空间直角坐标系中,设向量 $\boldsymbol{a}=(a_x,a_y,a_z)$ 与 x,y,z 坐标轴正方向的夹角分别为 α,β,γ(其中 α,β,γ 称为向量 $\boldsymbol{a}$ 的方向角),则有

$$\cos^2\alpha+\cos^2\beta+\cos^2\gamma=1,$$

其中有 $\cos\alpha=\dfrac{a_x}{|\boldsymbol{a}|}$, $\cos\beta=\dfrac{a_y}{|\boldsymbol{a}|}$, $\cos\gamma=\dfrac{a_z}{|\boldsymbol{a}|}$. 所以,任意方向上的单位向量都可用($\cos\alpha$, $\cos\beta$, $\cos\gamma$)来表示.

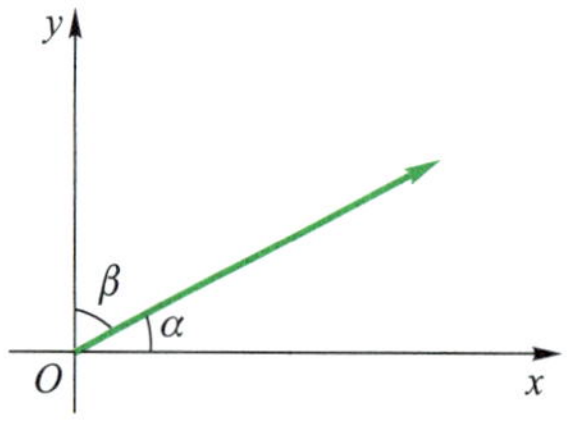

图 6.1.6

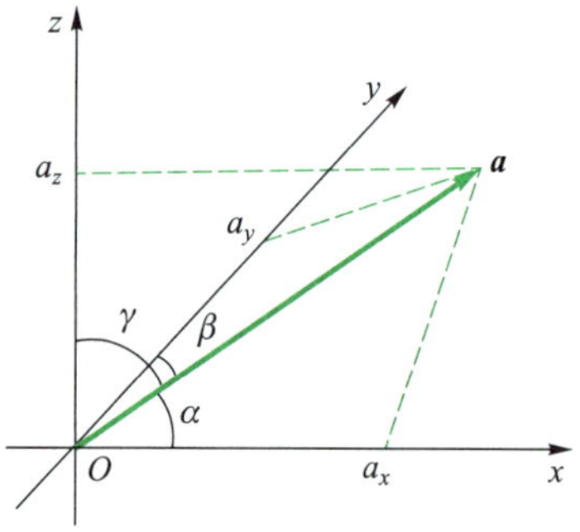

图 6.1.7

【考点 6.2】方向余弦与单位向量

♠例 6.1.4 设空间向量 $\boldsymbol{a}$ 的方向角分别为 α, β, γ,则 $\sin^2\alpha+\sin^2\beta+\sin^2\gamma=$__________.

♠例 6.1.5　下列可作为向量的方向角的是(　　).

A. $\frac{\pi}{4},\frac{\pi}{4},\frac{\pi}{3}$　　B. $\frac{\pi}{6},\frac{\pi}{4},\frac{\pi}{3}$　　C. $\frac{\pi}{3},\frac{\pi}{3},\frac{\pi}{4}$　　D. $\frac{\pi}{4},\frac{\pi}{3},\frac{\pi}{2}$

♠例 6.1.6　已知空间向量 $\boldsymbol{a}$ 的方向余弦 $\cos\alpha=\frac{1}{3}$, $\cos\beta=\frac{2}{3}$ 且 $|\boldsymbol{a}|=3$, 则 $\boldsymbol{a}=$

__________.

♠例 6.1.7　已知点 $A(4,0,5)$ 与点 $B(7,1,3)$,求与 $\overrightarrow{AB}$ 同方向的单位向量 $\boldsymbol{e}$.

5. 向量的运算

设 $\boldsymbol{a}=(x_1,y_1,z_1)$,$\boldsymbol{b}=(x_2,y_2,z_2)$,则向量的运算满足下列性质:

1) $\boldsymbol{a}\pm\boldsymbol{b}=(x_1\pm x_2,y_1\pm y_2,z_1\pm z_2)$;

2) $\lambda\boldsymbol{a}=(\lambda x_1,\lambda y_1,\lambda z_1)$;

3) (向量内积的运算)

$\boldsymbol{a}\cdot\boldsymbol{b}=x_1x_2+y_1y_2+z_1z_2$;

$\boldsymbol{a}\cdot\boldsymbol{b}=|\boldsymbol{a}||\boldsymbol{b}|\cos<\boldsymbol{a},\boldsymbol{b}>=|\boldsymbol{a}||\boldsymbol{b}|\cos\theta$(其中$<\boldsymbol{a},\boldsymbol{b}>$表示向量 $\boldsymbol{a}$ 与向量 $\boldsymbol{b}$ 的夹角 θ);

$\boldsymbol{a}^2=\boldsymbol{a}\cdot\boldsymbol{a}=|\boldsymbol{a}||\boldsymbol{a}|\cos 0=|\boldsymbol{a}|^2$.

6. 向量内积的运算律

1）$\boldsymbol{a}\cdot\boldsymbol{b}=\boldsymbol{b}\cdot\boldsymbol{a}$（交换律）；

2）$\boldsymbol{a}\cdot(\boldsymbol{b}+\boldsymbol{c})=(\boldsymbol{a}\cdot\boldsymbol{b}+\boldsymbol{a}\cdot\boldsymbol{c})$（分配律）；

注意：向量内积不满足结合律，即$(\boldsymbol{a}\cdot\boldsymbol{b})\boldsymbol{c}\neq\boldsymbol{a}(\boldsymbol{b}\cdot\boldsymbol{c})$；

3）$\lambda(\boldsymbol{a}\cdot\boldsymbol{b})=(\lambda\boldsymbol{a})\cdot\boldsymbol{b}=\boldsymbol{a}\cdot(\lambda\boldsymbol{b})$（$\lambda$ 为实数）.

7. 向量的位置关系

设向量 $\boldsymbol{a}=(x_1,y_1,z_1)$，$\boldsymbol{b}=(x_2,y_2,z_2)$. 它们在空间中有如下位置关系：

1）相交（$0<\theta<\pi$）

如图 6.1.8，向量 $\boldsymbol{a}$ 与向量 $\boldsymbol{b}$ 相交，则有 $\cos<\boldsymbol{a},\boldsymbol{b}>=\dfrac{\boldsymbol{a}\cdot\boldsymbol{b}}{|\boldsymbol{a}||\boldsymbol{b}|}$.

2）垂直$\left(\theta=\dfrac{\pi}{2}\right)$

如图 6.1.9，向量 $\boldsymbol{a}$ 与向量 $\boldsymbol{b}$ 垂直，则有 $\boldsymbol{a}\perp\boldsymbol{b}\Leftrightarrow\boldsymbol{a}\cdot\boldsymbol{b}=0\Leftrightarrow x_1x_2+y_1y_2+z_1z_2=0$.

3）平行、共线（$\theta=0$ 或 $\theta=\pi$）

如图 6.1.10(1) 与图 6.1.10(2)，向量 $\boldsymbol{a}$ 与向量 $\boldsymbol{b}$ 平行，则有 $\boldsymbol{a}/\!/\boldsymbol{b}\Leftrightarrow\boldsymbol{a}=\lambda\boldsymbol{b}\Leftrightarrow x_1=\lambda x_2,\ y_1=\lambda y_2,\ z_1=\lambda z_2$.

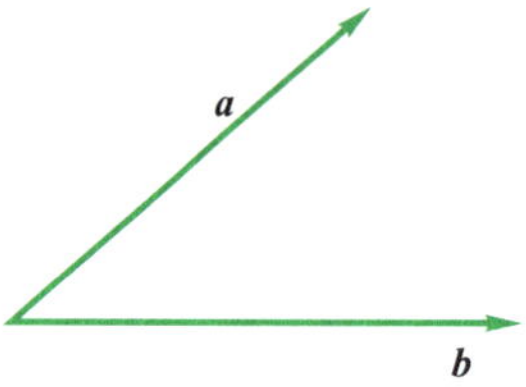

图 6.1.8

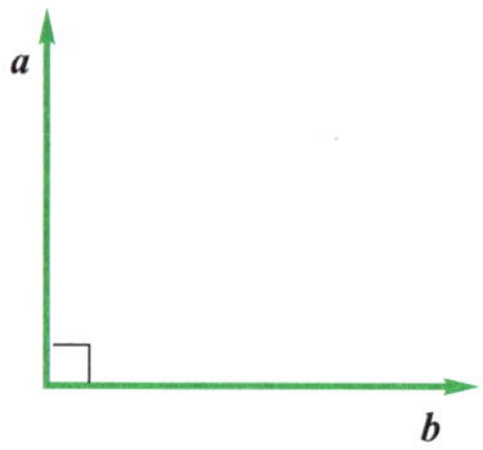

图 6.1.9

(1)　　(2)

图 6.1.10

8. 向量的投影

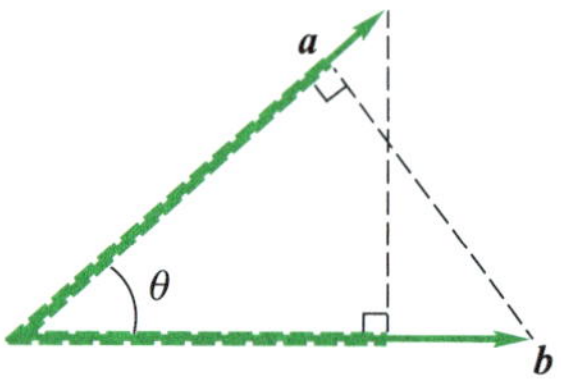

图 6.1.11

如图 6.1.11 所示，将向量 $\boldsymbol{a}$ 与 $\boldsymbol{b}$ 移至同一起点，向量 $\boldsymbol{a}$ 在 $\boldsymbol{b}$ 上的投影记为：$\mathrm{Prj}_{\boldsymbol{b}}\boldsymbol{a}$，其大小为$\dfrac{\boldsymbol{a}\cdot\boldsymbol{b}}{|\boldsymbol{b}|}$；

向量 $\boldsymbol{b}$ 在 $\boldsymbol{a}$ 上的投影记为：$\mathrm{Prj}_{\boldsymbol{a}}\boldsymbol{b}$，其大小为$\dfrac{\boldsymbol{a}\cdot\boldsymbol{b}}{|\boldsymbol{a}|}$.

9. 向量的外积

称 $\boldsymbol{c}=\boldsymbol{a}\times\boldsymbol{b}$ 为 $\boldsymbol{a}$ 与 $\boldsymbol{b}$ 的外积，$|\boldsymbol{c}|=|\boldsymbol{a}\times\boldsymbol{b}|=|\boldsymbol{a}||\boldsymbol{b}|\sin<\boldsymbol{a},\boldsymbol{b}>$，$0\leqslant<\boldsymbol{a},\boldsymbol{b}>\leqslant\pi$. 如图 6.1.12 所示，向量的外积符合右手法则.

►若 $\boldsymbol{a}//\boldsymbol{b}$,则 $\boldsymbol{a}\times\boldsymbol{b}=\boldsymbol{0}$.

如图 6.1.13 所示,设向量 $\boldsymbol{a}$, $\boldsymbol{b}$ 的夹角 $\langle\boldsymbol{a},\boldsymbol{b}\rangle=\theta$,则两向量外积的模等于以它们为边的平行四边形的面积,即 $|\boldsymbol{a}\times\boldsymbol{b}|=S_{\square ABCD}$.

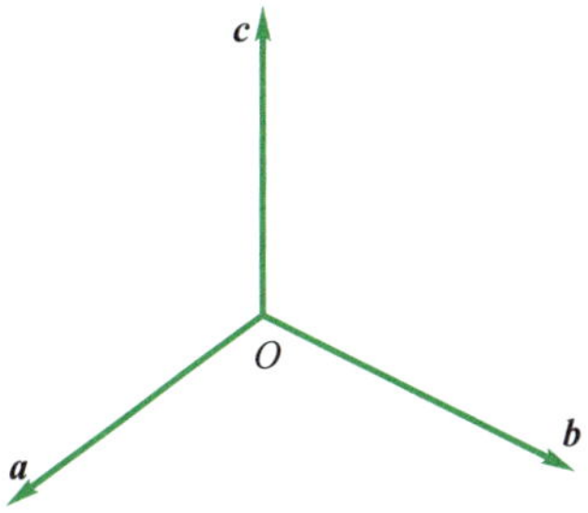

图 6.1.12

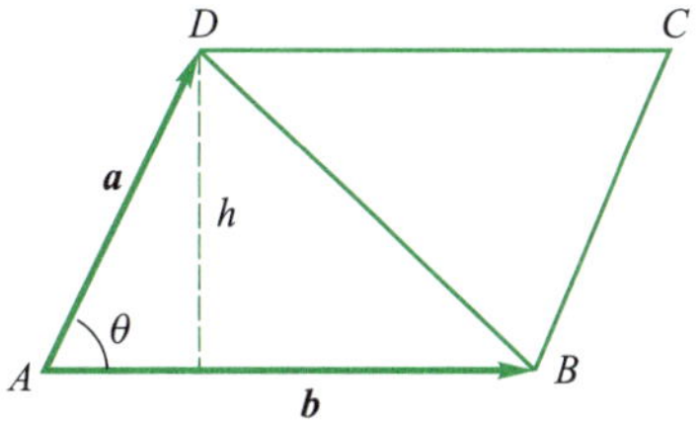

图 6.1.13

★向量外积的运算

设向量 $\boldsymbol{a}=(x_1,y_1,z_1)$,$\boldsymbol{b}=(x_2,y_2,z_2)$,若 $\boldsymbol{c}=\boldsymbol{a}\times\boldsymbol{b}=(c_x,c_y,c_z)$,则

$$\boldsymbol{c}=\boldsymbol{a}\times\boldsymbol{b}=\begin{vmatrix}\boldsymbol{i}&\boldsymbol{j}&\boldsymbol{k}\\x_1&y_1&z_1\\x_2&y_2&z_2\end{vmatrix}=\begin{vmatrix}y_1&z_1\\y_2&z_2\end{vmatrix}\boldsymbol{i}-\begin{vmatrix}x_1&z_1\\x_2&z_2\end{vmatrix}\boldsymbol{j}+\begin{vmatrix}x_1&y_1\\x_2&y_2\end{vmatrix}\boldsymbol{k}$$

$$=(y_1z_2-z_1y_2)\boldsymbol{i}-(x_1z_2-z_1x_2)\boldsymbol{j}+(x_1y_2-y_1x_2)\boldsymbol{k}$$

$$=(c_x,c_y,c_z).$$

★向量外积的性质

1) $\boldsymbol{a}\times\boldsymbol{b}=-\boldsymbol{b}\times\boldsymbol{a}$;

2) $(\boldsymbol{a}+\boldsymbol{b})\times\boldsymbol{c}=\boldsymbol{a}\times\boldsymbol{c}+\boldsymbol{b}\times\boldsymbol{c}$,

$\boldsymbol{c}\times(\boldsymbol{a}+\boldsymbol{b})=\boldsymbol{c}\times\boldsymbol{a}+\boldsymbol{c}\times\boldsymbol{b}$;

3) $\lambda(\boldsymbol{a}\times\boldsymbol{b})=(\lambda\boldsymbol{a})\times\boldsymbol{b}=\boldsymbol{a}\times(\lambda\boldsymbol{b})$.

注意:向量外积不满足结合律,即 $(\boldsymbol{a}\times\boldsymbol{b})\times\boldsymbol{c}\neq\boldsymbol{a}\times(\boldsymbol{b}\times\boldsymbol{c})$.

【考点 6.3】向量的计算

♠**例 6.1.8** 已知向量 $\boldsymbol{a}$, $\boldsymbol{b}$, $\boldsymbol{c}$ 为非零向量,且 $\boldsymbol{a}\cdot\boldsymbol{b}=0$,$\boldsymbol{b}\times\boldsymbol{c}=\boldsymbol{0}$,则(　　).

A. $\boldsymbol{a}//\boldsymbol{b}$ 且 $\boldsymbol{b}\perp\boldsymbol{c}$　　B. $\boldsymbol{a}\perp\boldsymbol{b}$ 且 $\boldsymbol{b}//\boldsymbol{c}$　　C. $\boldsymbol{a}//\boldsymbol{c}$ 且 $\boldsymbol{b}\perp\boldsymbol{c}$　　D. $\boldsymbol{a}\perp\boldsymbol{c}$ 且 $\boldsymbol{b}//\boldsymbol{c}$

♠**例 6.1.9** 已知向量 $\boldsymbol{a}=(1,0,1)$，$\boldsymbol{b}=(-1,1,0)$，则 $<\boldsymbol{a},\boldsymbol{b}>=$__________.

♠**例 6.1.10** 向量 $\boldsymbol{a}=(5,x,-2)$，$\boldsymbol{b}=(y,6,4)$，$\boldsymbol{a}/\!/\boldsymbol{b}$，则 $x=$__________，$y=$__________.

♠**例 6.1.11** 向量 $\boldsymbol{b}$ 与 $\boldsymbol{a}=(1,-2,3)$ 共线，且 $\boldsymbol{a}\cdot\boldsymbol{b}=56$，则 $\boldsymbol{b}=$__________.

♠**例 6.1.12** 在空间直角坐标系中，若向量 $\boldsymbol{a}$ 与 Ox 轴和 Oz 轴正方向的夹角分别为 $45°$ 和 $60°$，则向量 $\boldsymbol{a}$ 与 Oy 轴正方向的夹角为(　　).

A. $30°$　　B. $60°$

C. $45°$　　D. $60°$或$120°$

♠例 6.1.13 求向量 $\boldsymbol{a}=(1,-1,2)$ 在 $\boldsymbol{b}=(0,3,4)$ 上的投影 $\mathrm{Prj}_{\boldsymbol{b}}\boldsymbol{a}$.

♠例 6.1.14 已知 $\boldsymbol{a}=(4,4,0)$, $\boldsymbol{b}=(3,2,8)$, $\boldsymbol{c}=(1,0,6)$,求 $(\boldsymbol{a}\times\boldsymbol{b})\cdot\boldsymbol{c}$.

♠例 6.1.15 已知 $\boldsymbol{a}=(3,2,1)$, $\boldsymbol{b}=\left(2,\dfrac{4}{3},m\right)$.

(1) 若 $\boldsymbol{a}\perp\boldsymbol{b}$,求 m.

(2) 若 $\boldsymbol{a}/\!/\boldsymbol{b}$,求 m.

♠例 6.1.16 向量 $\boldsymbol{a}/\!/\boldsymbol{b}$,但方向相反,且 $|\boldsymbol{a}|>|\boldsymbol{b}|>0$,则(　　).

A. $|\boldsymbol{a}+\boldsymbol{b}|=|\boldsymbol{a}|-|\boldsymbol{b}|$　　B. $|\boldsymbol{a}+\boldsymbol{b}|>|\boldsymbol{a}|-|\boldsymbol{b}|$

C. $|\boldsymbol{a}+\boldsymbol{b}|<|\boldsymbol{a}|-|\boldsymbol{b}|$　　D. $|\boldsymbol{a}+\boldsymbol{b}|=|\boldsymbol{a}|+|\boldsymbol{b}|$

♠**例 6.1.17**　向量 $\boldsymbol{a}$, $\boldsymbol{b}$ 非零, λ 为非零常数, 若 $\boldsymbol{a}+\lambda\boldsymbol{b}$ 垂直于 $\boldsymbol{b}$, 则 $\lambda=$__________.

♠**例 6.1.18**　已知点 $A(1,2,3)$, $B(3,4,5)$, $C(2,4,7)$, 求 $\triangle ABC$ 的面积.

♠**例 6.1.19**　已知 $|\boldsymbol{a}|=3$, $|\boldsymbol{b}|=4$, $<\boldsymbol{a},\boldsymbol{b}>=\dfrac{\pi}{3}$, 求 $|2\boldsymbol{a}-3\boldsymbol{b}|$.

第二节　空间平面与直线

一、空间平面

1. 空间平面的点法式方程

▶垂直于某一平面的非零向量称为该平面的**法向量**. 如图 6.2.1 所示, $\boldsymbol{n}$ 为平面 α 的法向量, 记为: $\boldsymbol{n}=(A,B,C)$.

因为法向量 $\boldsymbol{n}$ 垂直于平面 α，所以其垂直于平面 α 内的任一向量. 设平面 α 过点 $M_0(x_0, y_0, z_0)$，和平面 α 内任一点 $M(x, y, z)$，则该平面内任意向量都可用 $\overrightarrow{M_0M}=(x-x_0, y-y_0, z-z_0)$ 来表示. 故有 $\boldsymbol{n}\cdot\overrightarrow{M_0M}=0$，则有

$$A(x-x_0)+B(y-y_0)+C(z-z_0)=0,$$

这个方程称为该平面的点法式方程. 将点法式方程展开、化简后可得平面的一般方程.

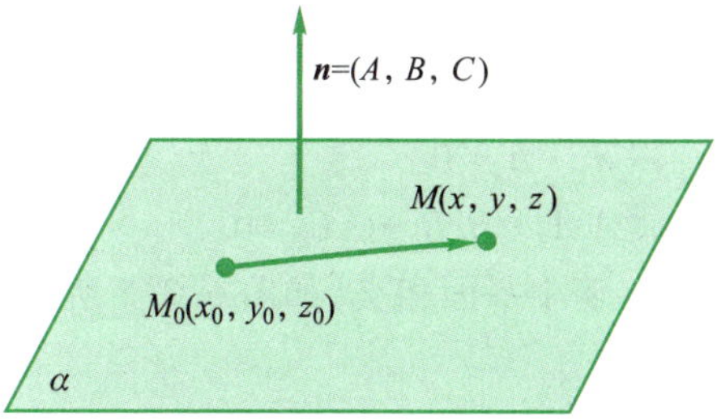

图 6. 2. 1

2. 空间平面的一般方程($Ax+By+Cz+D=0$)

1) 当 $D=0$ 时，平面 $Ax+By+Cz=0$ 过原点.

2) 当 $C=0$ 时，平面 $Ax+By+D=0$ 平行于 z 轴.

3) 当 $C=D=0$ 时，平面 $Ax+By=0$ 过 z 轴.

4) 当 $B=C=0$ 时，平面 $Ax+D=0$ 平行于 yOz 平面.

5) 当 $B=C=D=0$ 时，$x=0$ 表示 yOz 平面.

3. 空间平面的截距式方程

$$\frac{x}{a}+\frac{y}{b}+\frac{z}{c}=1,$$

如图 6. 2. 2 所示，a，b，c 分别是平面在 x，y，z 轴上的截距.

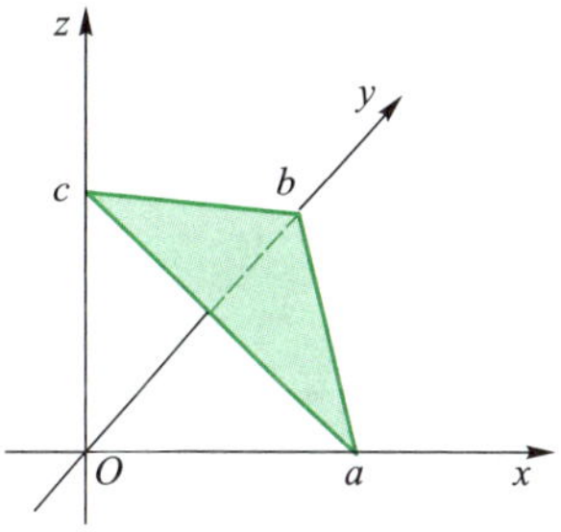

图 6. 2. 2

4. 两个平面的位置关系

设平面 $\Pi_1: A_1x+B_1y+C_1z+D_1=0$，$\Pi_2: A_2x+B_2y+C_2z+D_2=0$.

1) 两个平面平行(如图 6. 2. 3 所示，$\Pi_1 /\!/ \Pi_2$)

$\Pi_1 /\!/ \Pi_2$

$\Leftrightarrow \boldsymbol{n}_1 /\!/ \boldsymbol{n}_2$

$\Leftrightarrow \boldsymbol{n}_1=\lambda\boldsymbol{n}_2$

$\Leftrightarrow A_1=\lambda A_2$，$B_1=\lambda B_2$，$C_1=\lambda C_2$，$D_1\neq\lambda D_2$.

2) 两个平面垂直(如图 6. 2. 4 所示，$\Pi_1 \perp \Pi_2$)

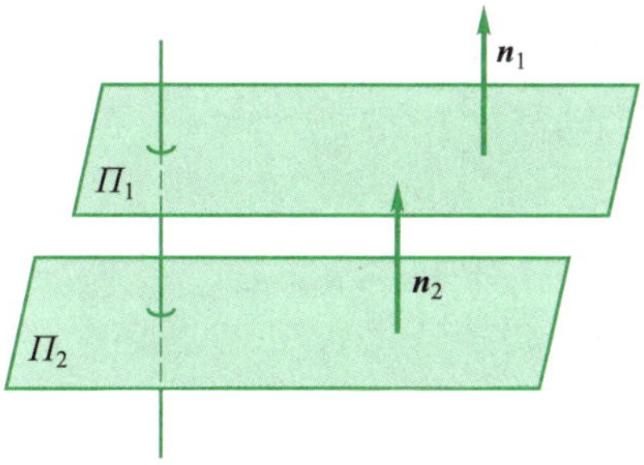

图 6. 2. 3

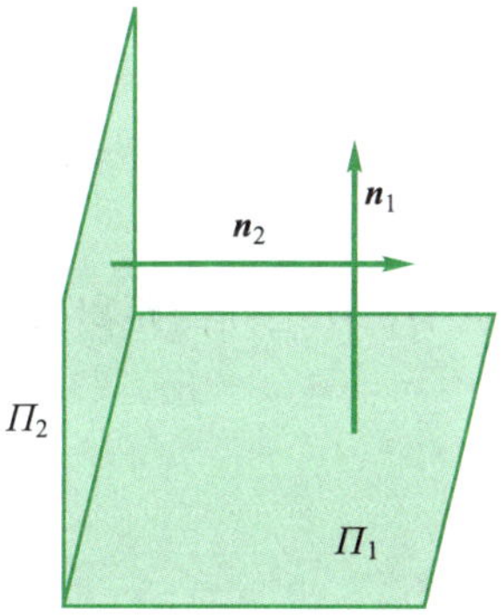

图 6. 2. 4

$\Pi_1 \perp \Pi_2$

$\Leftrightarrow \boldsymbol{n}_1 \perp \boldsymbol{n}_2$

$\Leftrightarrow \boldsymbol{n}_1 \cdot \boldsymbol{n}_2 = 0$

$\Leftrightarrow A_1A_2 + B_1B_2 + C_1C_2 = 0.$

3）两个平面相交（如图 6.2.5 所示，两平面 Π_1 与 Π_2 之间的夹角为 θ）

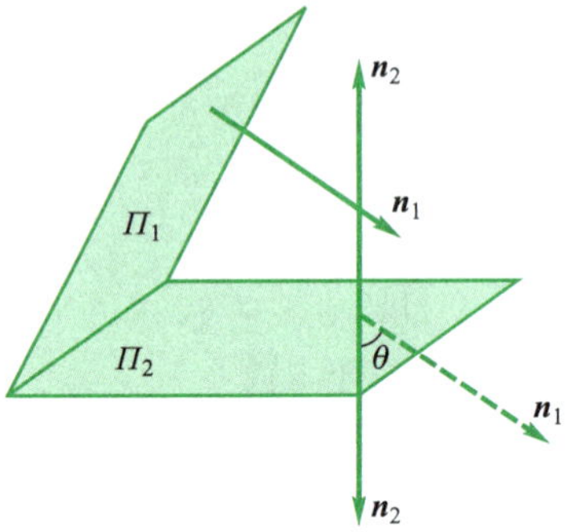

图 6.2.5

两个平面之间的夹角是其法向量之间夹角或其补角，Π_1 与 Π_2 所成夹角 θ 与 Π_1 的法向量 $\boldsymbol{n}_1$，Π_2 的法向量 $\boldsymbol{n}_2$ 之间的关系为

$$\cos\theta = \frac{|\boldsymbol{n}_1 \cdot \boldsymbol{n}_2|}{|\boldsymbol{n}_1||\boldsymbol{n}_2|}.$$

5. 点到面的距离

设点 $P_0(x_0, y_0, z_0)$ 是平面 $\Pi: Ax+By+Cz+D=0$ 外一点，则 P_0 到 Π 的距离为：

$$d = \frac{|Ax_0+By_0+Cz_0+D|}{\sqrt{A^2+B^2+C^2}}.$$

6. 两个平面之间的距离

设平面 $\Pi_1: A_1x+B_1y+C_1z+D_1=0$ 和平面 $\Pi: Ax+By+Cz+D=0$ 满足 $\Pi_1 /\!/ \Pi$（Π_1 与 Π 不重合），则存在唯一的实数 λ，使得

$$A_1=\lambda A, B_1=\lambda B, C_1=\lambda C \text{ 且 } D_1 \neq \lambda D$$

成立，即 Π 中每一项同时乘以 λ 可得 $\Pi: \lambda Ax+\lambda By+\lambda Cz+\lambda D=0$，记为 $A_1x+B_1y+C_1z+D_2=0$.

则两个平面 Π_1，Π 之间的距离为：

$$d = \frac{|D_1-D_2|}{\sqrt{A_1^2+B_1^2+C_1^2}}.$$

【考点 6.4】求平面方程

♠**例 6.2.1**　一平面过点(1,0,-1)且平行于向量 $\boldsymbol{a}=(2,1,-1)$，和 $\boldsymbol{b}=(1,-1,2)$，求此平面方程.

♠**例 6.2.2**　求过 z 轴及点 $M(3,-2,4)$ 的平面方程.

♠**例 6.2.3**　平面 $x+y+z=1$ 与平面 $x+y-z=2$ 的位置关系是(　　).

A. 重合　　B. 平行　　C. 垂直　　D. 相交但不垂直

♠**例 6.2.4**　点(3,2,-1)到平面 $x+y+z+1=0$ 的距离是__________.

♠**例 6.2.5** 已知平面 $\Pi_1: x+2y-5z+7=0$ 与平面 $\Pi_2: 4x+3y+mz+13=0$ 垂直，则 $m=$ __________.

♠**例 6.2.6** 求过点 $A(2,-1,4)$，$B(-1,3,-2)$，$C(0,2,3)$ 的平面方程.

二、 空间直线

1. 直线的点向式方程（标准式）

平行于直线的非零向量称为该直线的**方向向量**.

如图 6.2.6 所示，设直线过空间一点 $M_0(x_0,y_0,z_0)$，且与非零向量 $\boldsymbol{s}=(l,m,n)$ 平行，则点 M_0 到直线上任一点所成向量 $\overrightarrow{M_0M}=(x-x_0,y-y_0,z-z_0)$ 均与 $\boldsymbol{s}$ 平行，即 $\overrightarrow{M_0M}=\lambda\boldsymbol{s}$，所以有

$$\frac{x-x_0}{l}=\frac{y-y_0}{m}=\frac{z-z_0}{n}.$$

这种形式的方程称为空间直线的点向式方程，或称为空间直线的标准式方程.

2. 直线的一般方程（交面式）

如图 6.2.7 所示，两个平面 Π_1 与 Π_2 相交于一条直线 L，所以直线的方程可以用相交的两个平面方程联立得到，即

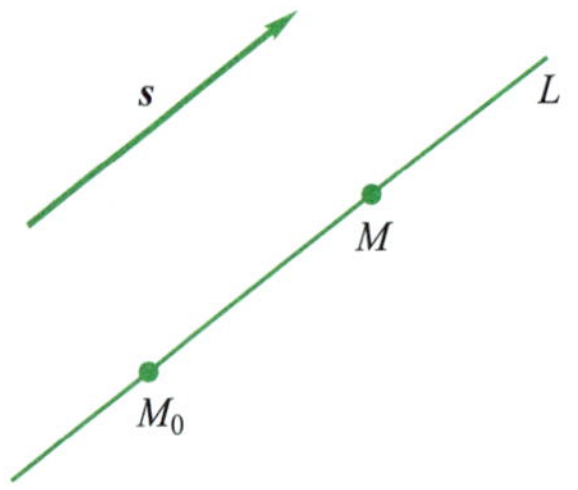

图 6.2.6

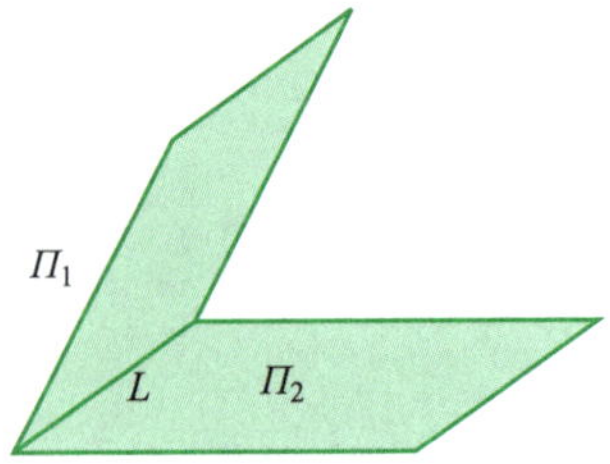

图 6.2.7

$$L:\begin{cases}A_1x+B_1y+C_1z+D_1=0,\\A_2x+B_2y+C_2z+D_2=0.\end{cases}$$

上式称为直线的一般方程,或称为直线的交面式方程. 可从方程中提取出两个平面的法向量 $\boldsymbol{n}_1=(A_1,B_1,C_1)$ 与 $\boldsymbol{n}_2=(A_2,B_2,C_2)$,由 $\boldsymbol{s}=\boldsymbol{n}_1\times\boldsymbol{n}_2$ 确定该直线的方向向量. 另外,通过固定 x, y, z 中的一个量的值(一般地,令 $z=0$),得到一个二元一次方程组,解出另外两个量的值,进而求得直线经过的一个点坐标.

3. 直线的参数方程

若令 $t=\dfrac{x-x_0}{l}=\dfrac{y-y_0}{m}=\dfrac{z-z_0}{n}$,可分别得到 x, y, z 关于参数 t 的关系式,即有

$$\begin{cases}x=x_0+lt,\\y=y_0+mt,\\z=z_0+nt.\end{cases}$$

以上方程称为直线的参数方程,其中 t 为参数. 从参数方程中仍然可以直接读取出直线的方向向量与经过的一个点坐标. 参数方程用一个参数 t 表示了 x, y, z 三个量,即(x_0+lt,y_0+mt,z_0+nt)可以表示直线上的任意一个点,直线的参数方程用于一些求交点的问题非常方便.

4. 直线的两点式方程

已知直线 L 过两点 $M_1(x_1,y_1,z_1)$,$M_2(x_2,y_2,z_2)$,设 $M(x,y,z)$ 为直线 L 上任一点,则 L 的两点式方程为:

$$\frac{x-x_1}{x_2-x_1}=\frac{y-y_1}{y_2-y_1}=\frac{z-z_1}{z_2-z_1},$$

其中,L 的方向向量为 $\boldsymbol{s}=(x_2-x_1,y_2-y_1,z_2-z_1)$.

5. 两条直线的位置关系

设直线 $L_1:\dfrac{x-x_0}{l_1}=\dfrac{y-y_0}{m_1}=\dfrac{z-z_0}{n_1}$与直线 $L_2:\dfrac{x-x_0}{l_2}=\dfrac{y-y_0}{m_2}=\dfrac{z-z_0}{n_2}$.

1) 两条直线平行

如图 6.2.8 所示,$L_1/\!/L_2$,L_1 的方向向量为 $\boldsymbol{s}_1(l_1,m_1,n_1)$,$L_2$ 的方向向量为 $\boldsymbol{s}_2(l_2,m_2,n_2)$.

$L_1/\!/L_2$

$\Leftrightarrow \boldsymbol{s}_1/\!/\boldsymbol{s}_2$

$\Leftrightarrow \boldsymbol{s}_1=\lambda\boldsymbol{s}_2$

$\Leftrightarrow l_1=\lambda l_2,m_1=\lambda m_2,n_1=\lambda n_2.$

2) 两条直线垂直(包含异面垂直)

如图 6.2.9 所示(当 L_1 与 L_2 异面垂直时,通过平移将两条直线平移至同一平面内),$L_1\perp L_2$,L_1 的方向向量为 $\boldsymbol{s}_1=(l_1,m_1,n_1)$,$L_2$ 的方向向量为 $\boldsymbol{s}_2=(l_2,m_2,n_2)$.

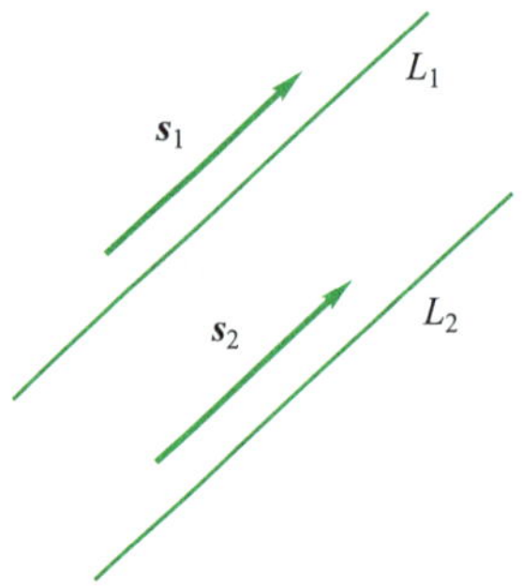

图 6.2.8

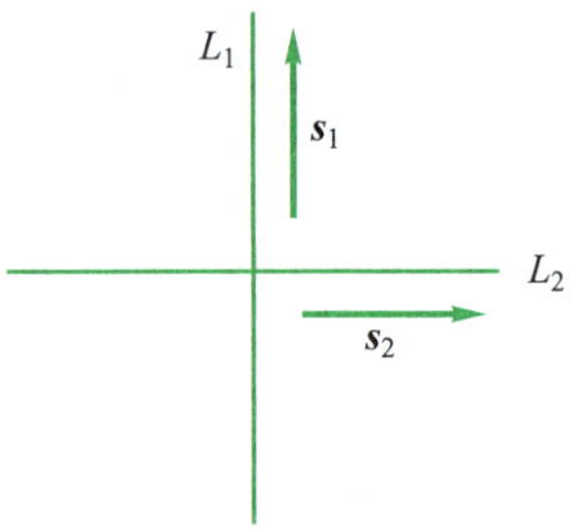

图 6.2.9

$L_1 \perp L_2$

$\Leftrightarrow \boldsymbol{s}_1 \perp \boldsymbol{s}_2$

$\Leftrightarrow \boldsymbol{s}_1 \cdot \lambda \boldsymbol{s}_2 = 0$

$\Leftrightarrow l_1 l_2 + m_1 m_2 + n_1 n_2 = 0.$

3）两条直线异面或两条直线相交

L_1 与 L_2 两条直线异面（如图 6.2.10 所示）可通过平移将两条直线移至同一平面内（如图 6.2.11 所示），其中 L_1 与 L_2 的夹角为 θ，L_1 的方向向量为 $\boldsymbol{s}_1$，L_2 的方向向量为 $\boldsymbol{s}_2$.

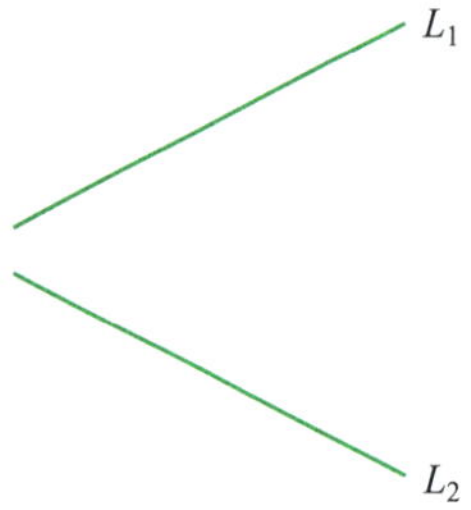

图 6.2.10

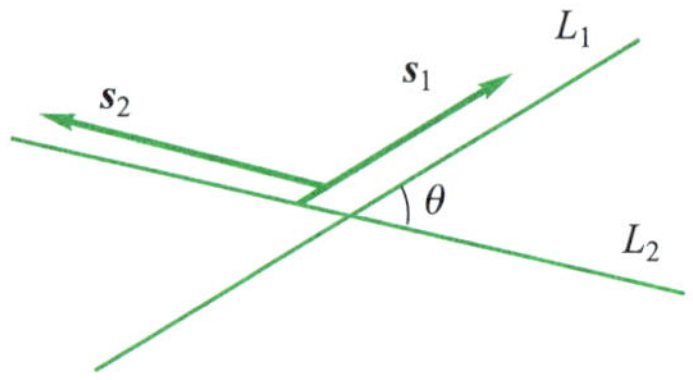

图 6.2.11

两条直线之间的夹角 θ 与其方向向量的关系满足

$$\cos \theta = \frac{|\boldsymbol{s}_1 \cdot \boldsymbol{s}_2|}{|\boldsymbol{s}_1||\boldsymbol{s}_2|}.$$

【考点 6.5】空间直线的计算

♠**例 6.2.7** 求过点 $A(1,2,1)$ 且与直线 $L:\begin{cases} 2x-4y+z=0, \\ 3x-y-2z=9 \end{cases}$ 平行的直线方程.

♠**例 6.2.8**　求直线 $L:\frac{x}{1}=\frac{y-1}{2}=\frac{z-2}{3}$与平面 $\Pi:x-y+z-3=0$ 的交点.

♠**例 6.2.9**　判断直线 $L_1:\frac{x+14}{3}=\frac{y}{1}=\frac{z+21}{5}$与直线 $L_2:\begin{cases}x=\frac{1}{3}-9t,\\ y=1-3t,\\ z=-\frac{1}{3}-15t\end{cases}$的位置关系.

♠**例 6.2.10**　求点 $A(3,-1,2)$到直线$\begin{cases}x+y-z+1=0,\\ 2x-y+z-4=0\end{cases}$的距离.

三、直线与平面的位置关系

设平面 $\Pi:Ax+By+Cz+D=0$ 与直线 $L:\frac{x-x_0}{l}=\frac{y-y_0}{m}=\frac{z-z_0}{n}$.

1）直线与平面平行

如图 6.2.12 所示，直线 L 与平面 Π 平行，直线 L 的方向向量为 $\boldsymbol{s}$，平面 Π 的法向量为 $\boldsymbol{n}$.

$L /\!/ \Pi$

$\Rightarrow \boldsymbol{s} \perp \boldsymbol{n}$

$\Rightarrow \boldsymbol{s} \cdot \boldsymbol{n}=0$

$\Rightarrow lA+mB+nC=0.$

注意:仅由 $lA+mB+nC=0$ 无法推出 $L /\!/ \Pi$,还需满足 $Ax_0+By_0+Cz_0 \neq 0$.

2）直线与平面垂直

如图 6.2.13 所示,直线 L 与平面 Π 垂直,直线 L 的方向向量为 $\boldsymbol{s}$,平面 Π 的法向量为 $\boldsymbol{n}$.

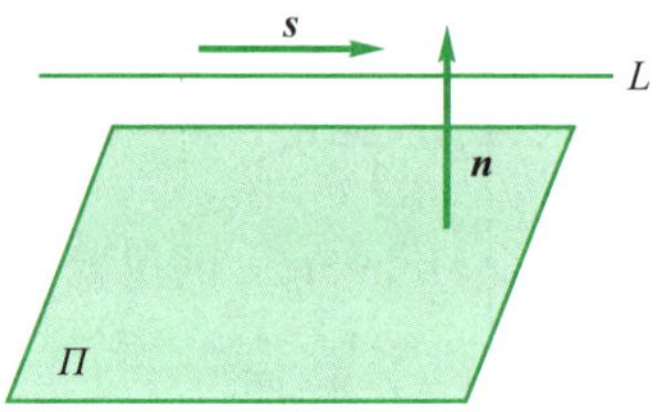

图 6.2.12

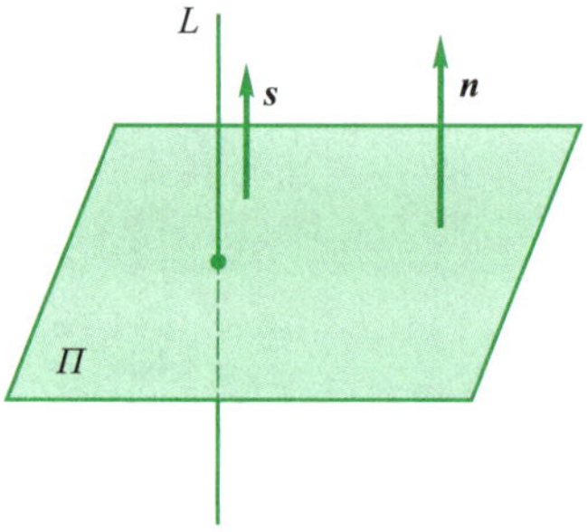

图 6.2.13

$L \perp \Pi$

$\Leftrightarrow \boldsymbol{s} /\!/ \boldsymbol{n}$

$\Leftrightarrow \boldsymbol{s}=\lambda \boldsymbol{n}$

$\Leftrightarrow l=\lambda A, m=\lambda B, n=\lambda C.$

3）直线与平面斜交

如图 6.2.14 所示,直线 L 与平面 Π 斜交,直线 L 的方向向量为 $\boldsymbol{s}$,平面 Π 的法向量为 $\boldsymbol{n}$.

直线与平面之间的夹角 θ 与直线的方向向量与平面法向量夹角 α 之间满足

$$\sin \theta=|\cos \alpha|.$$

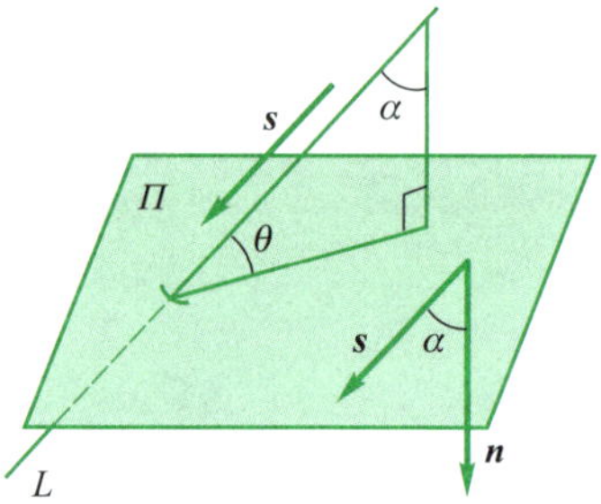

图 6.2.14

【考点 6.6】直线与平面的位置关系

♠**例 6.2.11** 求过点$(2,0,-3)$且与直线$\begin{cases}x-2y+4z-7=0,\\3x+5y-2z+1=0\end{cases}$垂直的平面方程.

♠**例 6.2.12**　求过点$(3,1,-2)$且通过直线$\frac{x-4}{5}=\frac{y+3}{2}=\frac{z}{1}$的平面方程.

答案解析

第一章　函数、极限和连续

第一节　函数

例 1.1.1

【解】A 选项中函数 $y=\frac{x^2}{x}$ 的定义域为 $\{x\mid x\neq 0\}$，函数 $y=x$ 的定义域为 $\mathbf{R}$，定义域不同，不是相同函数. B 选项中函数 $y=(\sqrt{x})^2$ 的定义域为 $\{x\mid x\geqslant 0\}$，所以与前者定义域不同，不是相同函数. C 选项中，函数 $y=|x|$ 的定义域为 $\mathbf{R}$，函数 $y=\sqrt{x^2}$ 的定义域为 $\mathbf{R}$，且 $\sqrt{x^2}$ 等价于 $|x|$，即两者定义域与运算法则都相同，所以是相同函数. D 选项中，函数 $y=x$ 与 $y=\sqrt{x^2}$ 的定义域相同，但运算法则不同，所以不是相同函数.

【答案】C.

例 1.1.2

【解】代入 $-x$，有 $f(-x)=(-x)^2=x^2=f(x)$，所以函数 $f(x)=x^2$ 是偶函数. $g(-x)=(-x)^3=-x^3=-g(x)$，所以函数 $g(x)=x^3$ 是奇函数. $h(-x)=-x^3+1$ 既不等于 $h(x)$ 也不等于 $-h(x)$，所以 $h(x)$ 既不是偶函数也不是奇函数，为非奇非偶函数.

【答案】偶函数；奇函数；非奇非偶函数.

例 1.1.3

【解】由 $y=A\sin\omega x$ 的周期公式 $T=\frac{2\pi}{|\omega|}$ 可知，$y=3\sin\frac{x}{2}$ 的最小正周期为 $T=\frac{2\pi}{\frac{1}{2}}=4\pi$.

【答案】4π.

例 1.1.4

【解】由 $y=x^2(x\geqslant 0)$ 反解出 $x=\sqrt{y}$，调换 x,y 位置，可得 $y=\sqrt{x}(x\geqslant 0)$ 即为 $y=x^2$ 的反函数.

【答案】$y=\sqrt{x}(x\geqslant 0)$.

例 1.1.5

【解】由 $y=2x+1$ 反解出 $x=\frac{y-1}{2}$，调换 x,y 位置，可得 $y=\frac{x-1}{2}$ 即为 $y=2x+1$ 的反函数.

【答案】$y=\frac{x-1}{2}$.

♠例 1.1.6

【解】$y=\sin x^2+1$ 由 $y=\sin u, u=x^2+1$ 复合而成.

【答案】$y=\sin u, u=x^2+1$.

♠例 1.1.7

【解】$y=\sin^2 x$ 由 $y=u^2, u=\sin x$ 复合而成.

【答案】$y=u^2, u=\sin x$.

♠例 1.1.8

【解】$y=\ln(\arcsin x^2)$ 由 $y=\ln u, u=\arcsin v, v=x^2$ 复合而成.

【答案】$y=\ln u, u=\arcsin v, v=x^2$.

♠例 1.1.9

【解】偶次根式下的表达式大于等于 0,对数函数的真数大于 0,所以 $\begin{cases}4-x^2\geqslant 0,\\ x^2-1>0.\end{cases}$ 解得 $\begin{cases}-2\leqslant x\leqslant 2,\\ x<-1 \text{ 或 } x>1.\end{cases}$ 故所求函数的定义域为 $[-2,-1)\cup(1,2]$.

【答案】$[-2,-1)\cup(1,2]$.

♠例 1.1.10

【解】分式分母不能为 0,偶次根式下的表达式大于等于 0. 所以 $\begin{cases}\sqrt{1-x}\neq 0,\\ 1-x\geqslant 0.\end{cases}$ 解得 $x<1$,故所求函数的定义域为 $(-\infty,1)$.

【答案】$(-\infty,1)$.

♠例 1.1.11

【解】反正弦函数的定义域为 $[-1,1]$,对数函数的真数大于 0. 所以 $\begin{cases}-1\leqslant x+1\leqslant 1,\\ x+1>0.\end{cases}$ 解得 $-1<x\leqslant 0$,故所求函数的定义域为 $(-1,0]$.

【答案】$(-1,0]$.

♠例 1.1.12

【解】

$f(x)$	$f(2x+1)$
$0\leqslant x\leqslant 1$	$0\leqslant 2x+1\leqslant 1$
	$-\frac{1}{2}\leqslant x\leqslant 0$

【答案】$\left[-\frac{1}{2},0\right]$.

♠例 1.1.13

【解】

$f(x)$	$f(x^2)$
$0\leqslant x\leqslant 2$	$0\leqslant x^2\leqslant 2$
	$-\sqrt{2}\leqslant x\leqslant \sqrt{2}$

【答案】$[-\sqrt{2},\sqrt{2}]$.

♠例 1.1.14

【解】

$f(x^2+1)$	$f(x)$
$-2\leqslant x\leqslant 2$	
$1\leqslant x^2+1\leqslant 5$	$1\leqslant x\leqslant 5$

【答案】$[1,5]$.

♠例 1.1.15

【解】

$f(x-1)$	$f(x)$
$1\leqslant x\leqslant 2$	
$0\leqslant x-1\leqslant 1$	$0\leqslant x\leqslant 1$

【答案】$[0,1]$.

♠例 1.1.16

【解】

$f(x+2)$	$f(-x-2)$
$-1<x\leqslant 2$	
$1<x+2\leqslant 4$	$-6\leqslant x<-3$

【答案】$[-6,-3)$.

♠例 1.1.17

【解】

$f(x+1)$	$f\left(x+\dfrac{1}{3}\right)$	$f\left(x-\dfrac{1}{3}\right)$
$-1\leqslant x\leqslant 0$	$0\leqslant x+\dfrac{1}{3}\leqslant 1$	$0\leqslant x-\dfrac{1}{3}\leqslant 1$
	$-\dfrac{1}{3}\leqslant x\leqslant \dfrac{2}{3}$	$\dfrac{1}{3}\leqslant x\leqslant \dfrac{4}{3}$

则 $f\left(x+\dfrac{1}{3}\right)+f\left(x-\dfrac{1}{3}\right)$ 的定义域为 $\left\{x \mid \dfrac{1}{3}\leqslant x\leqslant \dfrac{2}{3}\right\}$.

【答案】$\left[\dfrac{1}{3},\dfrac{2}{3}\right]$.

♠例 1.1.18

【解】已知 $f(x)$ 的表达式,求 $f(x+1)$ 的表达式,用直接代入法,有 $f(x+1)=2(x+1)=2x+2$.

【答案】$2x+2$.

♠例 1.1.19

【解】本题可采用换元法,令 $x+1=t$,有 $f(t)=t$,即 $f(x)=x$.

【答案】$f(x)=x$.

♠例 1.1.20

【解】本题先用换元法求出 $f(x)$ 表达式,再用直接代入法求 $f(\sqrt{x})$ 的表达式. 令 $x-1=t$,则 $x=t+1$,有 $f(t)=(t+1)^2-(t+1)=t^2+t$. 将 $\sqrt{x}$ 代入 $f(t)$,得 $f(\sqrt{x})=x+\sqrt{x}$.

【答案】$f(\sqrt{x})=x+\sqrt{x}$.

♠例 1.1.21

【解】此种题型先把 $f(x)$ 视为一个整体,用直接代入法后,再替换 $f(x)$,即 $f[f(x)-1]=3[f(x)-1]+1=3f(x)-2=9x+1$.

【答案】$9x+1$.

♠例 1.1.22

【解】A 选项,$f(-x)=\dfrac{e^{-x}+e^{x}}{2}=f(x)$,是偶函数;B 选项,x 与 $\tan x$ 均为奇函数,由口诀“奇×奇=偶”可知 $x\tan x$ 是偶函数;C 选项,$f(-x)=\ln\left(-x+\sqrt{1+x^2}\right)=\ln\dfrac{1}{\sqrt{1+x^2}+x}=-\ln\left(\sqrt{1+x^2}+x\right)=-f(x)$,是奇函数;D 选项,$f(-x)=e^{|-x|}=e^{|x|}=f(x)$ 是偶函数.

【答案】C.

第二节 极限

♠例 1.2.1

【解】求 $x\to\infty$时的极限,需讨论 $x\to+\infty$与 $x\to-\infty$时的极限是否存在且相等,有 $\lim\limits_{x\to+\infty}\dfrac{1}{x}=0$, $\lim\limits_{x\to-\infty}\dfrac{1}{x}=0$,故 $\lim\limits_{x\to\infty}\dfrac{1}{x}=0$.

【答案】$\lim\limits_{x\to\infty}\dfrac{1}{x}=0$.

♠例 1.2.2

【解】求 $x\to\infty$时的极限时,需讨论 $x\to+\infty$与 $x\to-\infty$时的极限是否存在且相等,有 $\lim\limits_{x\to+\infty}\arctan x=\dfrac{\pi}{2}$, $\lim\limits_{x\to-\infty}\arctan x=-\dfrac{\pi}{2}$,两个极限存在但不相等,故 $\lim\limits_{x\to\infty}\arctan x$ 不存在.

【答案】$\lim\limits_{x\to\infty}\arctan x$ 不存在.

♠例 1.2.3

【解】求 $x\to2$ 的极限时,需先讨论 $f(x)$ 在 $x=2$ 处的左、右极限是否存在且相等. 有 $\lim\limits_{x\to2^-}x=2$, $\lim\limits_{x\to2^+}x=2$,故 $\lim\limits_{x\to2}x=2$.

【答案】$\lim\limits_{x\to2}x=2$.

♠例 1.2.4

【解】求 $x\to0$ 的极限时,需先讨论 $f(x)$ 在 $x=0$ 处的左、右极限是否存在且相等. 有 $\lim\limits_{x\to0^-}f(x)=-1$, $\lim\limits_{x\to0^+}f(x)=1$,左、右极限存在但不相等,故 $\lim\limits_{x\to0}f(x)$ 不存在.

【答案】$\lim\limits_{x\to0}f(x)$ 不存在.

♠例 1.2.5

【解】$f(x)$ 在 $x=x_0$处极限存在的充分必要条件是 $f(x)$ 在 $x=x_0$处的左、右极限存在且相等. 故 $\lim\limits_{x\to x_0^+}f(x)=A$ 只是 $\lim\limits_{x\to x_0}f(x)=A$ 的必要不充分条件.

【答案】必要不充分.

♠例 1.2.6

【解】$\lim\limits_{x\to 2}\left(x^2-5x+\frac{1}{x}\right)=4-10+\frac{1}{2}=-\frac{11}{2}$.

【答案】$-\frac{11}{2}$.

♠例 1.2.7

【解】$\lim\limits_{x\to 2}\frac{2x^2+x-5}{3x+1}=\frac{8+2-5}{6+1}=\frac{5}{7}$.

【答案】$\frac{5}{7}$.

♠例 1.2.8

【解】$\lim\limits_{x\to 2}(2x^3-5x+4)=16-10+4=10$.

【答案】10.

♠例 1.2.9

【解】$\lim\limits_{x\to-\infty}e^x=0$, $\lim\limits_{x\to+\infty}e^x=+\infty$,所以 $\lim\limits_{x\to\infty}e^x$不存在.

【答案】$\lim\limits_{x\to\infty}e^x$不存在.

♠例 1.2.10

【解】$\lim\limits_{x\to-\infty}e^{\frac{1}{x}}=\lim\limits_{u\to 0}e^u=1$, $\lim\limits_{x\to+\infty}e^{\frac{1}{x}}=\lim\limits_{u\to 0}e^u=1$,故 $\lim\limits_{x\to\infty}e^{\frac{1}{x}}=1$.

【答案】1.

♠例 1.2.11

【解】$\lim\limits_{x\to 0^-}f(x)=\lim\limits_{x\to 0^-}\frac{\sin 2x}{x}=2$, $\lim\limits_{x\to 0^+}f(x)=\lim\limits_{x\to 0^+}(x+1)=1$,即左、右极限存在但不相等,故 $\lim\limits_{x\to 0}f(x)$ 不存在.

【答案】$\lim\limits_{x\to 0}f(x)$ 不存在.

♠例 1.2.12

【解】$\lim\limits_{x\to 0^-}f(x)=\lim\limits_{x\to 0^-}\frac{|x|}{x}=-1$, $\lim\limits_{x\to 0^+}f(x)=\lim\limits_{x\to 0^+}\frac{|x|}{x}=1$,即 $x=0$ 处左、右极限存在但不相等,故 $\lim\limits_{x\to 0}f(x)$ 不存在.

【答案】$\lim\limits_{x\to 0}f(x)$ 不存在.

♠例 1.2.13

【解】分子未知数的最高次为 3,分母未知数的最高次为 2,所以 $\lim\limits_{x\to\infty}\frac{2x^3-x^2+2}{x^2+x+1}=\infty$.

【答案】∞.

♠例 1.2.14

【解】分子未知数的最高次为 5，分母未知数的最高次为 5，极限值为未知数最高次系数之比，即 $\lim\limits_{x\to\infty}\dfrac{(1+x^3)x^2}{2x^5+1}=\dfrac{1}{2}$.

【答案】$\dfrac{1}{2}$.

♠例 1.2.15

【解】分子未知数最高次为 $\dfrac{1}{2}$，分母未知数最高次为 1，故 $\lim\limits_{x\to+\infty}\dfrac{\sqrt{2x+1}-3}{x-2}=0$.

【答案】0.

♠例 1.2.16

【解】$\lim\limits_{n\to\infty}\dfrac{2^n+3^n}{2^{n+1}+3^{n+1}}=\lim\limits_{n\to\infty}\dfrac{\left(\dfrac{2}{3}\right)^n+1}{\left(\dfrac{2}{3}\right)^n\cdot 2+3}=\dfrac{1}{3}$.

【答案】$\dfrac{1}{3}$.

♠例 1.2.17

【解】$\lim\limits_{n\to\infty}\dfrac{2\cdot 3^n+3(-2)^n}{3^n}=\lim\limits_{n\to\infty}\left[2+3\cdot\left(\dfrac{-2}{3}\right)^n\right]=2$.

【答案】2.

♠例 1.2.18

【解】令 $A=\dfrac{n}{n^2+1}+\dfrac{n}{n^2+2}+\cdots+\dfrac{n}{n^2+n}$. 则有 $n\cdot\dfrac{n}{n^2+n}\leqslant A\leqslant n\cdot\dfrac{n}{n^2+1}$. 又因为 $\lim\limits_{n\to\infty}\dfrac{n^2}{n^2+n}=1$，$\lim\limits_{n\to\infty}\dfrac{n^2}{n^2+1}=1$，由夹逼定理可知 $\lim\limits_{n\to\infty}\left(\dfrac{n}{n^2+1}+\dfrac{n}{n^2+2}+\cdots+\dfrac{n}{n^2+n}\right)=1$.

【答案】1.

♠例 1.2.19

【解】令 $A=\dfrac{1}{\sqrt{1+n^2}}+\dfrac{1}{\sqrt{2+n^2}}+\cdots+\dfrac{1}{\sqrt{n+n^2}}$. 则有 $n\cdot\dfrac{1}{\sqrt{n+n^2}}\leqslant A\leqslant n\cdot\dfrac{1}{\sqrt{1+n^2}}$. 又因为 $\lim\limits_{n\to\infty}\dfrac{n}{\sqrt{n+n^2}}=1$，$\lim\limits_{n\to\infty}\dfrac{n}{\sqrt{1+n^2}}=1$，由夹逼定理可知 $\lim\limits_{n\to\infty}\left(\dfrac{1}{\sqrt{1+n^2}}+\dfrac{1}{\sqrt{2+n^2}}+\cdots+\dfrac{1}{\sqrt{n+n^2}}\right)=1$.

【答案】1.

♠例 1.2.20

【解】$\lim\limits_{x\to 0}\dfrac{\sin x}{2x}=\dfrac{1}{2}$.

【答案】$\dfrac{1}{2}$.

♠例 1.2.21

【解】$\lim\limits_{x\to 0}\dfrac{\sin 5x}{x}=\lim\limits_{x\to 0}\dfrac{5\sin 5x}{5x}=5.$

【答案】5.

♠例 1.2.22

【解】$\lim\limits_{x\to\infty}\dfrac{\sin x}{x}=0.$

【答案】0.

♠例 1.2.23

【解】$\lim\limits_{x\to\infty}x\sin\dfrac{1}{2x}=\lim\limits_{x\to\infty}\dfrac{\sin\dfrac{1}{2x}}{\dfrac{1}{x}}=\lim\limits_{x\to\infty}\dfrac{\sin\dfrac{1}{2x}}{2\cdot\dfrac{1}{2x}}=\dfrac{1}{2}.$

【答案】$\dfrac{1}{2}$.

♠例 1.2.24

【解】$\lim\limits_{x\to\infty}n\sin\dfrac{\pi}{n}=\lim\limits_{x\to\infty}\dfrac{\sin\dfrac{\pi}{n}}{\dfrac{1}{n}}=\lim\limits_{x\to\infty}\dfrac{\pi\sin\dfrac{\pi}{n}}{\dfrac{\pi}{n}}=\pi.$

【答案】π.

♠例 1.2.25

【解】$\lim\limits_{x\to\infty}\left(1+k\cdot\dfrac{1}{x}\right)^{x}=\lim\limits_{x\to\infty}\left(1+\dfrac{k}{x}\right)^{\frac{x}{k}\cdot k}=\lim\limits_{x\to\infty}\left[\left(1+\dfrac{k}{x}\right)^{\frac{x}{k}}\right]^{k}=e^{k}.$

【答案】e^{k}.

♠例 1.2.26

【解】$\lim\limits_{x\to\infty}\left(1+k\cdot\dfrac{1}{x}\right)^{ax+b}=\lim\limits_{x\to\infty}\left[\left(1+k\cdot\dfrac{1}{x}\right)^{x}\right]^{a}\cdot\left(1+k\cdot\dfrac{1}{x}\right)^{b}=(e^{k})^{a}=e^{ka}.$

【答案】e^{ka}.

♠例 1.2.27

【解】$\lim\limits_{x\to\infty}\left(1-\dfrac{1}{x}\right)^{4x+3}=e^{-4}.$

【答案】e^{-4}.

♠例 1.2.28

【解】$\lim\limits_{x\to\infty}\left(\dfrac{x-1}{x+1}\right)^{x+1}=\lim\limits_{x\to\infty}\left(\dfrac{x+1-2}{x+1}\right)^{x+1}=\lim\limits_{x\to\infty}\left(1-\dfrac{2}{x+1}\right)^{x+1}=e^{-2}.$

【答案】e^{-2}.

♠例 1.2.29

【解】$\lim\limits_{x\to\infty}\left(\dfrac{x^2-2}{x^2-3}\right)^{\frac{x^2+5}{2}}=\lim\limits_{x\to\infty}\left(\dfrac{x^2-3+1}{x^2-3}\right)^{\frac{x^2+5}{2}}=\lim\limits_{x\to\infty}\left[\left(1+\dfrac{1}{x^2-3}\right)^{x^2+5}\right]^{\frac{1}{2}}$

$$=\lim_{x\to\infty}\left[\left(1+\frac{1}{x^2-3}\right)^{x^2-3}\cdot\left(1+\frac{1}{x^2-3}\right)^{8}\right]^{\frac{1}{2}}=e^{\frac{1}{2}}.$$

【答案】$e^{\frac{1}{2}}$.

♠例 1.2.30

【解】由题可得 $\lim\limits_{x\to\infty}\left(1-\frac{3}{x}\right)^{px}=e^{-3p}=e^{-2}$，所以 $p=\frac{2}{3}$.

【答案】$\frac{2}{3}$.

♠例 1.2.31

【解】$\lim\limits_{x\to\infty}x\sin\frac{1}{x}=\lim\limits_{x\to\infty}\frac{\sin\frac{1}{x}}{\frac{1}{x}}=1$.

【答案】1.

♠例 1.2.32

【解】因 $\lim\limits_{x\to 0}x\sin\frac{1}{x}=0$，$\lim\limits_{x\to 0}\frac{\sin x}{x}=1$，故原式 $=1$.

【答案】1.

♠例 1.2.33

【解】因 $\lim\limits_{x\to\infty}x\sin\frac{1}{x}=\lim\limits_{x\to\infty}\frac{\sin\frac{1}{x}}{\frac{1}{x}}=1$，$\lim\limits_{x\to\infty}\frac{\sin x}{x}=0$，故原式 $=1$.

【答案】1.

♠例 1.2.34

【解】$\lim\limits_{x\to 0}\frac{\ln(1+4x)}{\sin x}=\lim\limits_{x\to 0}\frac{4x}{x}=4$.

【答案】4.

♠例 1.2.35

【解】$\lim\limits_{x\to 0}\frac{e^{x^2}-1}{\cos x-1}=\lim\limits_{x\to 0}\frac{x^2}{-\frac{1}{2}x^2}=-2$.

【答案】-2.

♠例 1.2.36

【解】$\lim\limits_{x\to 0}\frac{1-e^{3x}}{\tan 2x}=\lim\limits_{x\to 0}\frac{-3x}{2x}=-\frac{3}{2}$.

【答案】$-\frac{3}{2}$.

♠例 1. 2. 37

【解】$\lim\limits_{x\to0}\dfrac{\sqrt{1+x^2}-1}{\arctan x^2}=\lim\limits_{x\to0}\dfrac{\frac{1}{2}x^2}{x^2}=\dfrac{1}{2}$.

【答案】$\dfrac{1}{2}$.

♠例 1. 2. 38

【解】当 $x\to0$ 时,$e^{2x}-1\sim2x$,$\sin 3x\sim3x$,因为 $\lim\limits_{x\to0}\dfrac{2x}{3x}=\dfrac{2}{3}\neq1$,所以 $e^{2x}-1$ 与 $\sin 3x$ 是同阶无穷小量,但不是等价无穷小量.

【答案】C.

♠例 1. 2. 39

【解】对 $\sqrt{1+x}-\sqrt{1-x}$ 做分子有理化,则 $\sqrt{1+x}-\sqrt{1-x}=\dfrac{2x}{\sqrt{1+x}+\sqrt{1-x}}=\alpha$,分别求极限,A 选项 $\lim\limits_{x\to0}\dfrac{\alpha}{x}=\lim\limits_{x\to0}\dfrac{2}{\sqrt{1+x}+\sqrt{1-x}}=1$;B 选项 $\lim\limits_{x\to0}\dfrac{\alpha}{2x}=\lim\limits_{x\to0}\dfrac{1}{\sqrt{1+x}+\sqrt{1-x}}=\dfrac{1}{2}$;C 选项 $\lim\limits_{x\to0}\dfrac{\alpha}{x^2}=\lim\limits_{x\to0}\dfrac{2}{x(\sqrt{1+x}+\sqrt{1-x})}=\infty$;D 选项 $\lim\limits_{x\to0}\dfrac{\alpha}{2x^2}=\lim\limits_{x\to0}\dfrac{1}{x(\sqrt{1+x}+\sqrt{1-x})}=\infty$. 故当 $x\to0$ 时,$\sqrt{1+x}-\sqrt{1-x}$ 与 x 是等价无穷小量.

【答案】A.

♠例 1. 2. 40

【解】当 $x\to0$ 时,B 选项 $1-\cos x\sim\dfrac{1}{2}x^2$;C 选项 $\sqrt{1-x}-1\sim-\dfrac{1}{2}x$;D 选项 $\sin x-\tan x=\sin x-\dfrac{\sin x}{\cos x}=\sin x\cdot\left(1-\dfrac{1}{\cos x}\right)=\sin x\cdot\dfrac{\cos x-1}{\cos x}=\tan x\cdot(\cos x-1)\sim-\dfrac{1}{2}x^3$. 对比可知,D 选项未知数次数最高,所以其阶数最高.

【答案】D.

♠例 1. 2. 41

【解】$\lim\limits_{x\to0}\dfrac{x(e^2-1)}{\sqrt{1+x^2}-\sqrt{1-x^2}}=\lim\limits_{x\to0}\dfrac{x^2(\sqrt{1+x^2}+\sqrt{1-x^2})}{2x^2}=\lim\limits_{x\to0}\dfrac{\sqrt{1+x^2}+\sqrt{1-x^2}}{2}=1$.

【答案】1.

♠例 1. 2. 42

【解】$\lim\limits_{x\to\infty}(\sqrt{x^2+1}-\sqrt{x^2-1})=\lim\limits_{x\to\infty}\dfrac{2}{\sqrt{x^2+1}+\sqrt{x^2-1}}=0$.

【答案】0.

第三节 连续与间断

♠例 1. 3. 1

【解】$\lim\limits_{x\to x_0}f(x)$ 存在是连续第二定义的第二条,即是 $f(x)$ 在点 $x=x_0$ 处连续的必要条件,而非充分条件.

【答案】必要不充分.

♠例 1.3.2

【解】$\lim\limits_{x\to x_0}f(x)=f(x_0)$ 表示函数 $f(x)$ 在点 $x=x_0$ 处的极限存在，且该极限等于函数值 $f(x_0)$，满足连续第二定义的三个条件，所以是 $f(x)$ 在 $x=x_0$处连续的充分必要条件.

【答案】充分必要.

♠例 1.3.3

【解】函数 $f(x)$ 在点 $x=x_0$ 处有定义只是满足连续第二定义的第一个条件，只是必要条件.

【答案】必要.

♠例 1.3.4

【解】$f(x)$ 在点 $x=0$ 处连续，则 $f(x)$ 在该点处极限存在，有 $\lim\limits_{x\to 0}\dfrac{a\sin x}{x}=a$，由连续的第二定义可知，$a=f(0)=1$ 符合结论.

【答案】A.

♠例 1.3.5

【解】$f(x)$ 在点 $x=0$ 处的左、右极限分别为 $\lim\limits_{x\to 0^-}(e^{ax}-a)=1-a$，$\lim\limits_{x\to 0^+}(a\cos 2x+x)=a$，因为 $f(x)$在点 $x=0$ 处连续，所以在该点存在极限，故需满足 $1-a=a$，解得 $a=\dfrac{1}{2}$.

【答案】$\dfrac{1}{2}$.

♠例 1.3.6

【解】$f(x)$ 在点 $x=0$ 处连续，则 $f(x)$ 在点 $x=0$ 处存在极限，即 $f(x)$ 在点 $x=0$ 处左、右极限存在且相等，有 $\lim\limits_{x\to 0^-}\dfrac{\sin 2x}{x}=2$，$\lim\limits_{x\to 0^+}(3x^2-2x+k)=k$，故 $k=2$.

【答案】2.

♠例 1.3.7

【解】分别求 $f(x)$ 在点 $x=0$ 处的左、右极限，有 $\lim\limits_{x\to 0^-}f(x)=\lim\limits_{x\to 0^-}(2-x)=2$，$\lim\limits_{x\to 0^+}f(x)=\lim\limits_{x\to 0^+}(2-x)=2$，左、右极限存在且相等，所以 $\lim\limits_{x\to 0}f(x)=2\neq f(0)=1$，故 $x=0$ 是函数 $f(x)$ 的可去间断点.

【答案】可去.

♠例 1.3.8

【解】分别求 $f(x)$ 在点 $x=-1$ 处的左、右极限，有 $\lim\limits_{x\to -1^-}\dfrac{x^2-1}{x^2-x-2}=\lim\limits_{x\to -1^-}\dfrac{(x-1)(x+1)}{(x+1)(x-2)}=\dfrac{2}{3}$，$\lim\limits_{x\to -1^+}\dfrac{x^2-1}{x^2-x-2}=\lim\limits_{x\to -1^+}\dfrac{(x-1)(x+1)}{(x+1)(x-2)}=\dfrac{2}{3}$，左、右极限存在且相等，即 $x=-1$ 为 $y=\dfrac{x^2-1}{x^2-x-2}$ 的可去间断点.

【答案】可去.

♠例 1.3.9

【解】分别求 $f(x)$ 在点 $x=1$ 处的左、右极限，有 $\lim\limits_{x\to1^-}\dfrac{x^2-1}{x^2-3x+2}=\lim\limits_{x\to1^-}\dfrac{(x-1)(x+1)}{(x-2)(x-1)}=-2$，$\lim\limits_{x\to1^+}\dfrac{x^2-1}{x^2-3x+2}=\lim\limits_{x\to1^+}\dfrac{(x-1)(x+1)}{(x-2)(x-1)}=-2$，左、右极限存在且相等，故 $x=1$ 是函数 $y=\dfrac{x^2-1}{x^2-3x+2}$ 的可去间断点；又因为 $\lim\limits_{x\to2^-}\dfrac{x^2-1}{x^2-3x+2}=\lim\limits_{x\to1^-}\dfrac{(x-1)(x+1)}{(x-2)(x-1)}=\infty$，所以 $x=2$ 是函数 $y=\dfrac{x^2-1}{x^2-3x+2}$ 的无穷间断点.

【答案】可去；无穷.

♠例 1.3.10

【解】分别求 $f(x)$ 在点 $x=0$ 处的左、右极限，有 $\lim\limits_{x\to0^-}\dfrac{e^{\frac{1}{x}}+1}{e^{\frac{1}{x}}-1}=\lim\limits_{u\to-\infty}\dfrac{e^u+1}{e^u-1}=-1$，$\lim\limits_{x\to0^+}\dfrac{e^{\frac{1}{x}}+1}{e^{\frac{1}{x}}-1}=\lim\limits_{u\to+\infty}\dfrac{e^u+1}{e^u-1}=\lim\limits_{u\to+\infty}\dfrac{1+\frac{1}{e^u}}{1-\frac{1}{e^u}}=1$，左、右极限存在但不相等，所以 $x=0$ 是 $y=\dfrac{e^{\frac{1}{x}}+1}{e^{\frac{1}{x}}-1}$ 的跳跃间断点.

【答案】跳跃.

♠例 1.3.11

【解】分别求 $f(x)$ 在点 $x=a$ 处的左、右极限，有 $\lim\limits_{x\to a^-}\dfrac{x-a}{|x-a|}=-1$，$\lim\limits_{x\to a^+}\dfrac{x-a}{|x-a|}=1$，所以 $x=a$ 是函数 $f(x)=\dfrac{x-a}{|x-a|}$ 的跳跃间断点.

【答案】跳跃.

♠例 1.3.12

【解】$\lim\limits_{x\to+\infty}\dfrac{2}{2+x}=0$，$\lim\limits_{x\to-\infty}\dfrac{2}{2+x}=0$，故 $y=0$ 是水平渐近线. 又因为 $x\neq-2$，且 $\lim\limits_{x\to-2}\dfrac{2}{2+x}=\infty$，所以 $x=-2$ 是垂直渐近线.

【答案】$y=0$ 为水平渐近线；$x=-2$ 是垂直渐近线.

♠例 1.3.13

【解】$\lim\limits_{x\to+\infty}\dfrac{x^2+4x-5}{x-1}=\infty$，$\lim\limits_{x\to-\infty}\dfrac{x^2+4x-5}{x-1}=-\infty$，所以无水平渐近线. 又因为 $x\neq1$，且 $\lim\limits_{x\to1}\dfrac{x^2+4x-5}{x-1}=6$，即无垂直渐近线. 设斜渐近线为 $y=kx+b$，则 $k=\lim\limits_{x\to\infty}\dfrac{f(x)}{x}=\lim\limits_{x\to\infty}\dfrac{x^2+4x-5}{x^2-x}=1$，$b=\lim\limits_{x\to\infty}[f(x)-kx]=\lim\limits_{x\to\infty}\left(\dfrac{x^2+4x-5}{x-1}-x\right)=\lim\limits_{x\to\infty}\dfrac{5x-5}{x-1}=5$. 即斜渐近线为 $y=x+5$.

【答案】无水平渐近线，无垂直渐近线，斜渐近线为 $y=x+5$.

♠例 1.3.14

【解】$\lim\limits_{x\to-\infty}e^{\frac{1}{x}}=1$，$\lim\limits_{x\to+\infty}e^{\frac{1}{x}}=1$，即 $y=1$ 为水平渐近线. $\lim\limits_{x\to0^+}e^{\frac{1}{x}}=+\infty$，即 $x=0$ 为垂直渐近线.

【答案】$y=1$ 为水平渐近线,$x=0$ 为垂直渐近线.

♠例 1.3.15

【解】A 选项,令 $f(x)=\sin x+x-\frac{1}{2}$,则 $f(0)=-\frac{1}{2}$,$f(1)=\sin 1+\frac{1}{2}>0$,所以 $f(0)f(1)<0$,由零点定理可知,$f(x)=\sin x+x-\frac{1}{2}$ 在 $(0,1)$ 内至少存在一个实根. B 选项,令 $f(x)=x^2+3x+1$,则 $f(0)=1$,$f(1)=5$,所以 $f(0)f(1)>0$,不满足零点定理条件. C 选项,令 $f(x)=\arcsin x+3$,则 $f(0)=3$,$f(1)=\arcsin 1+3=\frac{\pi}{2}+3$,所以 $f(0)f(1)>0$,不满足零点定理条件. D 选项,令 $f(x)=x-\sin x+\frac{1}{2}$,则 $f(0)=\frac{1}{2}$,$f(1)=\frac{3}{2}-\sin 1>0$,所以 $f(0)f(1)>0$,不满足零点定理条件.

【答案】A.

♠例 1.3.16

【证明】令 $f(x)=x^2-4x+1$,$x\in[0,1]$,则有 $f(0)=1$,$f(1)=-2$,且 $f(0)f(1)<0$,满足零点定理条件,则至少存在一点 $\xi\in(0,1)$ 使得 $f(\xi)=0$. 即 $\xi^2-4\xi+1=0$,故有 $\xi^2-4\xi=-1$ 成立,即方程 $x^2-4x=-1$ 在 $(0,1)$ 内至少有一个根.

♠例 1.3.17

【证明】$f(x)$ 在 $[0,2]$ 上连续,则存在 m,M,使 $m\leqslant f(x)\leqslant M$,于是 $5m\leqslant 2f(0)+f(1)+2f(2)\leqslant 5M$,即 $m\leqslant\frac{2f(0)+f(1)+2f(2)}{5}\leqslant M$

由介值定理可得:存在 $c\in(0,2)$,使 $f(c)=\frac{2f(0)+f(1)+2f(2)}{5}=4$,得证.

♠例 1.3.18

【证明】设 $f(x)$ 在 $[a,b]$ 上的最大值为 M,最小值为 m,则

$$m\leqslant t_1f(x_1)+t_2f(x_2)+\cdots+t_nf(x_n)\leqslant M$$

由介值定理的至少存在一点 $\xi\in(a,b)$ 使 $f(\xi)=t_1f(x_1)+t_2f(x_2)+\cdots+t_nf(x_n)$,得证.

第二章　一元函数微分学

第一节　导数与微分

♠例 2.1.1

【解】讨论连续性:显然 $y=|x|$ 在点 $x=0$ 处有定义,又因为 $\lim\limits_{x\to0^-}|x|=0$,$\lim\limits_{x\to0^+}|x|=0$,所以 $\lim\limits_{x\to0}|x|=0=y(0)$,即函数 $y=|x|$ 在点 $x=0$ 处连续.

讨论可导性:有左导数 $f'_-(0)=\lim\limits_{\Delta x\to0^-}\frac{f(0+\Delta x)-f(0)}{\Delta x}=\lim\limits_{\Delta x\to0^-}\frac{|\Delta x|}{\Delta x}=-1$;右导数 $f'_+(0)=\lim\limits_{\Delta x\to0^+}\frac{f(0+\Delta x)-f(0)}{\Delta x}=\lim\limits_{\Delta x\to0^+}\frac{|\Delta x|}{\Delta x}=1$. 左、右导数存在但不相等,所以函数 $y=|x|$ 在点 $x=0$

处不可导.

【答案】$y=|x|$ 在点 $x=0$ 处连续,但不可导.

♠例 2.1.2

【解】讨论函数在点 $x=0$ 处的连续性:显然 $f(x)$ 在点 $x=0$ 处有定义,又因为 $\lim\limits_{x\to0}x^2\sin\dfrac{1}{x}=0$,所以函数 $f(x)$ 在 $x=0$ 处极限存在,且 $\lim\limits_{x\to0}x^2\sin\dfrac{1}{x}=0=f(0)$,故函数 $f(x)$ 在 $x=0$ 处连续. A,B 选项错误.

讨论可导性:

$$左导数 f'_-(0)=\lim_{\Delta x\to0^-}\frac{f(0+\Delta x)-f(0)}{\Delta x}=\lim_{\Delta x\to0^-}\frac{(\Delta x)^2\sin\frac{1}{\Delta x}}{\Delta x}=\lim_{\Delta x\to0^-}\Delta x\sin\frac{1}{\Delta x}=0,$$

$$右导数 f'_+(0)=\lim_{\Delta x\to0^+}\frac{f(0+\Delta x)-f(0)}{\Delta x}=\lim_{\Delta x\to0^+}\frac{(\Delta x)^2\sin\frac{1}{\Delta x}}{\Delta x}=\lim_{\Delta x\to0^+}\Delta x\sin\frac{1}{\Delta x}=0.$$

左、右导数存在且相等,即函数 $f(x)$ 在点 $x=0$ 处可导. C 选项错误,D 选项正确.

【答案】D.

♠例 2.1.3

【解】若函数 $f(x)$ 在点 $x=x_0$ 处可导,则 $f(x)$ 在点 $x=x_0$ 处必连续. 反之不成立. 但若函数 $f(x)$ 在点 $x=x_0$ 处不连续,则其在点 $x=x_0$ 处一定不可导.

【答案】A.

♠例 2.1.4

【解】$y'=(2x^3)'+(4x^2)'+5'=6x^2+8x$.

【答案】$y'=6x^2+8x$.

♠例 2.1.5

【解】$y'=(\sin x\ln x)'=(\sin x)'\ln x+\sin x(\ln x)'=\cos x\ln x+\dfrac{\sin x}{x}$.

【答案】$y'=\cos x\ln x+\dfrac{\sin x}{x}$.

♠例 2.1.6

【解】$y'=\dfrac{(\sin x)'x-\sin x\cdot(x)'}{x^2}=\dfrac{x\cos x-\sin x}{x^2}$.

【答案】$y'=\dfrac{x\cos x-\sin x}{x^2}$.

♠例 2.1.7

【解】令 $y=u^2,u=x^2+1$,则 $\dfrac{dy}{dx}=\dfrac{dy}{du}\dfrac{du}{dx}=2u\cdot2x=4x(x^2+1)$.

【答案】$\dfrac{dy}{dx}=4x(x^2+1)$.

♠例 2.1.8

【解】令 $y=\sqrt{u}$, $u=2-\cos x$，则 $\frac{\mathrm{d}y}{\mathrm{d}x}=\frac{\mathrm{d}y}{\mathrm{d}u}\frac{\mathrm{d}u}{\mathrm{d}x}=\frac{1}{2\sqrt{u}}\cdot\sin x=\frac{\sin x}{2\sqrt{2-\cos x}}$.

【答案】$y'=\frac{\sin x}{2\sqrt{2-\cos x}}$.

♠例 2.1.9

【证明】$(\tan x)'=\left(\frac{\sin x}{\cos x}\right)'=\frac{(\sin x)'\cos x-\sin x(\cos x)'}{\cos^2 x}=\frac{\cos^2 x+\sin^2 x}{\cos^2 x}=\frac{1}{\cos^2 x}=\sec^2 x$. 结论得证.

♠例 2.1.10

【解】令 $y=\ln u$, $u=\sqrt{v}$, $v=x\mathrm{e}^x$，则 $\frac{\mathrm{d}y}{\mathrm{d}x}=\frac{\mathrm{d}y}{\mathrm{d}u}\frac{\mathrm{d}u}{\mathrm{d}v}\frac{\mathrm{d}v}{\mathrm{d}x}=\frac{1}{u}\frac{1}{2\sqrt{v}}\cdot(1+x)\mathrm{e}^x=\frac{(1+x)\mathrm{e}^x}{2x\mathrm{e}^x}=\frac{1+x}{2x}$.

【答案】$y'=\frac{1+x}{2x}$.

♠例 2.1.11

【解】$\lim\limits_{h\to0}\frac{f(x+2h)-f(x)+f(x)-f(x-3h)}{2h}=\lim\limits_{h\to0}\frac{f(x+2h)-f(x)-[f(x-3h)-f(x)]}{2h}=\lim\limits_{h\to0}\frac{f(x+2h)-f(x)}{2h}-\frac{3}{2}\lim\limits_{h\to0}\frac{f(x-3h)-f(x)}{3h}=f'(x)+\frac{3}{2}f'(x)=\frac{5}{2}f'(x)$.

又因为 $f'(x)=1$，所以原式 $=\frac{5}{2}$.

【答案】$\frac{5}{2}$.

♠例 2.1.12

【解】$\lim\limits_{h\to0}\frac{f(x_0)-f(x_0+3h)}{2h}=-\lim\limits_{h\to0}\frac{f(x_0+3h)-f(x_0)}{2h}=-\frac{3}{2}\lim\limits_{h\to0}\frac{f(x_0+3h)-f(x_0)}{3h}=-\frac{3}{2}f'(x_0)$.

又因为 $f'(x_0)=-1$，所以原式 $=\frac{3}{2}$.

【答案】$\frac{3}{2}$.

♠例 2.1.13

【解】$f'(x)=(x-1)'(x-2)(x-3)\cdots(x-2023)+(x-1)(x-2)'(x-3)\cdots(x-2023)+\cdots+(x-1)(x-2)(x-3)\cdots(x-2023)'=(x-2)(x-3)\cdots(x-2023)+(x-1)(x-3)\cdots(x-2023)+\cdots+(x-1)(x-2)(x-3)\cdots(x-2022)$，则 $f'(1)=(1-2)(1-3)\cdots(1-2023)=-1\times2\times3\cdots\times2022=-2022!$.

【答案】2022!.

♠例 2.1.14

【解】对函数 y 求 2022 次导数，则所有次数小于 2022 的项全为 0. 次数等于 2022 的项求导 2022 次后的结果为 2022!，故 $y^{(2022)}=2022!$.

【答案】2022!.

♠例 2.1.15

【解】原方程两边同时对 x 求导，有 $(e^y)'+(xy)'-e'=0$，$e^y\dfrac{dy}{dx}+y+x\dfrac{dy}{dx}=0$，$\dfrac{dy}{dx}(e^y+x)=-y$，$\dfrac{dy}{dx}=-\dfrac{y}{e^y+x}$.

【答案】$\dfrac{dy}{dx}=-\dfrac{y}{e^y+x}$.

♠例 2.1.16

【解】方程两边同时对 x 求导，有 $1+\dfrac{dy}{dx}=e^{xy}\left(y+x\dfrac{dy}{dx}\right)$，$\dfrac{dy}{dx}(1-xe^{xy})=ye^{xy}-1$，$\dfrac{dy}{dx}=\dfrac{ye^{xy}-1}{1-xe^{xy}}=\dfrac{y(x+y)-1}{1-x(x+y)}$，将 $x=0$ 代入原方程得 $y=1$，所以 $y'|_{x=0}=0$.

【答案】0.

♠例 2.1.17

【解】方法一：原方程两边同时对 x 求导，有 $\dfrac{2x+\dfrac{dy}{dx}}{x^2+y}=3x^2y+x^3\dfrac{dy}{dx}+\cos x$，$\dfrac{dy}{dx}\left(\dfrac{1}{x^2+y}-x^3\right)=3x^2y+\cos x-\dfrac{2x}{x^2+y}$，$\dfrac{dy}{dx}=\dfrac{3x^2y+\cos x-\dfrac{2x}{x^2+y}}{\dfrac{1}{x^2+y}-x^3}=\dfrac{(3x^2y+\cos x)(x^2+y)-2x}{1-x^3(x^2+y)}$.

方法二：令 $F(x,y)=\ln(x^2+y)-x^3y-\sin x$，则 $F'_x=\dfrac{2x}{x^2+y}-3x^2y-\cos x$，$F'_y=\dfrac{1}{x^2+y}-x^3$，所以 $\dfrac{dy}{dx}=-\dfrac{F'_x}{F'_y}=-\dfrac{\dfrac{2x}{x^2+y}-3x^2y-\cos x}{\dfrac{1}{x^2+y}-x^3}=\dfrac{(3x^2y+\cos x)(x^2+y)-2x}{1-x^3(x^2+y)}$.

【答案】$y'=\dfrac{(3x^2y+\cos x)(x^2+y)-2x}{1-x^3(x^2+y)}$.

♠例 2.1.18

【解】$y=x^{\sin x}=e^{\ln x^{\sin x}}=e^{\sin x\ln x}$. 则 $y'=(e^{\sin x\ln x})'=e^{\sin x\ln x}(\sin x\ln x)'=e^{\sin x\ln x}[(\sin x)'\ln x+\sin x(\ln x)']=e^{\sin x\ln x}\left(\cos x\ln x+\dfrac{\sin x}{x}\right)=x^{\sin x}\left(\cos x\ln x+\dfrac{\sin x}{x}\right)$.

【答案】$y'=x^{\sin x}\left(\cos x\ln x+\dfrac{\sin x}{x}\right)$.

♠例 2.1.19

【解】函数两边同时取对数，则 $\ln y=\ln\sqrt{\dfrac{(x-1)(x-2)}{(x-3)(x-4)}}=\ln\left[\dfrac{(x-1)(x-2)}{(x-3)(x-4)}\right]^{\frac{1}{2}}=$

$\frac{1}{2}\ln\frac{(x-1)(x-2)}{(x-3)(x-4)}=\frac{1}{2}[\ln(x-1)+\ln(x-2)-\ln(x-3)-\ln(x-4)]$. 两边同时对 x 求导,有

$\frac{1}{y}y'=\frac{1}{2}\left(\frac{1}{x-1}+\frac{1}{x-2}-\frac{1}{x-3}-\frac{1}{x-4}\right)$,即 $y'=\frac{1}{2}\sqrt{\frac{(x-1)(x-2)}{(x-3)(x-4)}}\left(\frac{1}{x-1}+\frac{1}{x-2}-\frac{1}{x-3}-\frac{1}{x-4}\right)$.

【答案】$y'=\frac{1}{2}\sqrt{\frac{(x-1)(x-2)}{(x-3)(x-4)}}\left(\frac{1}{x-1}+\frac{1}{x-2}-\frac{1}{x-3}-\frac{1}{x-4}\right)$.

♠例 2.1.20

【解】$\frac{dy}{dx}=\frac{y_t'}{x_t'}=\frac{4t-1}{3}$, $\frac{d^2y}{dx^2}=\frac{\left(\frac{y_t'}{x_t'}\right)_t'}{x_t'}=\frac{4}{9}$.

【答案】$\frac{dy}{dx}=\frac{4t-1}{3}$; $\frac{d^2y}{dx^2}=\frac{4}{9}$.

♠例 2.1.21

【解】$\frac{dy}{dx}=\frac{y_t'}{x_t'}=-\frac{b\cos t}{a\sin t}$,当 $t=\frac{\pi}{4}$ 时, $\left.\frac{dy}{dx}\right|_{t=\frac{\pi}{4}}=-\frac{b}{a}$,即切线斜率 $k=-\frac{b}{a}$. 又因为切线过点 $\left(\frac{\sqrt{2}}{2}a,\frac{\sqrt{2}}{2}b\right)$,由点斜式可得 $y-\frac{\sqrt{2}}{2}b=-\frac{b}{a}\left(x-\frac{\sqrt{2}}{2}a\right)$,整理得切线方程为 $bx+ay-\sqrt{2}ab=0$.

【答案】$bx+ay-\sqrt{2}ab=0$.

♠例 2.1.22

【解】设 $f(x)=\sqrt{x}$,则有 $f'(x)=\frac{1}{2\sqrt{x}}$,令 $x_0=4,\Delta x=1$,由 $f(x)\approx f(x_0)+f'(x_0)\Delta_x$ 得 $f(5)\approx f(4)+f'(4)\times1=2+\frac{1}{4}=2.25$.

【答案】2.25.

♠例 2.1.23

【解】$f(x)=\ln x$,则 $f'(x)=\frac{1}{x}$,令 $x_0=1,\Delta x=0.01$,由 $f(x)\approx f(x_0)+f'(x_0)\Delta_x$ 得 $f(1.01)\approx f(1)+f'(x)\times0.01=\ln 1+1\times0.01=0.01$.

【答案】0.01.

第二节 洛必达法则求极限

♠例 2.2.1

【解】$\lim\limits_{x\to0}\frac{x-\sin x}{x^3}=\lim\limits_{x\to0}\frac{1-\cos x}{3x^2}=\lim\limits_{x\to0}\frac{\frac{1}{2}x^2}{3x^2}=\frac{1}{6}$.

【答案】$\frac{1}{6}$.

♠例 2.2.2

【解】$\lim\limits_{x\to 0}\dfrac{x-\sin x}{\sin^3 x}=\lim\limits_{x\to 0}\dfrac{x-\sin x}{x^3}=\lim\limits_{x\to 0}\dfrac{1-\cos x}{3x^2}=\lim\limits_{x\to 0}\dfrac{\frac{1}{2}x^2}{3x^2}=\dfrac{1}{6}$.

【答案】$\dfrac{1}{6}$.

♠例 2.2.3

【解】$\lim\limits_{x\to 0}\dfrac{x^2(e^x-1)}{\sqrt{1+\tan x}-\sqrt{1+x}}=\lim\limits_{x\to 0}\dfrac{x^3}{\sqrt{1+\tan x}-\sqrt{1+x}}=\lim\limits_{x\to 0}\dfrac{x^3(\sqrt{1+\tan x}+\sqrt{1+x})}{\tan x-x}=\lim\limits_{x\to 0}\dfrac{2x^3}{\tan x-x}=$ $\lim\limits_{x\to 0}\dfrac{6x^2}{\sec^2 x-1}=\lim\limits_{x\to 0}\dfrac{6x^2}{\tan^2 x}=\lim\limits_{x\to 0}\dfrac{6x^2}{x^2}=6$.

【答案】6.

♠例 2.2.4

【解】$\lim\limits_{x\to\infty}\dfrac{x+\sin x}{x-\cos x}=\lim\limits_{x\to\infty}\dfrac{1+\frac{\sin x}{x}}{1-\frac{\cos x}{x}}=1$.

【答案】1.

♠例 2.2.5

【解】$\lim\limits_{x\to\frac{\pi}{2}}(\sec x-\tan x)=\lim\limits_{x\to\frac{\pi}{2}}\left(\dfrac{1}{\cos x}-\dfrac{\sin x}{\cos x}\right)=\lim\limits_{x\to\frac{\pi}{2}}\dfrac{1-\sin x}{\cos x}=\lim\limits_{x\to\frac{\pi}{2}}\dfrac{-\cos x}{-\sin x}=0$.

【答案】0.

♠例 2.2.6

【解】$\lim\limits_{x\to+\infty}x\left(\dfrac{\pi}{2}-\arctan x\right)=\lim\limits_{x\to+\infty}\dfrac{\frac{\pi}{2}-\arctan x}{\frac{1}{x}}=\lim\limits_{x\to+\infty}\dfrac{-\frac{1}{1+x^2}}{-\frac{1}{x}}=\lim\limits_{x\to+\infty}\dfrac{x^2}{1+x^2}=1$.

【答案】1.

♠例 2.2.7

【解】$\lim\limits_{x\to 0^+}x^{\sin x}=\lim\limits_{x\to 0^+}e^{\sin x\ln x}=e^{\lim\limits_{x\to 0^+}\sin x\ln x}=e^{\lim\limits_{x\to 0^+}x\ln x}=e^{\lim\limits_{x\to 0^+}\frac{\ln x}{\frac{1}{x}}}=e^{\lim\limits_{x\to 0^+}\frac{\frac{1}{x}}{-\frac{1}{x^2}}}=e^{\lim\limits_{x\to 0^+}(-x)}=e^0=1$.

【答案】1.

♠例 2.2.8

【解】$\lim\limits_{x\to 0^+}\left(\dfrac{1}{x}\right)^{\tan x}=\lim\limits_{x\to 0^+}e^{\tan x\ln\frac{1}{x}}=e^{\lim\limits_{x\to 0^+}x\ln\frac{1}{x}}=e^{\lim\limits_{x\to 0^+}\frac{\ln\frac{1}{x}}{\frac{1}{x}}}=e^{\lim\limits_{x\to 0^+}\frac{x\left(-\frac{1}{x^2}\right)}{-\frac{1}{x^2}}}=e^0=1$.

【答案】1.

♠例 2.2.9

【解】$\lim\limits_{x\to0^+}(\cos x)^{\frac{1}{x^2}}=\lim\limits_{x\to0^+}e^{\frac{\ln\cos x}{x^2}}=e^{\lim\limits_{x\to0^+}\frac{\ln\cos x}{x^2}}=e^{\lim\limits_{x\to0^+}\frac{\frac{\sin x}{\cos x}}{2x}}=e^{\lim\limits_{x\to0^+}\frac{\tan x}{2x}}=e^{\lim\limits_{x\to0^+}\frac{x}{2x}}=e^{\frac{1}{2}}$.

【答案】$e^{\frac{1}{2}}$.

♠例 2.2.10

【解】当 $x\to1$ 时,分母为 0,若要保证极限存在,则分子必须为 0,即 $1-a+b=0$,此时满足洛必达法则求极限条件,分子分母同时求导,得 $\frac{2x-a}{-1}$,分母不为 0,可直接代入求极限,代入 $x=1$ 有 $a-2=5$,联立解得 $a=7,b=6$.

【答案】$a=7,b=6$.

♠例 2.2.11

【解】判断间断点类型的题目,需计算函数在间断点处的左、右极限,本题中 $\lim\limits_{x\to1^-}x^{\frac{1}{x-1}}=\lim\limits_{x\to1^-}e^{\frac{\ln x}{x-1}}=e^{\lim\limits_{x\to1^-}\frac{\ln x}{x-1}}$. 计算可得 $\lim\limits_{x\to1^-}\frac{\ln x}{x-1}=\lim\limits_{x\to1^-}\frac{\frac{1}{x}}{1}=\lim\limits_{x\to1^-}\frac{1}{x}=1$. 同理可得 $\lim\limits_{x\to1^+}\frac{\ln x}{x-1}=1$,左、右极限存在且相等,即 $x=1$ 是 $f(x)$ 的可去间断点.

【答案】可去.

第三节 微分中值定理

♠例 2.3.1

【证明】令 $f(x)=4x+3x^3-x^5,x\in[-2,0]$,显然 $f(x)$ 在 $[-2,0]$ 上连续,又因为 $f'(x)=4+9x^2-5x^4$,所以 $f(x)$ 在 $(-2,0)$ 内可导,且 $f(-2)=0,f(0)=0$,满足罗尔中值定理条件,则至少存在一点 $\xi\in(-2,0)$,使得 $f'(\xi)=0$,即 $4+9\xi^2-5\xi^4=0$ 成立,故方程必有一个大于 -2 的负根.

♠例 2.3.2

【证明】令 $F(x)=f(x)-x^2-x,x\in[0,1]$,则 $F'(x)=f'(x)-2x-1$,因为 $f(x)$ 在 $[0,1]$ 上连续,在 $(0,1)$ 内可导;所以 $F(x)$ 在 $[0,1]$ 上连续,在 $(0,1)$ 内可导. 又因为 $F(0)=f(0)=0,F(1)=f(1)-2=0$,满足罗尔中值定理条件,则至少存在一点 $\xi\in(0,1)$ 使得 $F'(\xi)=0$,即 $f'(\xi)=2\xi+1$ 成立,故结论得证.

♠例 2.3.3

【证明】令 $f(x)=\ln x,x\in[n,m]$,有 $f'(x)=\frac{1}{x}$. 显然,$f(x)$ 在 $[n,m]$ 上连续,在 (n,m) 内可导. 由拉格朗日中值定理可知,至少存在一点 $\xi\in(n,m)$,使得 $f'(\xi)=\frac{f(m)-f(n)}{m-n}=\frac{\ln m-\ln n}{m-n}=\frac{\ln\frac{m}{n}}{m-n}=\frac{1}{\xi}$. 又因为 $n<\xi<m$,所以 $\frac{1}{m}<\frac{1}{\xi}<\frac{1}{n}$,所以 $\frac{1}{m}<\frac{\ln\frac{m}{n}}{m-n}<\frac{1}{n}$,故 $\frac{m-n}{m}<\ln\frac{m}{n}<\frac{m-n}{n}$ 成立.

♠例 2.3.4

【证明】令 $f(t)=\ln t, t\in[1,1+x]$，有 $f'(t)=\frac{1}{t}$. 显然，$f(t)$ 在 $[1,1+x]$ 上连续，在 $(1,1+x)$ 内可导. 由拉格朗日中值定理可知，至少存在一点 $\xi\in(1,1+x)$，使得 $f'(\xi)=\frac{f(1+x)-f(1)}{x}=\frac{\ln 1+x}{x}=\frac{1}{\xi}$. 又因为 $1<\xi<1+x$，所以 $\frac{1}{1+x}<\frac{1}{\xi}<1$，即有 $\frac{1}{1+x}<\frac{\ln 1+x}{x}<1$，故 $\frac{x}{1+x}<\ln(1+x)<x$ 成立.

♠例 2.3.5

【证明】设 $g(x)=\ln x$，则 $f(x)$，$g(x)$ 在 $[a,b]$ 上满足柯西中值定理的使用条件，故由柯西中值定理可得存在 $\xi\in(a,b)$，使得 $\frac{f(b)-f(a)}{g(b)-g(a)}=\frac{f'(\xi)}{g'(\xi)}$，即 $\frac{f(b)-f(a)}{\ln b-\ln a}=\frac{f'(\xi)}{\frac{1}{\xi}}$，即 $f(b)-f(a)=\xi f'(\xi)\ln\frac{b}{a}$，得证.

♠例 2.3.6

【证明】设 $g(x)=x^2$，则 $f(x)$，$g(x)$ 在 $[a,b]$ 上满足柯西中值定理的使用条件，故由柯西中值定理可得存在 $\xi\in(a,b)$，使得 $\frac{f(b)-f(a)}{g(b)-g(a)}=\frac{f'(\xi)}{g'(\xi)}$，即 $\frac{f(b)-f(a)}{b^2-a^2}=\frac{f'(\xi)}{2\xi}$，即 $2\xi[f(b)-f(a)]=(b^2-a^2)f'(\xi)$，得证.

♠例 2.3.7

【解】因为 $f'(x)=\sec^2 x$，$f''(x)=2\sec^2 x\tan x$，$f'''(x)=4\sec^2 x\tan^2 x+2\sec^4 x$，故 $f(0)=0$，$f'(0)=1$，$f''(0)=0$，$f'''(0)=2$，故 $f(x)=f(0)+f'(0)x+\frac{f''(0)}{2!}x^2+\frac{f'''(0)}{3!}x^3+o(x^3)=x+\frac{x^3}{3}+o(x^3)$.

♠例 2.3.8

【解】由于分式中的分母 $\sin^3 x\sim x^3(x\to 0)$，只需要将分子中的 $\sin x$ 和 $x\cos x$ 分别用带佩亚诺余项的 3 阶麦克劳林公式表示，即 $\sin x=x-\frac{x^3}{3!}+o(x^3)$，$x\cos x=x-\frac{x^3}{2!}+o(x^3)$，对上式作运算时，将两个比 x^3 高阶的无穷小量的代数和仍记作 $o(x^3)$，故 $\lim\limits_{x\to 0}\frac{\sin x-x\cos x}{\sin^3 x}=\lim\limits_{x\to 0}\frac{\frac{1}{3}x^3+o(x^3)}{x^3}=\frac{1}{3}$.

♠例 2.3.9

【证明】由泰勒公式可得

$f(x)=f(0)+f'(0)x+\frac{f''(0)}{2!}x^2+\frac{f'''(\xi^*)}{3!}x^3$，$\xi^*$ 介于 0 和 x 之间；

$f(-1)=f(0)+\frac{f''(0)}{2!}-\frac{f'''(\xi_1)}{3!}$，$\xi_1\in(-1,0)$；

$f(1)=f(0)+\dfrac{f''(0)}{2!}+\dfrac{f'''(\xi_2)}{3!},\xi_2\in(0,1)$；

两式相减得 $f(1)-f(-1)=\dfrac{f'''(\xi_1)+f'''(\xi_2)}{3!}$，即 $f'''(\xi_1)+f'''(\xi_2)=6$.

因为 $f'''(x)$ 在 $[-1,1]$ 上连续，所以 $f'''(x)$ 在 $[\xi_1,\xi_2]$ 取得最小值 m 和最大值 M，

因为 $m\leqslant\dfrac{f'''(\xi_1)+f'''(\xi_2)}{2}\leqslant M$，即 $m\leqslant 3\leqslant M$，由介值定理可得

存在 $\xi\in[\xi_1,\xi_2]\subseteq(-1,1)$，使得 $f'''(\xi)=3$，得证.

第四节　导数的应用

♠例 2.4.1

【解】对 $y=\sin x$ 求导得 $y'=\cos x$，当 $x\in\left(0,\dfrac{\pi}{2}\right)$ 和 $x\in\left(\dfrac{3\pi}{2},2\pi\right)$ 时 $y'=\cos x>0$，$y=\sin x$ 是单调递增的. 当 $x\in\left(\dfrac{\pi}{2},\dfrac{3\pi}{2}\right)$ 时，$y'=\cos x<0$，$y=\sin x$ 是单调递减的.

♠例 2.4.2

【解】1) 由题可知，函数 $f(x)$ 的定义域为 $(-\infty,+\infty)$；

2) 又 $f'(x)=-3x^2+3$，令 $f'(x)=0$ 解得 $x_1=-1,x_2=1$，且函数 $f(x)$ 无不可导点.

3) 列表如下：

x	$(-\infty,-1)$	-1	$(-1,1)$	1	$(1,+\infty)$
$f'(x)$	$-$	0	$+$	0	$-$
$f(x)$	单调递减		单调递增		单调递减

综上所述：$f(x)$ 在 $(-\infty,-1)$ 与 $(1,+\infty)$ 内单调递减，在 $(-1,1)$ 内单调递增.

♠例 2.4.3

【解】对 $y=3x^4-4x^3$ 求导得 $y'=12x^3-12x^2=12x^2(x-1)$. 令 $y'=0$，解得 $x_1=1,x_2=0$，当 $x<0$ 时，$y'<0$，则 y 在 $(-\infty,0)$ 上单调递减；当 $0<x<1$ 时，$y'<0$，则 y 在 $(0,1)$ 上单调递减；当 $x>1$ 时，$y'>0$，则 y 在 $(1,+\infty)$ 上单调递增. 故 A 选项正确.

【答案】A.

♠例 2.4.4

【解】1) 由题可知，函数 $f(x)$ 的定义域为 $(-\infty,+\infty)$；

2) 又因为 $f'(x)=-3x^2+3$，令 $f'(x)=0$ 解得 $x_1=-1,x_2=1$，且函数 $f(x)$ 无不可导点.

3) 列表如下：

x	$(-\infty,-1)$	-1	$(-1,1)$	1	$(1,+\infty)$
$f'(x)$	$-$	0	$+$	0	$-$
$f(x)$	单调递减	极小值点	单调递增	极大值点	单调递减

综上所述：$f(x)$ 在 $(-\infty,-1)$ 与 $(1,+\infty)$ 内单调递减，在 $(-1,1)$ 内单调递增.

在 $x=-1$ 处取极小值 $f(-1)=-2$； 在 $x=1$ 处取极大值 $f(1)=2$.

♠例 2.4.5

【解】由题意可知,函数 $f(x)$ 在 $(-\delta,0)$ 内单调递减,在 $(0,\delta)$ 内单调递增,$x=0$ 是函数单调性的分界点,即是函数 $f(x)$ 的极值点,且是极小值点. 故 A 选项正确.

【答案】A.

♠例 2.4.6

【解】x_0是函数 $f(x)$ 的极值点,则 x_0可能是驻点,也可能是不可导点,即 $f'(x_0)=0$ 或 $f'(x_0)$ 不存在. 故 C 选项正确.

【答案】C.

♠例 2.4.7

【解】对 $f(x)=\dfrac{1}{3}x^3-x$ 求二阶导数,有 $y'=x^2-1,y''=2x$,因为 $y''(1)=2>0$,由极值第二判定定理可知 $f(x)$ 在 $x=1$ 处取极小值. 故 B 选项正确.

【答案】B.

♠例 2.4.8

【解】由题可知函数定义域为 $\mathbf{R}$,且 $y'=6x^2-6x=6x(x-1)$,令 $y'=0$ 解得 $x_1=0,x_2=1$. 又因为 $y(0)=0,y(1)=-1,y(-1)=-5,y(4)=80$. 所以函数在 $[-1,4]$ 上最小值为 $y(-1)=-5$,最大值为 $y(4)=80$.

【答案】最小值为 $y(-1)=-5$,最大值为 $y(4)=80$.

♠例 2.4.9

【解】设利润为 Z,由题可得 $Z=R(x)-C(x)=80x-0.03x^2-7\,500-50x+0.02x^2=-0.01x^2+30x-7\,500$,则 $Z'(x)=-0.02x+30$,令 $Z'(x)=0$,解得 $x=1\,500$. 由实际问题必存在最值可知,当日产量为 1 500 台时,利润最大.

【答案】日产量为 1 500 台时,利润最大.

♠例 2.4.10

【解】设水池底面的长为 x m,则其宽为 $\dfrac{V}{hx}$ m. 设造价为 $Z(x)$,有 $Z(x)=2ax\dfrac{V}{hx}+2ahx+2ah\dfrac{V}{hx}=2a\dfrac{V}{h}+2ahx+2a\dfrac{V}{x}$,则 $Z'(x)=2ah+2aV\left(-\dfrac{1}{x^2}\right)=-\dfrac{2aV}{x^2}+2ah$,令 $Z'(x)=0$,解得 $x=\sqrt{\dfrac{V}{h}}$ 或 $x=-\sqrt{\dfrac{V}{h}}$（舍去）. 由实际问题必存在最值可知,当长为 $\sqrt{\dfrac{V}{h}}$ m,宽为 $\sqrt{\dfrac{V}{h}}$ m 时水池造价最低.

【答案】长为 $\sqrt{\dfrac{V}{h}}$ m,宽为 $\sqrt{\dfrac{V}{h}}$ m 时水池造价最低.

♠例 2.4.11

【解】$y=x-\sin x$ 求二阶导数得 $y'=1-\cos x,y''=\sin x$,令 $y''=0$,解得 $x=0$,当 $x\in\left(0,\dfrac{\pi}{2}\right)$ 时,$y''>0$,由函数图像凹凸性判定定理可知,$y=x-\sin x$ 在区间 $\left(0,\dfrac{\pi}{2}\right)$ 上的图像是凹的.

【答案】$y=x-\sin x$ 在区间 $\left(0,\dfrac{\pi}{2}\right)$ 上的图像是凹的.

♠例 2. 4. 12

【解】由题可知,$x\in(a,b)$ 时,$f'(x)<0$,则 $f(x)$ 在 (a,b) 内是单调递减的. $f''(x)<0$,则 $f(x)$ 图像在 (a,b) 内是凸的. 故 B 选项正确.

【答案】B.

♠例 2. 4. 13

【解】拐点是二阶导数为 0 或二阶导数不存在的点,由题可得 $y''=6ax+2b$,该函数定义域为 $\mathbf{R}$,即可判断拐点 $(1,2)$ 属于二阶导数为 0 的点,代入二阶导数,有 $6a+2b=0$,又因为拐点是凹凸性的分界点,其一定在曲线上,所以有 $a+b=2$,联立解得 $a=-1,b=3$.

【答案】$a=-1,b=3$.

第三章　一元函数积分学

第一节　不定积分

♠例 3. 1. 1

【解】(1) $\int\cos x\mathrm{d}x=\sin x+C$;(2) $\int\mathrm{d}x=x+C$;(3) $\int\sec x\tan x\mathrm{d}x=\sec x+C$;(4) $\int\dfrac{1}{1+x^2}\mathrm{d}x=\arctan x+C$(或 $-\operatorname{arccot} x+C$).

【答案】(1) $\sin x+C$;(2) $x+C$;(3) $\sec x+C$;(4) $\arctan x+C$.(或 $-\operatorname{arccot} x+C$)

♠例 3. 1. 2

【解】A 选项错误,应改为 $\int f'(x)\mathrm{d}x=f(x)+C$;B 选项错误,应改为 $\mathrm{d}\int\mathrm{d}f(x)=f(x)\mathrm{d}x$;C 选项正确;D 选项错误,应改为 $\mathrm{d}\int f(x)\mathrm{d}x=f(x)\mathrm{d}x$.

【答案】C.

♠例 3. 1. 3(1)

【解】$f'(x)=g'(x)$,则 $\int f'(x)\mathrm{d}x=f(x)+C_1$,$\int g'(x)\mathrm{d}x=g(x)+C_2$,表明 $f'(x)$ 与 $g'(x)$ 的原函数并不一定相等,所以排除 A 选项;但一个函数的全体原函数之间只相差一个常数,所以 C 选项正确;B 选项化简为 $f(x)=g(x)$,错误. D 选项中,因为 $f(x)$ 与 $g(x)$ 相差一个常数,所以它们的原函数也不一定相等.

【答案】C.

♠例 3. 1. 3(2)

【解】由题可知 $\int f(x)\mathrm{d}x=F(x)+C$,所以 $\int f(1-x)\mathrm{d}x=-\int f(1-x)\mathrm{d}(1-x)=-\int f(u)\mathrm{d}u=-F(u)+C=-F(1-x)+C$. 即 C 选项正确.

【答案】C.

♠例 3. 1. 4

【解】$\int f'(x)\mathrm{d}x=f(x)+C$,又因为 $\sin x$ 为 $f(x)$ 的一个原函数,所以 $f(x)=(\sin x)'=\cos x$,即 $\int f'(x)\mathrm{d}x=\cos x+C$,故 C 选项正确.

【答案】C.

♠例 3. 1. 5

【解】$\int(x^3+2x+1)\mathrm{d}x=\frac{1}{4}x^4+x^2+x+C.$

【答案】$\frac{1}{4}x^4+x^2+x+C.$

♠例 3. 1. 6

【解】$\int(x+1)^2\mathrm{d}x=\int(x^2+2x+1)\mathrm{d}x=\frac{1}{3}x^3+x^2+x+C.$

【答案】$\frac{1}{3}x^3+x^2+x+C.$

♠例 3. 1. 7

【解】$\int\sin^2\frac{x}{2}\mathrm{d}x=\int\frac{1-\cos x}{2}\mathrm{d}x=\frac{1}{2}\int(1-\cos x)\mathrm{d}x=\frac{1}{2}(x-\sin x)+C=\frac{1}{2}x-\frac{1}{2}\sin x+C.$

【答案】$\frac{1}{2}x-\frac{1}{2}\sin x+C.$

♠例 3. 1. 8

【解】$\int\cos^2x\mathrm{d}x=\int\frac{1+\cos 2x}{2}\mathrm{d}x=\frac{1}{2}\int(1+\cos 2x)\mathrm{d}x=\frac{1}{2}\left(x+\frac{1}{2}\sin 2x\right)+C=\frac{1}{2}x+\frac{1}{4}\sin 2x+C.$

【答案】$\frac{1}{2}x+\frac{1}{4}\sin 2x+C.$

♠例 3. 1. 9

【解】$\int 3^x\mathrm{e}^x\mathrm{d}x=\int(3\mathrm{e})^x\mathrm{d}x=\frac{(3\mathrm{e})^x}{\ln 3\mathrm{e}}+C=\frac{(3\mathrm{e})^x}{\ln 3+1}+C.$

【答案】$\frac{(3\mathrm{e})^x}{\ln 3+1}+C.$

♠例 3. 1. 10

【解】$\int x^2\sqrt{x}\mathrm{d}x=\int x^{\frac{5}{2}}\mathrm{d}x=\frac{2}{7}x^{\frac{7}{2}}+C.$

【答案】$\frac{2}{7}x^{\frac{7}{2}}+C.$

♠例 3. 1. 11

【解】$\int\frac{x^2}{1+x^2}\mathrm{d}x=\int\frac{x^2+1-1}{1+x^2}\mathrm{d}x=\int\left(1-\frac{1}{1+x^2}\right)\mathrm{d}x=x-\arctan x+C.$

【答案】$x-\arctan x+C.$

♠例 3.1.12

【解】$\int(x+1)^{10}\mathrm{d}x=\int(x+1)^{10}\mathrm{d}(x+1)$，令 $u=x+1$，则原式 $=\int u^{10}\mathrm{d}u=\frac{1}{11}u^{11}+C=\frac{1}{11}(x+1)^{11}+C$.

【答案】$\frac{1}{11}(x+1)^{11}+C$.

♠例 3.1.13

【解】$\int 3x^2\mathrm{e}^{x^3}\mathrm{d}x=\int \mathrm{e}^{x^3}\mathrm{d}x^3$，令 $u=x^3$，则原式 $=\int \mathrm{e}^u\mathrm{d}u=\mathrm{e}^u+C=\mathrm{e}^{x^3}+C$.

【答案】$\mathrm{e}^{x^3}+C$.

♠例 3.1.14

【解】$\int\frac{\ln x}{x}\mathrm{d}x=\int\ln x\mathrm{d}(\ln x)$，令 $u=\ln x$，则原式 $=\int u\mathrm{d}u=\frac{1}{2}u^2+C=\frac{1}{2}(\ln x)^2+C$.

【答案】$\frac{1}{2}(\ln x)^2+C$.

♠例 3.1.15

【解】$\int\frac{x}{\sqrt{1+x^2}}\mathrm{d}x=\frac{1}{2}\int\frac{1}{\sqrt{1+x^2}}\mathrm{d}(1+x^2)$，令 $u=1+x^2$，则原式 $=\int\frac{1}{2\sqrt{u}}\mathrm{d}u=\sqrt{u}+C=\sqrt{1+x^2}+C$.

【答案】$\sqrt{1+x^2}+C$.

♠例 3.1.16

【解】$\int\frac{x}{1+x^2}\mathrm{d}x=\frac{1}{2}\int\frac{1}{1+x^2}\mathrm{d}(1+x^2)$，令 $u=1+x^2$，则原式 $=\frac{1}{2}\int\frac{1}{u}\mathrm{d}u=\frac{1}{2}\ln|u|+C=\frac{1}{2}\ln(1+x^2)+C$.

【答案】$\frac{1}{2}\ln(1+x^2)+C$.

♠例 3.1.17

【解】$\int\frac{x^2}{x-1}\mathrm{d}x=\int\frac{x^2-1+1}{x-1}\mathrm{d}x=\int\frac{(x-1)(x+1)+1}{x-1}\mathrm{d}x=\int\left(x+1+\frac{1}{x-1}\right)\mathrm{d}x=\frac{1}{2}x^2+x+\ln|x-1|+C$.

【答案】$\frac{1}{2}x^2+x+\ln|x-1|+C$.

♠例 3.1.18

【解】$\int\frac{1}{x^2-4x+3}\mathrm{d}x=\int\frac{1}{(x-1)(x-3)}\mathrm{d}x=\frac{1}{2}\int\left(\frac{1}{x-3}-\frac{1}{x-1}\right)\mathrm{d}x=\frac{1}{2}\left[\int\frac{1}{x-3}\mathrm{d}(x-3)-\int\frac{1}{x-1}\mathrm{d}(x-1)\right]=\frac{1}{2}(\ln|x-3|-\ln|x-1|)+C=\frac{1}{2}\ln\left|\frac{x-3}{x-1}\right|+C$.

【答案】$\frac{1}{2}\ln\left|\frac{x-3}{x-1}\right|+C$.

♠例 3. 1. 19

【解】$\int\frac{1}{x^2+2x+2}dx=\int\frac{1}{(x+1)^2+1}d(x+1)$，令 $u=x+1$；则原式 $=\int\frac{1}{u^2+1}du=\arctan u+C=\arctan(x+1)+C$.

【答案】$\arctan(x+1)+C$.

♠例 3. 1. 20

【解】令 $\frac{x+3}{x^2-5x+6}=\frac{A}{x-2}+\frac{B}{x-3}=\frac{A(x-3)+B(x-2)}{(x-2)(x-3)}=\frac{Ax+Bx-3A-2B}{x^2-5x+6}$，对比可得 $\begin{cases}Ax+Bx=x,\\-3A-2B=3,\end{cases}$

解得 $A=-5$，$B=6$，即 $\frac{x+3}{x^2-5x+6}=\frac{-5}{x-2}+\frac{6}{x-3}$.

所以，原式 $=\int\left(\frac{-5}{x-2}+\frac{6}{x-3}\right)dx=-5\ln|x-2|+6\ln|x-3|+C=6\ln|x-3|-5\ln|x-2|+C$.

【答案】$6\ln|x-3|-5\ln|x-2|+C$.

♠例 3. 1. 21

【解】$\int\sec^2x\tan^3x dx=\int\tan^3x d\tan x$，令 $u=\tan x$，则原式 $=\int u^3du=\frac{1}{4}u^4+C=\frac{1}{4}\tan^4x+C$.

【答案】$\frac{1}{4}\tan^4x+C$.

♠例 3. 1. 22

【解】$\int\cot x dx=\int\frac{\cos x}{\sin x}dx=\int\frac{1}{\sin x}d\sin x$，令 $u=\sin x$，则原式 $=\int\frac{1}{u}du=\ln|u|+C=\ln|\sin x|+C$.

【答案】$\ln|\sin x|+C$.

♠例 3. 1. 23

【解】$\int\frac{dx}{\sec x+\sin x\tan x}=\int\frac{1}{\frac{1}{\cos x}+\frac{\sin^2x}{\cos x}}dx=\int\frac{1}{\frac{1+\sin^2x}{\cos x}}dx=\int\frac{\cos x}{1+\sin^2x}dx=\int\frac{1}{1+\sin^2x}d\sin x$，令 $u=\sin x$，则原式 $=\int\frac{1}{1+u^2}du=\arctan u+C=\arctan(\sin x)+C$.

【答案】$\arctan(\sin x)+C$.

♠例 3. 1. 24

【解】$\int\frac{1}{\sin^2x\cos^2x}dx=\int\frac{\sin^2x+\cos^2x}{\sin^2x\cos^2x}dx=\int\left(\frac{1}{\cos^2x}+\frac{1}{\sin^2x}\right)dx=\int\sec^2xdx+\int\csc^2xdx=\tan x-\cot x+C$.

【答案】$\tan x-\cot x+C$.

♠例 3. 1. 25

【解】$\int\cos^3x\sin x dx=-\int\cos^3x d\cos x$，令 $u=\cos x$，则原式 $=-\int u^3du=-\frac{1}{4}u^4+C=-\frac{1}{4}\cos^4x+C$.

【答案】$-\frac{1}{4}\cos^4x+C$.

♠例 3.1.26

【解】$\int \sin^3 x\cos^2 x\mathrm{d}x=-\int \sin^2 x\cos^2 x\mathrm{d}\cos x=-\int (1-\cos^2 x)\cos^2 x\mathrm{d}\cos x=-\int (1-u^2)u^2\mathrm{d}u$

$=\int (u^4-u^2)\mathrm{d}u=\frac{1}{5}u^5-\frac{1}{3}u^3+C=\frac{1}{5}\cos^5 x-\frac{1}{3}\cos^3 x+C.$

【答案】$\frac{1}{5}\cos^5 x-\frac{1}{3}\cos^3 x+C.$

♠例 3.1.27

【解】$\int \sin^2 x\cos^2 x\mathrm{d}x=\int \frac{1-\cos 2x}{2}\frac{1+\cos 2x}{2}\mathrm{d}x=\frac{1}{4}\int (1-\cos^2 2x)\mathrm{d}x=\frac{1}{4}\int \left(1-\frac{1+\cos 4x}{2}\right)\mathrm{d}x=$
$\frac{1}{4}\left[\int \mathrm{d}x-\frac{1}{2}\int (1+\cos 4x)\mathrm{d}x\right]=\frac{1}{4}\left[x-\frac{1}{2}\left(x+\frac{1}{4}\sin 4x\right)\right]+C=\frac{1}{8}x-\frac{1}{32}\sin 4x+C.$

【答案】$\frac{1}{8}x-\frac{1}{32}\sin 4x+C.$

♠例 3.1.28

【解】令 $u=\sqrt[3]{3x+1}$，则 $x=\frac{1}{3}(u^3-1)$，有 $\mathrm{d}x=u^2\mathrm{d}u$. 原式 $=\int \frac{\frac{1}{3}(u^3-1)+1}{u}u^2\mathrm{d}u=$
$\int\left[\frac{1}{3}u(u^3-1)+u\right]\mathrm{d}u=\int\left(\frac{1}{3}u^4-\frac{1}{3}u+u\right)\mathrm{d}u=\int\left(\frac{1}{3}u^4+\frac{2}{3}u\right)\mathrm{d}u=\frac{1}{15}u^5+\frac{1}{3}u^2+C=\frac{1}{15}(3x+1)^{\frac{5}{3}}+$
$\frac{1}{3}(3x+1)^{\frac{2}{3}}+C=\frac{1}{15}(3x+6)(3x+1)^{\frac{3}{2}}+C.$

【答案】$\frac{1}{15}(3x+6)(3x+1)^{\frac{3}{2}}+C.$

♠例 3.1.29

【解】令 $u=\sqrt[6]{x}$，则 $x=u^6$，有 $\mathrm{d}x=6u^5\mathrm{d}u$，原式 $=\int \frac{1}{u^3+u^2}\cdot 6u^5\mathrm{d}u=6\int \frac{u^3}{u+1}\mathrm{d}u=6\int \frac{u^3+1-1}{u+1}\mathrm{d}u$
$=6\int \frac{(u+1)(u^2-u+1)-1}{u+1}\mathrm{d}u=6\int\left(u^2-u+1-\frac{1}{u+1}\right)\mathrm{d}u=6\left[\frac{1}{3}u^3-\frac{1}{2}u^2+u-\ln|u+1|\right]+C=2\sqrt{x}-$
$3\sqrt[3]{x}+6\sqrt[6]{x}-6\ln(\sqrt[6]{x}+1)+C.$

【答案】$2\sqrt{x}-3\sqrt[3]{x}+6\sqrt[6]{x}-6\ln(\sqrt[6]{x}+1)+C.$

♠例 3.1.30

【解】令 $u=1+\mathrm{e}^x$，则 $\mathrm{e}^x=u-1$，$x=\ln(u-1)$，有 $\mathrm{d}x=\frac{1}{u-1}\mathrm{d}u$，原式 $=\int \frac{1}{u}\cdot\frac{1}{u-1}\mathrm{d}u=$
$\int\left(\frac{1}{u-1}-\frac{1}{u}\right)\mathrm{d}u=\ln|u-1|-\ln|u|+C=\ln\left(\frac{u-1}{u}\right)+C=\ln\left(\frac{\mathrm{e}^x}{\mathrm{e}^x+1}\right)+C.$

【答案】$\ln\left(\frac{\mathrm{e}^x}{\mathrm{e}^x+1}\right)+C.$

♠例 3.1.31

【解】令 $u=\sqrt{1+e^x}$，则 $e^x=u^2-1, x=\ln(u^2-1)$，有 $dx=\frac{2u}{u^2-1}du$，原式 $=\int\frac{(u^2-1)^2}{u}\cdot\frac{2u}{u^2-1}du=$
$2\int(u^2-1)du=2\left(\frac{1}{3}u^3-u\right)+C=\frac{2}{3}(1+e^x)^{\frac{3}{2}}-2\sqrt{1+e^x}+C=\frac{2}{3}\sqrt{1+e^x}(e^x-2)+C.$

【答案】$\frac{2}{3}\sqrt{1+e^x}(e^x-2)+C.$

♠例 3.1.32

【解】令 $x=2\sin u$，则 $dx=2\cos u du$，原式 $=\int\frac{4\sin^2u}{\sqrt{4-4\sin^2u}}2\cos u du=\int\frac{8\sin^2u\cos u}{2\sqrt{1-\sin^2u}}du=$
$4\int\frac{\sin^2u\cos u}{\cos u}du=4\int\sin^2udu=4\int\frac{1-\cos 2u}{2}du=2\int(1-\cos 2u)du=2(u-\frac{1}{2}\sin 2u)+C=2u-$
$\sin 2u+C=2u-2\sin u\cos u+C.$

因为 $x=2\sin u$，所以 $u=\arcsin\frac{x}{2}$，又因为 $\sin u=\frac{x}{2}$，所以 $\cos u=\frac{\sqrt{4-x^2}}{2}$，

上式 $=2\arcsin\frac{x}{2}-\frac{x\sqrt{4-x^2}}{2}+C.$

【答案】$2\arcsin\frac{x}{2}-\frac{x\sqrt{4-x^2}}{2}+C.$

♠例 3.1.33

【解】令 $x=a\tan u$，则 $dx=a\sec^2udu$，原式 $=\int\frac{1}{a^2\tan^2u\sqrt{a^2+a^2\tan^2u}}\cdot a\sec^2udu=$

$$\int\frac{\sec u}{a^2\tan^2u}du=\frac{1}{a^2}\int\frac{\frac{1}{\cos u}}{\frac{\sin^2u}{\cos^2u}}du=\frac{1}{a^2}\int\frac{\cos u}{\sin^2u}du=\frac{1}{a^2}\int\frac{1}{\sin^2u}d\sin u=\frac{1}{a^2}\int\frac{1}{t^2}dt=-\frac{1}{a^2t}+C=-\frac{1}{a^2\sin u}+C.$$

因为 $x=a\tan u$，所以 $\tan u=\frac{x}{a}$，$\sin u=\frac{x}{\sqrt{x^2+a^2}}$，上式 $=-\frac{\sqrt{x^2+a^2}}{a^2x}+C.$

【答案】$-\frac{\sqrt{x^2+a^2}}{a^2x}+C.$

♠例 3.1.34

【解】令 $x=a\sec u$，则 $dx=a\sec u\tan udu$，原式 $=\int\frac{1}{a\sec u\sqrt{a^2\sec^2u-a^2}}\cdot a\sec u\tan udu=$
$\int\frac{\tan u}{a\sqrt{\sec^2u-1}}du=\int\frac{\tan u}{a\tan u}du=\frac{1}{a}\int du=\frac{1}{a}t+C.$

因为 $x=a\sec u$，所以 $\sec u=\frac{x}{a}$，$\cos u=\frac{a}{x}$，$u=\arccos\frac{a}{x}+C$，上式 $=\frac{1}{a}\arccos\frac{a}{x}+C.$

【答案】$\frac{1}{a}\arccos\frac{a}{x}+C$.

♠例 3.1.35

【解】$\int\frac{dx}{\sqrt{a^2-x^2}}=\int\frac{1}{a\sqrt{1-\left(\frac{x}{a}\right)^2}}dx=\int\frac{1}{\sqrt{1-\left(\frac{x}{a}\right)^2}}d\left(\frac{x}{a}\right)$，令 $u=\frac{x}{a}$，则原式 $=\int\frac{1}{\sqrt{1-u^2}}du=$ $\arcsin u+C=\arcsin\frac{x}{a}+C$.

【答案】$\arcsin\frac{x}{a}+C$.

♠例 3.1.36

【解】$\int x\sqrt{a^2-x^2}\,dx=\int\sqrt{a^2-x^2}\left(-\frac{1}{2}\right)d(a^2-x^2)$，令 $u=a^2-x^2$，则原式 $=-\frac{1}{2}\int\sqrt{u}\,du=$ $-\frac{1}{3}u^{\frac{3}{2}}+C=-\frac{1}{3}(a^2-x^2)^{\frac{3}{2}}+C$.

【答案】$-\frac{1}{3}(a^2-x^2)^{\frac{3}{2}}+C$.

♠例 3.1.37

【解】$\int x\cos x dx=\int x d\sin x=x\sin x-\int\sin x dx=x\sin x+\cos x+C$.

【答案】$x\sin x+\cos x+C$.

♠例 3.1.38

【解】$\int xe^x dx=\int x\,de^x=xe^x-\int e^x dx=xe^x-e^x+C=(x-1)e^x+C$.

【答案】$(x-1)e^x+C$.

♠例 3.1.39

【解】$\int x^2\ln x dx=\int\ln x d\left(\frac{1}{3}x^3\right)=\frac{1}{3}x^3\ln x-\frac{1}{3}\int x^3 d\ln x=\frac{1}{3}x^3\ln x-\frac{1}{3}\int x^2dx=\frac{1}{3}x^3\ln x-$ $\frac{1}{9}x^3+C$.

【答案】$\frac{1}{3}x^3\ln x-\frac{1}{9}x^3+C$.

♠例 3.1.40

【解】$\int\ln x dx=x\ln x-\int x d\ln x=x\ln x-\int x\cdot\frac{1}{x}dx=x\ln x-x+C$.

【答案】$x\ln x-x+C$.

♠例 3.1.41

【解】$\int x\arctan x dx=\int\arctan x d\left(\frac{1}{2}x^2\right)=\frac{1}{2}x^2\arctan x-\frac{1}{2}\int x^2 d\arctan x=\frac{1}{2}x^2\arctan x-$ $\frac{1}{2}\int\frac{x^2}{1+x^2}dx=\frac{1}{2}x^2\arctan x-\frac{1}{2}\int\frac{x^2+1-1}{1+x^2}dx=\frac{1}{2}x^2\arctan x-\frac{1}{2}\int\left(1-\frac{1}{1+x^2}\right)dx=\frac{1}{2}x^2\arctan x-\frac{1}{2}x+$

$\frac{1}{2}\arctan x+C.$

【答案】$\frac{1}{2}x^2\arctan x-\frac{1}{2}x+\frac{1}{2}\arctan x+C.$

♠例 3.1.42

【解】$\int \sec x\tan^2 x\mathrm{d}x=\int \tan x\cdot\sec x\cdot\tan x\mathrm{d}x=\int \tan x\mathrm{d}\sec x=\tan x\sec x-\int \sec x\mathrm{d}\tan x=\tan x\sec x-\int \sec x\sec^2 x\mathrm{d}x=\tan x\sec x-\int \sec x(1+\tan^2 x)\mathrm{d}x=\tan x\sec x-\int \sec x\mathrm{d}x-\int \sec x\tan^2 x\mathrm{d}x=\tan x\sec x-\ln|\sec x+\tan x|-\int \sec x\tan^2 x\mathrm{d}x.$

整理得 $\int \sec x\tan^2 x\mathrm{d}x=\frac{1}{2}\tan x\sec x-\frac{1}{2}\ln|\sec x+\tan x|+C.$

【答案】$\frac{1}{2}\tan x\sec x-\frac{1}{2}\ln|\sec x+\tan x|+C.$

♠例 3.1.43

【解】令 $u=\sqrt{x}$，则 $x=u^2$，有 $\mathrm{d}x=2u\mathrm{d}u$. 原式 $=\int u\mathrm{e}^u\cdot 2u\mathrm{d}u=2\int u^2\mathrm{e}^u\mathrm{d}u=2\int u^2\mathrm{d}\mathrm{e}^u=2u^2\mathrm{e}^u-2\int \mathrm{e}^u\mathrm{d}u^2=2u^2\mathrm{e}^u-4\int u\mathrm{e}^u\mathrm{d}u=2u^2\mathrm{e}^u-4\int u\mathrm{d}\mathrm{e}^u=2u^2\mathrm{e}^u-4(u\mathrm{e}^u-\int \mathrm{e}^u\mathrm{d}u)=2u^2\mathrm{e}^u-4u\mathrm{e}^u+4\mathrm{e}^u+C=\mathrm{e}^u(2u^2-4u+4)+C=\mathrm{e}^{\sqrt{x}}(2x-4\sqrt{x}+4)+C.$

【答案】$\mathrm{e}^{\sqrt{x}}(2x-4\sqrt{x}+4)+C.$

♠例 3.1.44

【解】令 $u=2x+1$，则 $\mathrm{d}x=\frac{1}{2}\mathrm{d}u$，原式 $=\int \arctan u\cdot\frac{1}{2}\mathrm{d}u=\frac{1}{2}\int \arctan u\mathrm{d}u=\frac{1}{2}u\arctan u-\frac{1}{2}\int u\mathrm{d}\arctan u=\frac{1}{2}u\arctan u-\frac{1}{2}\int \frac{u}{1+u^2}\mathrm{d}u=\frac{1}{2}u\arctan u-\frac{1}{4}\int \frac{1}{1+u^2}\mathrm{d}(1+u^2)=\frac{1}{2}u\arctan u-\frac{1}{4}\ln(1+u^2)+C=\frac{1}{2}(2x+1)\arctan(2x+1)-\frac{1}{4}\ln[1+(2x+1)^2]+C=\frac{1}{2}(2x+1)\arctan(2x+1)-\frac{1}{4}\ln(4x^2+4x+2)+C.$

【答案】$\frac{1}{2}(2x+1)\arctan(2x+1)-\frac{1}{4}\ln(4x^2+4x+2)+C.$

第二节 定积分

♠例 3.2.1

【解】由定积分的几何意义可知，$f(x)>0$ 时，在该区间上的定积分等于封闭图形的面积；$f(x)<0$ 时，在该区间上的定积分等于封闭图形面积的负值，所以 $\int_a^b f(x)\mathrm{d}x=A_1-A_2+A_3$.

【答案】$A_1-A_2+A_3$

♠例 3.2.2

【解】定积分 $\int_{-\pi}^{\pi}\sin x\mathrm{d}x$ 上、下限对称，且被积函数 $\sin x$ 是奇函数，由图像可知，在 x 轴两侧所围的封闭图形面积相等，由定积分几何意义可知，$\sin x$ 在 $[-\pi,\pi]$ 上的定积分为 0.

【答案】0.

♠例 3.2.3

【解】被积函数为 $y=x$，积分区间为 $[0,1]$，由图 3.2.10 可知，封闭图形为一个三角形，其面积为 $\frac{1}{2}$，所以 $\int_0^1 x\mathrm{d}x=\frac{1}{2}$.

【答案】$\frac{1}{2}$.

♠例 3.2.4

【解】被积函数为 $y=\sqrt{1-x^2}$，整理可得 $x^2+y^2=1$ 是一个以原点为圆心，1 为半径的圆，由被积函数解析式可知 $-1\leqslant x\leqslant 1, y\geqslant 0$，即封闭图形为上半圆，所以 $\int_{-1}^{1}\sqrt{1-x^2}\mathrm{d}x=\frac{\pi}{2}$.

【答案】$\frac{\pi}{2}$.

♠例 3.2.5

【解】被积函数分别为 $y=x, y=x^2$，两者积分区间均为 $[0,1]$，当 $x\in[0,1]$ 时，函数 $y=x^2$ 的图像在函数 $y=x$ 图像下方，所以在 $[0,1]$ 上 $y=x$ 所围封闭图形面积比 $y=x$ 所围封闭图形面积大，则 $\int_0^1 x\mathrm{d}x>\int_0^1 x^2\mathrm{d}x$.

【答案】>.

♠例 3.2.6

【解】被积函数分别为 $y=\sqrt{x}, y=x^2$，两者积分区间均为 $[0,1]$，当 $x\in[0,1]$ 时，函数 $y=x^2$ 的图像在函数 $y=\sqrt{x}$ 图像下方，所以在 $[0,1]$ 上 $y=\sqrt{x}$ 所围封闭图形面积比 $y=x^2$ 所围封闭图形面积大，则 $\int_0^1\sqrt{x}\mathrm{d}x>\int_0^1 x^2\mathrm{d}x$.

【答案】>.

♠例 3.2.7

【解】$\int_1^2\left(x+\frac{1}{x}\right)^2\mathrm{d}x=\int_1^2\left(x^2+2+\frac{1}{x^2}\right)\mathrm{d}x=\left(\frac{1}{3}x^3+2x-\frac{1}{x}\right)\Big|_1^2=\frac{8}{3}+4-\frac{1}{2}-\left(\frac{1}{3}+2-1\right)=\frac{29}{6}$.

【答案】$\frac{29}{6}$.

♠例 3.2.8

【解】$\int_0^{\frac{\pi}{2}}\sin^3x\cos x\mathrm{d}x=\int_0^{\frac{\pi}{2}}\sin^3x\mathrm{d}\sin x=\frac{1}{4}\sin^4x\Big|_0^{\frac{\pi}{2}}=\frac{1}{4}$.

【答案】$\frac{1}{4}$.

♠例 3.2.9

【解】令 $u=\sqrt{x}$，则 $dx=2udu$，又因为 $x\in[0,1]$，所以 $u\in[0,1]$，即 $\int_0^1 \frac{1}{1+\sqrt{x}}dx=\int_0^1\frac{1}{1+u}\cdot 2udu=2\int_0^1\frac{u}{1+u}du=2\int_0^1\left(1-\frac{1}{1+u}\right)du=2(u-\ln|1+u|)\big|_0^1=2-2\ln 2$.

【答案】$2-2\ln 2$.

♠例 3.2.10

【解】当 $-1<x<1$ 时，$1-x>0$，有 $|1-x|=1-x$；当 $1<x<2$ 时，$1-x<0$ 有 $|1-x|=x-1$，原式 $=\int_{-1}^1(1-x)dx+\int_1^2(x-1)dx=\left(x-\frac{1}{2}x^2\right)\Big|_{-1}^1+\left(\frac{1}{2}x^2-x\right)\Big|_1^2=\frac{5}{2}$.

【答案】$\frac{5}{2}$.

♠例 3.2.11

【解】$\int_0^{\frac{\pi}{2}}x\sin x dx=-\int_0^{\frac{\pi}{2}}x d x=-x\cos x\big|_0^{\frac{\pi}{2}}+\int_0^{\frac{\pi}{2}}\cos x dx=0+\sin x\big|_0^{\frac{\pi}{2}}=1$.

【答案】1.

♠例 3.2.12

【解】$\int_0^2 f(x)dx=\int_0^1(x+1)dx+\int_1^2\left(\frac{1}{2}x^2\right)dx=\left(\frac{1}{2}x^2+x\right)\Big|_0^1+\frac{1}{6}x^3\Big|_1^2=\frac{1}{2}+1+\frac{8}{6}-\frac{1}{6}=\frac{8}{3}$.

【答案】$\frac{8}{3}$.

♠例 3.2.13

【解】令 $u=x-2$，因为 $x\in[1,3]$，所以 $u\in[-1,1]$，原式 $=\int_1^3 f(x-2)d(x-2)=\int_{-1}^1 f(u)du=\int_{-1}^1 f(x)dx=\int_{-1}^0(x^2+1)dx+\int_0^1 e^x dx=\left(\frac{1}{3}x^3+x\right)\Big|_{-1}^0+e^x\Big|_0^1=\frac{1}{3}+1+e-1=e+\frac{1}{3}$.

【答案】$e+\frac{1}{3}$.

♠例 3.2.14

【解】令 $\int_0^2 f(x)dx=I$，即 $f(x)=x^2-I$，两边同时求积分，$\int_0^2 f(x)dx=\int_0^2(x^2-I)dx=\left(\frac{1}{3}x^3-Ix\right)\Big|_0^2=\frac{8}{3}-2I$，所以有 $I=\frac{8}{3}-2I$，解得 $I=\frac{8}{9}$. 即 $\int_0^2 f(x)dx=\frac{8}{9}$.

【答案】$\frac{8}{9}$.

第三节 变限积分与反常积分

♠例 3.3.1

【解】$\frac{d}{dx}\left[\int_0^x\sqrt{t}\ln(1+t)dt\right]=\sqrt{x}\ln(1+x)$.

【答案】$\sqrt{x}\ln(1+x)$.

♠例 3.3.2

【解】$\frac{\mathrm{d}}{\mathrm{d}x}\int_{\sin x}^{2022}(-\cos t^2)\mathrm{d}t=-[-\cos(\sin^2x)]\cos x=\cos(\sin^2x)\cos x$.

【答案】$\cos(\sin^2x)\cos x$.

♠例 3.3.3

【解】$\lim\limits_{x\to0}\frac{\int_0^x\sin t\mathrm{d}t}{x^2}=\lim\limits_{x\to0}\frac{\sin x}{2x}=\frac{1}{2}$.

【答案】$\frac{1}{2}$.

♠例 3.3.4

【解】$\lim\limits_{x\to0}\frac{\int_0^{x^2}t^{\frac{3}{2}}\mathrm{d}t}{\int_0^x t(t-\sin t)\mathrm{d}t}=\lim\limits_{x\to0}\frac{x^3\cdot2x}{x(x-\sin x)}=\lim\limits_{x\to0}\frac{2x^3}{x-\sin x}=\lim\limits_{x\to0}\frac{6x^2}{1-\cos x}=\lim\limits_{x\to0}\frac{12x}{\sin x}=\lim\limits_{x\to0}\frac{12}{\cos x}$
$=12$.

【答案】12.

♠例 3.3.5

【证明】令 $F(x)=2x-\int_0^x f(t)\mathrm{d}t-1,x\in[0,1]$,因为 $f(x)$ 在 $[0,1]$ 上连续,所以 $F(x)$ 在 $[0,1]$ 上也连续,$F(0)=-1,F(1)=2-\int_0^1 f(t)\mathrm{d}t-1=1-\int_0^1 f(t)\mathrm{d}t$.

因为 $f(x)<1$,所以 $\int_0^1 f(x)\mathrm{d}x<\int_0^1 1\mathrm{d}x=1$,即 $\int_0^1 f(t)\mathrm{d}t<1$,故 $F(1)>0$,所以 $F(0)F(1)<0$.由零点存在定理可知,至少存在一点 $\xi\in(0,1)$,使得 $F(\xi)=0$.

又因为 $F'(x)=2-f(x)>0\ (f(x)<1)$,所以 $F(x)$ 在 $(0,1)$ 上单调递增.

综上可知,方程在 $(0,1)$ 内有且仅有一个实根.

♠例 3.3.6

【解】$\int_1^{+\infty}\frac{1}{x^2(x^2+1)}\mathrm{d}x=\lim\limits_{u\to+\infty}\int_1^u\frac{1}{x^2(x^2+1)}\mathrm{d}x=\lim\limits_{u\to+\infty}\int_1^u\left(\frac{1}{x^2}-\frac{1}{x^2+1}\right)\mathrm{d}x=\lim\limits_{u\to+\infty}\left(-\frac{1}{x}-\arctan x\right)\Big|_1^u=$
$\lim\limits_{u\to+\infty}\left(-\frac{1}{u}-\arctan u+1+\arctan 1\right)=-\frac{\pi}{2}+1+\frac{\pi}{4}=1-\frac{\pi}{4}$.

显然,反常积分 $\int_1^{+\infty}\frac{1}{x^2(x^2+1)}\mathrm{d}x$ 收敛.

【答案】$1-\frac{\pi}{4}$,收敛.

♠例 3.3.7

【解】$\int_1^{+\infty}\frac{1}{x}\mathrm{d}x=\lim\limits_{u\to+\infty}\int_1^u\frac{1}{x}\mathrm{d}x=\lim\limits_{u\to+\infty}\ln|x|\,\Big|_1^u=\lim\limits_{u\to+\infty}\ln u=+\infty$.

【答案】$+\infty$,发散.

♠例 3.3.8

【解】$\int_0^1 \frac{1}{x}dx=\lim\limits_{u\to 0^+}\int_u^1 \frac{1}{x}dx=\lim\limits_{u\to 0^+}\ln|x|\Big|_u^1=\lim\limits_{u\to 0^+}(-\ln u)=+\infty$.

【答案】$+\infty$,发散.

♠例 3.3.9

【解】A 选项,$p=\frac{1}{2}<1$,所以发散；B 选项,$p=\frac{3}{2}>1$,所以收敛；C 选项,$p=1$,所以发散；D 选项 $p=1$,所以发散. 故 B 选项正确.

【答案】B.

♠例 3.3.10

【解】A 选项,被积函数 $\frac{\ln x}{x}=\frac{1}{x(\ln x)^{-1}}$,即 $p=-1<1$,所以发散；B 选项,分子分母同时除以 x,有 $\frac{x}{x^2+1}=\frac{1}{x+\frac{1}{x}}$,即 $p=1$,所以发散；C 选项为瑕积分,$p=1$,所以收敛；D 选项,$\int_1^{+\infty}\cos x dx$
$=\lim\limits_{u\to+\infty}\int_1^u \cos x dx=\lim\limits_{u\to+\infty}\sin x\Big|_1^u=\lim\limits_{u\to+\infty}(\sin u-\sin 1)$ 该极限不存在,所以发散. 故 C 选项正确.

【答案】C.

♠例 3.3.11

【解】当 $k=0$ 时,有 $\int_{-\infty}^0 e^{-kx}dx=\int_{-\infty}^0 dx$ 发散.

又 $\lim\limits_{u\to-\infty}\int_u^0 e^{-kx}dx=\lim\limits_{u\to-\infty}\left(-\frac{1}{k}e^{-kx}\right)\Big|_u^0=\lim\limits_{u\to-\infty}\left(-\frac{1}{k}+\frac{1}{k}e^{-ku}\right)$.

当 $k>0$ 时,$\lim\limits_{u\to-\infty}(-ku)=+\infty$,即 $\lim\limits_{u\to-\infty}e^{-ku}=+\infty$,所以 $\int_{-\infty}^0 e^{-kx}dx=\infty$,发散.

当 $k<0$ 时,$\lim\limits_{u\to-\infty}(-ku)=-\infty$,即 $\lim\limits_{u\to-\infty}e^{-ku}=0$,所以 $\int_{-\infty}^0 e^{-kx}dx=-\frac{1}{k}$,收敛.

综上所述,当 $k\geqslant 0$ 时,$\int_{-\infty}^0 e^{-kx}dx$ 发散,当 $k<0$ 时,$\int_{-\infty}^0 e^{-kx}dx$ 收敛.

【答案】当 $k\geqslant 0$ 时发散,当 $k<0$ 时收敛.

第四节 定积分的换元法和分部积分法

♠例 3.4.1

【解】令 $x=a\sin t$,$dx=a\cos t dt$;当 $x=0$ 时,$t=0$,当 $x=a$ 时,$t=\frac{\pi}{2}$.

$I=a^2\int_0^{\frac{\pi}{2}}\cos^2 t dt=\frac{a^2}{2}\int_0^{\frac{\pi}{2}}(1+\cos 2t)dt=\frac{a^2}{2}\left(t+\frac{1}{2}\sin 2t\right)\Big|_0^{\frac{\pi}{2}}=\frac{\pi a^2}{4}$.

【答案】$\frac{\pi a^2}{4}$.

♠例 3.4.2

【解】方法一：$I=-\int_0^{\frac{\pi}{2}}\cos^5 x\mathrm{d}(\cos x)$.

令 $\cos x=t$，当 $x=0$ 时，$t=1$，当 $x=\frac{\pi}{2}$ 时，$t=0$.

$I=-\int_1^0 t^5\mathrm{d}t=\int_0^1 t^5\mathrm{d}t=\frac{t^3}{6}\Big|_0^1=\frac{1}{6}$.

方法二：$I=-\int_0^{\frac{\pi}{2}}\cos^5 x\mathrm{d}(\cos x)=-\frac{\cos^5 x}{6}\Big|_0^{\frac{\pi}{2}}=-\left(0-\frac{1}{6}\right)=\frac{1}{6}$.

【答案】$\frac{1}{6}$.

♠例 3.4.3

【解】由于 $\sqrt{\sin^3 x-\sin^5 x}=\sqrt{\sin^3 x(1-\sin^2 x)}=\sin^{\frac{3}{2}}x\cdot|\cos x|$，在 $\left[0,\frac{\pi}{2}\right]$ 上 $|\cos x|=\cos x$，在 $\left[\frac{\pi}{2},\pi\right]$ 上，$|\cos x|=-\cos x$. 所以，

$$I=\int_0^{\frac{\pi}{2}}\sin^{\frac{3}{2}}x\cos x\mathrm{d}x+\int_{\frac{\pi}{2}}^{\pi}\sin^{\frac{3}{2}}\times(-\cos x)\mathrm{d}x$$

$$=\int_0^{\frac{\pi}{2}}\sin^{\frac{3}{2}}x\mathrm{d}(\sin x)-\int_{\frac{\pi}{2}}^{\pi}\sin^{\frac{3}{2}}x\mathrm{d}(\sin x)$$

$$=\left(\frac{2}{5}\sin^{\frac{5}{2}}x\right)\Big|_0^{\frac{\pi}{2}}-\left(\frac{2}{5}\sin^{\frac{5}{2}}x\right)\Big|_{\frac{\pi}{2}}^{\pi}=\frac{2}{5}-\left(-\frac{2}{5}\right)=\frac{4}{5}.$$

【答案】$\frac{4}{5}$.

♠例 3.4.4

【解】令 $\sqrt{2x+1}=t$，则 $x=\frac{t^2-1}{2}$，$\mathrm{d}x=t\mathrm{d}t$；当 $x=0$ 时，$t=1$；当 $x=4$ 时，$t=3$.

$$I=\int_1^3\frac{\frac{t^2-1}{2}+2}{t}t\mathrm{d}t=\frac{1}{2}\int_1^3(t^2+3)\mathrm{d}t=\frac{1}{2}\left(\frac{t^3}{3}+3t\right)\Big|_1^3=\frac{22}{3}.$$

【答案】$\frac{22}{3}$.

♠例 3.4.5

【解】令 $u=x-t$，$\mathrm{d}u=-\mathrm{d}t$；$t=0$ 时，$u=x$，$t=x$ 时，$u=0$.

$\Phi(x)=\int_x^0 f(u)\mathrm{d}(-u)=-\int_x^0 f(u)\mathrm{d}u=\int_0^x f(u)\mathrm{d}u$.

故 $\Phi'(x)=f(x)$.

【答案】$\Phi'(x)=f(x)$.

♠例 3.4.6

【解】令 $x+t=u$，则 $t=u-x$，$\mathrm{d}t=\mathrm{d}u$. 当 $t=1$ 时，$u=x+1$，当 $t=2$ 时，$u=x+2$.

$\Phi(x)=\int_{x+1}^{x+2} f(u)\mathrm{d}u$,故 $\Phi'(x)=f(x+2)-f(x+1)$.

【答案】$\Phi'(x)=f(x+2)-f(x+1)$.

♠例 3.4.7

【解】$I=(x\arcsin x)\Big|_0^{\frac{1}{2}}-\int_0^{\frac{1}{2}}\frac{x}{\sqrt{1-x^2}}\mathrm{d}x=\frac{\pi}{12}+(\sqrt{1-x^2})\Big|_0^{\frac{1}{2}}=\frac{\pi}{12}+\frac{\sqrt{3}}{2}-1.$

【答案】$\frac{\pi}{12}+\frac{\sqrt{3}}{2}-1$.

♠例 3.4.8

【解】设 $t=\sqrt{x}$,$x=t^2$,$\mathrm{d}x=2t\mathrm{d}t$;

当 $x=0$ 时,$t=0$;当 $x=1$ 时,$t=1$.

故 $I=\int_0^1 \mathrm{e}^t\cdot 2t\mathrm{d}t=2\int_0^1 t\mathrm{d}(\mathrm{e}^t)=2\left[(t\mathrm{e}^t)\Big|_0^1-\int_0^1\mathrm{e}^t\mathrm{d}t\right]$

$=2[(t\mathrm{e}^t)|_0^1-\mathrm{e}^t|_0^1]=2$.

【答案】2.

♠例 3.4.9

【解】$I=\frac{1}{2}\int_1^{\mathrm{e}}\ln x\mathrm{d}(x^2)=\frac{1}{2}\left[(x^2\ln x)\Big|_1^{\mathrm{e}}-\int_1^{\mathrm{e}}x\mathrm{d}x\right]$

$=\frac{1}{2}\left(\mathrm{e}^2-\frac{1}{2}x^2\Big|_1^{\mathrm{e}}\right)=\frac{1}{4}(\mathrm{e}^2+1).$

【答案】$\frac{1}{4}(\mathrm{e}^2+1)$.

♠例 3.4.10

【解】$I=-\int_{\frac{1}{\mathrm{e}}}^1\ln x\mathrm{d}x+\int_1^{\mathrm{e}}\ln x\mathrm{d}x$

$=(-x\ln)x\Big|_{\frac{1}{\mathrm{e}}}^1+\int_{\frac{1}{\mathrm{e}}}^1 1\mathrm{d}x+(x\ln x)\Big|_1^{\mathrm{e}}-\int_1^{\mathrm{e}}1\mathrm{d}x$

$=2-\frac{2}{\mathrm{e}}$.

【答案】$2-\frac{2}{\mathrm{e}}$.

♠例 3.4.11

【解】由于被积函数 $x^4\sin x$ 是奇函数,故 $\int_{-\pi}^{\pi}x^4\sin x\mathrm{d}x=0$.

【答案】0.

♠例 3.4.12

【解】$I=\int_{-\frac{1}{2}}^{\frac{1}{2}}\frac{x^3}{\sqrt{1-x^2}}\mathrm{d}x+\int_{-\frac{1}{2}}^{\frac{1}{2}}\frac{1}{\sqrt{1-x^2}}\mathrm{d}x$

由于$\frac{x^3}{\sqrt{1-x^2}}$是奇函数,$\frac{1}{\sqrt{1-x^2}}$是偶函数,则

$$I=2\int_0^{\frac{1}{2}}\frac{1}{\sqrt{1-x^2}}\mathrm{d}x=2\arcsin x\Big|_0^{\frac{1}{2}}=\frac{\pi}{3}.$$

【答案】$\frac{\pi}{3}$.

♠例 3.4.13

【证明】(1) 记 $\Phi(a)=\int_a^{a+T}f(x)\mathrm{d}x$,则 $\Phi'(a)=f(a+T)-f(a)$,

可知 $\Phi(a)$ 与 a 无关,因此 $\Phi(a)=\Phi(0)$,即

$$\int_a^{a+T}f(x)\mathrm{d}x=\int_0^T f(x)\mathrm{d}x.$$

(2) $\int_a^{a+nT}f(x)\mathrm{d}x=\int_a^{a+T}f(x)\mathrm{d}x+\int_{a+T}^{a+2T}f(x)\mathrm{d}x+\cdots+\int_{a+(n-1)T}^{a+nT}f(x)\mathrm{d}x=\sum_{k=0}^{n-1}\int_{a+kT}^{a+kT+T}f(x)\mathrm{d}x.$

由(1)知 $\int_{a+kT}^{a+kT+T}f(x)\mathrm{d}x=\int_0^T f(x)\mathrm{d}x.$

因此,$\int_a^{a+nT}f(x)\mathrm{d}x=n\int_0^T f(x)\mathrm{d}x.$

♠例 3.4.14

【解】$I=\int_0^{2\,024\pi}|\sin x|\mathrm{d}x=2\,024\int_0^{\pi}\sin x\mathrm{d}x=2\,024\cdot(-\cos x)\Big|_0^{\pi}=4\,048.$

【答案】4 048.

♠例 3.4.15

【解】$I=\pi\int_0^{\frac{\pi}{2}}\sin^2x(1-\sin^2x)\mathrm{d}x=\pi\left(\int_0^{\frac{\pi}{2}}\sin^2x\mathrm{d}x-\int_0^{\frac{\pi}{2}}\sin^4x\mathrm{d}x\right)$

$$=\pi\left(\frac{1}{2}\times\frac{\pi}{2}-\frac{3}{4}\times\frac{1}{2}\times\frac{\pi}{2}\right)=\frac{\pi^2}{16}.$$

【答案】$\frac{\pi^2}{16}$.

♠例 3.4.16

【解】$I=2\int_0^{\pi}\sin^4x\mathrm{d}x=4\int_0^{\frac{\pi}{2}}\sin^4x\mathrm{d}x=4\times\frac{3}{4}\times\frac{1}{2}\times\frac{\pi}{2}=\frac{3}{4}\pi.$

【答案】$\frac{3}{4}\pi$.

♠例 3.4.17

【解】$I=\int_{-\frac{\pi}{2}}^{\frac{\pi}{2}}\sin^2x\mathrm{d}x=2\int_0^{\frac{\pi}{2}}\sin^2x\mathrm{d}x=2\times\frac{1}{2}\times\frac{\pi}{2}=\frac{\pi}{2}.$

【答案】$\frac{\pi}{2}$.

♠例 3.4.18

【解】$I=\int_0^{3\pi}\sqrt{\cos^2x}\,\mathrm{d}x=\int_0^{3\pi}|\cos x|\mathrm{d}x$

$$=3\int_0^{\pi}|\cos x|\mathrm{d}x=6\int_0^{\frac{\pi}{2}}\cos x\mathrm{d}x$$

$$=6\sin x\Big|_0^{\frac{\pi}{2}}=6.$$

【答案】6.

♠例 3.4.19

【解】$I=\int_0^{2\pi}\sqrt{(\sin x-\cos x)^2}\,\mathrm{d}x=\int_0^{2\pi}|\sin x-\cos x|\,\mathrm{d}x$

$$=2\int_0^{\pi}|\sin x-\cos x|\,\mathrm{d}x=2\sqrt{2}\int_0^{\pi}\left|\sin\left(x-\frac{\pi}{4}\right)\right|\mathrm{d}x$$

$$=2\sqrt{2}\left[-\int_0^{\frac{\pi}{4}}\sin\left(x-\frac{\pi}{4}\right)\mathrm{d}x+\int_{\frac{\pi}{4}}^{\pi}\sin\left(x-\frac{\pi}{4}\right)\mathrm{d}x\right]$$

$$=2\sqrt{2}\left[\cos\left(x-\frac{\pi}{4}\right)\Big|_0^{\frac{\pi}{4}}-\cos\left(x-\frac{\pi}{4}\right)\Big|_{\frac{\pi}{4}}^{\pi}\right]=4\sqrt{2}.$$

【答案】$4\sqrt{2}$.

♠例 3.4.20

【解】$I=\int_{-1}^{1}x\cos^3x\,\mathrm{d}x+\int_{-1}^{1}\sqrt{1-x^2}\,\mathrm{d}x=2\int_0^1\sqrt{1-x^2}\,\mathrm{d}x=\frac{\pi}{2}.$

【答案】$\frac{\pi}{2}$.

♠例 3.4.21

【解】$I=\int_{-\frac{\pi}{2}}^{\frac{\pi}{2}}\ln(x+\sqrt{1+x^2})\cdot\cos x\,\mathrm{d}x+\int_{-\frac{\pi}{2}}^{\frac{\pi}{2}}\sin^2x\cdot\cos x\,\mathrm{d}x$

$$=2\int_0^{\frac{\pi}{2}}\sin^2x\cdot\cos x\,\mathrm{d}x=2\int_0^{\frac{\pi}{2}}\sin^2x\,\mathrm{d}(\sin x)=\frac{2}{3}.$$

【答案】$\frac{2}{3}$.

♠例 3.4.22

【解】$I=\int_0^{\frac{\pi}{2}}\left[\frac{\sin^4x}{1+\mathrm{e}^x}+\frac{\sin^4(-x)}{1+\mathrm{e}^{-x}}\right]\mathrm{d}x=\int_0^{\frac{\pi}{2}}\left[\frac{\sin^4x}{1+\mathrm{e}^x}+\frac{\mathrm{e}^x\sin^4x}{1+\mathrm{e}^x}\right]\mathrm{d}x$

$$=\int_0^{\frac{\pi}{2}}\sin^4x\,\mathrm{d}x=\frac{3}{4}\cdot\frac{1}{2}\cdot\frac{\pi}{2}=\frac{3}{16}\pi.$$

【答案】$\frac{3}{16}\pi$.

第五节 定积分的应用

♠例 3.5.1

【解】如下图所示，所围封闭图形可表示为 $\begin{cases}1\leqslant x\leqslant 1,\\ x\leqslant y\leqslant 2x.\end{cases}$ 所以 $S_D=\int_0^1(2x-x)\,\mathrm{d}x=\int_0^1x\,\mathrm{d}x=\frac{1}{2}x^2\Big|_0^1=\frac{1}{2}.$

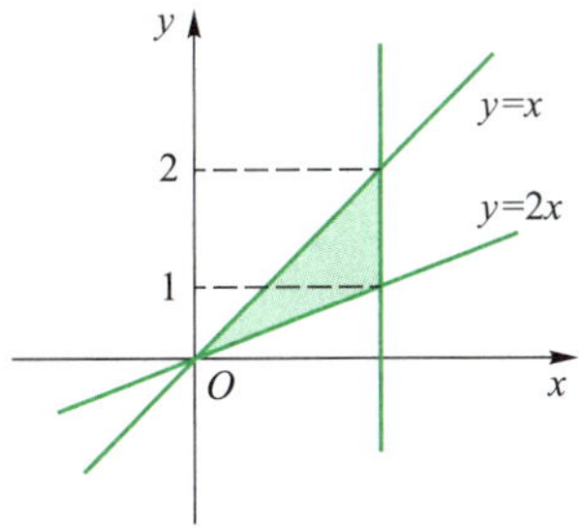

【答案】$\frac{1}{2}$.

♠例 3.5.2

【解】如下图所示,所围封闭图形可表示为 $\begin{cases}-1\leqslant x\leqslant 1,\\0\leqslant y\leqslant -x^2+1.\end{cases}$ 所以 $S_D=\int_{-1}^{1}(-x^2+1)\,dx=2\int_0^1(-x^2+1)\,dx=2\left(-\frac{1}{3}x^3+x\right)\Big|_0^1=2\left(\frac{2}{3}-0\right)=\frac{4}{3}$.

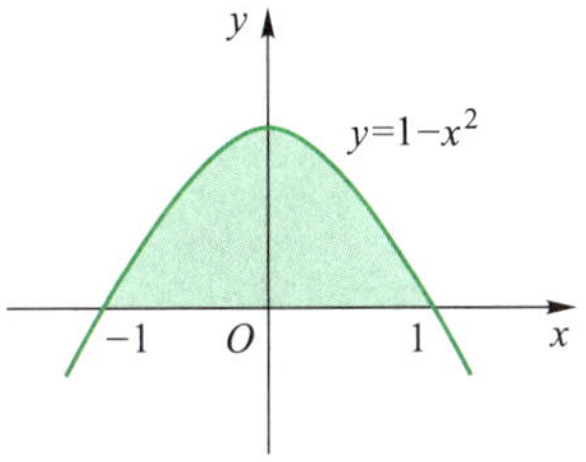

【答案】$\frac{4}{3}$.

♠例 3.5.3

【解】联立方程 $\begin{cases}y^2=2x,\\y=x-4.\end{cases}$ 解得 $x_1=2,x_2=8$,即 $y_1=-2,y_2=4$. 如下图所示,封闭区域是 Y 型,则有 $S_D=\int_{-2}^{4}\left(y+4-\frac{1}{2}y^2\right)dy=\left(\frac{1}{2}y^2+4y-\frac{1}{6}y^3\right)\Big|_{-2}^{4}=\left(8+16-\frac{64}{6}\right)-\left(2-8+\frac{8}{6}\right)=18$.

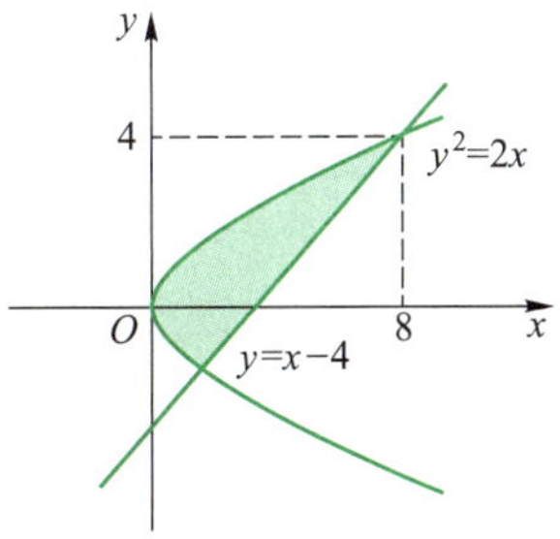

【答案】18.

♠例 3.5.4

【解】如下图所示,$y=\frac{1}{x}$ 在 $[1,e]$ 上所围图形绕 x 轴旋转一周,旋转体体积为 $V_x=\pi\int_1^e\left(\frac{1}{x}\right)^2dx=\pi\int_1^e\frac{1}{x^2}dx=\pi\left(-\frac{1}{x}\right)\Big|_1^e=\pi\left(1-\frac{1}{e}\right)$.

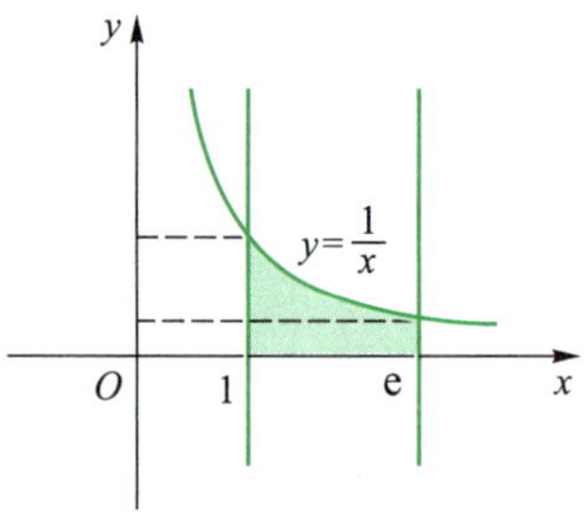

【答案】$\pi\left(1-\frac{1}{\mathrm{e}}\right)$.

♠例 3.5.5

【解】如下图所示，封闭图形为 Y 型，则有 $x=\ln y$，其在 $y\in[1,\mathrm{e}]$ 上所围封闭图形绕 y 轴旋转一周，所成旋转体体积为 $V_y=\pi\int_1^{\mathrm{e}}\ln^2 y\mathrm{d}y=\pi y\ln^2 y\big|_1^{\mathrm{e}}-\pi\int_1^{\mathrm{e}}y\,\mathrm{d}(\ln^2 y)=\pi\mathrm{e}-\pi\int_1^{\mathrm{e}}y\cdot 2\ln y\cdot\frac{1}{y}\mathrm{d}y=\pi\mathrm{e}-2\pi\int_1^{\mathrm{e}}\ln y\mathrm{d}y=\pi\mathrm{e}-2\pi\left[(y\ln y)\big|_1^{\mathrm{e}}-\int_1^{\mathrm{e}}y\mathrm{d}(\ln y)\right]=\pi\mathrm{e}-2\pi\left(\mathrm{e}-\int_1^{\mathrm{e}}\mathrm{d}y\right)=\pi\mathrm{e}-2\pi(\mathrm{e}-\mathrm{e}+1)=\pi(\mathrm{e}-2)$.

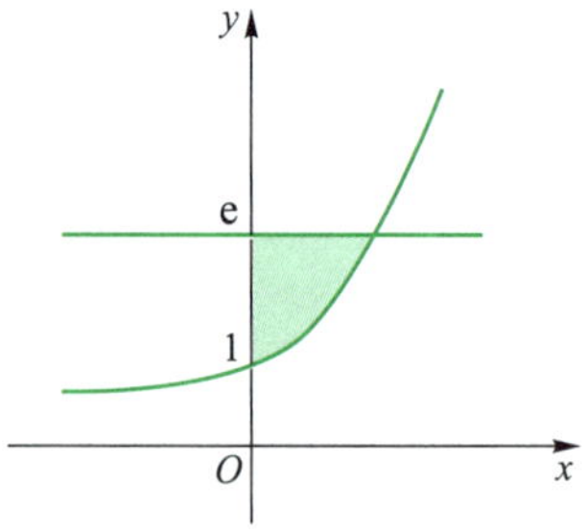

【答案】$\pi(\mathrm{e}-2)$.

♠例 3.5.6

【解】如下图所示，封闭图形可分为两部分，$x=\sqrt[3]{y}$ 在 $y\in[0,1]$ 上的图像绕 y 轴旋转一周，和 $x=-y+2$ 在 $y\in[1,2]$ 上的图像绕 y 轴旋转一周，所成旋转体体积之和便为所求. 即 $V_y=\pi\int_0^1(\sqrt[3]{y})^2\mathrm{d}y+\pi\int_1^2(2-y)^2\mathrm{d}y=\pi\int_0^1(y)^{\frac{2}{3}}\mathrm{d}y+\pi\int_1^2(4-4y+y^2)\mathrm{d}y=\frac{3}{5}\pi y^{\frac{3}{5}}\Big|_0^1+\pi\left(4y-2y^2+\frac{1}{3}y^3\right)\Big|_1^2=\frac{3}{5}\pi+\pi\left(\frac{8}{3}-\frac{7}{3}\right)=\frac{3\pi}{5}+\frac{\pi}{3}=\frac{14\pi}{15}$.

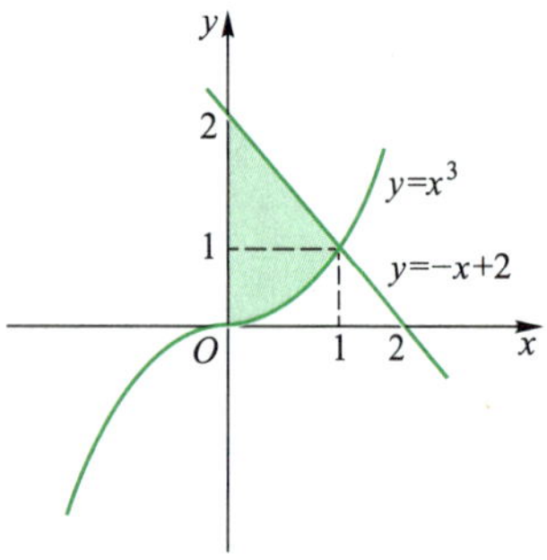

【答案】$\dfrac{14\pi}{15}$.

♠例 3.5.7

【解】如下图所示,(1) 封闭图形是 Y 型,则有 $0\leqslant y\leqslant 1$,所以有 $S_D=\int_0^1(2-y-\sqrt{y})\mathrm{d}y=\left(2y-\dfrac{1}{2}y^2-\dfrac{2}{3}y^{\frac{3}{2}}\right)\Bigg|_0^1=2-\dfrac{1}{2}-\dfrac{2}{3}=\dfrac{5}{6}$.

(2) 封闭图形可分为两部分,由 $y=x^2$ 在 $x\in[0,1]$ 上所围封闭图形和 $y=-x+2$ 在 $x\in[1,2]$ 上所围封闭图形,绕 x 轴旋转一周所得旋转体体积即 $V_x=\pi\int_0^1(x^2)^2\mathrm{d}x+\pi\int_1^2(2-x)^2\mathrm{d}x=\pi\int_0^1(x^2)^2\mathrm{d}x+\pi\int_1^2(4-4x+x^2)\mathrm{d}x=\pi\dfrac{1}{5}x^5\Big|_0^1+\pi\left(4x-2x^2+\dfrac{1}{3}x^3\right)\Bigg|_1^2=\dfrac{\pi}{5}+\dfrac{\pi}{3}=\dfrac{8}{15}\pi$.

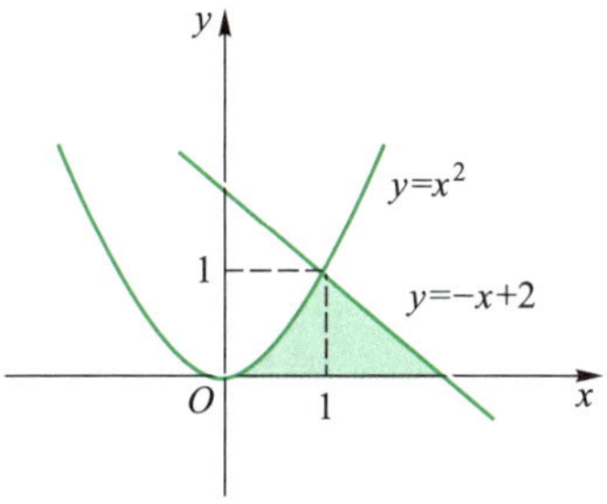

【答案】$S_D=\dfrac{5}{6}$; $V_x=\dfrac{8}{15}\pi$.

第四章 无穷级数

第一节 数项级数

♠例 4.1.1

【解】级数的和为其前 n 项和的极限,即 $S_n=\left(\dfrac{1}{u_1}-\dfrac{1}{u_2}\right)+\left(\dfrac{1}{u_2}-\dfrac{1}{u_3}\right)+\cdots+\left(\dfrac{1}{u_n}-\dfrac{1}{u_{n+1}}\right)=\dfrac{1}{u_1}-\dfrac{1}{u_{n+1}}$,因为 $\sum\dfrac{1}{u_n}$ 收敛,所以 $\lim\limits_{n\to\infty}\dfrac{1}{u_{n+1}}=0$,则 $S=\lim\limits_{n\to\infty}S_n=\dfrac{1}{u_1}$.

【答案】$\dfrac{1}{u_1}$.

♠例 4.1.2

【解】 $\sum\limits_{n=0}^{\infty}2^n3^{1-n}=\sum\limits_{n=0}^{\infty}\dfrac{2^n}{3^{n-1}}=\sum\limits_{n=0}^{\infty}\dfrac{2^n}{3^n\cdot 3^{-1}}=3\sum\limits_{n=0}^{\infty}\left(\dfrac{2}{3}\right)^n$,其前 n 项和为 $S_n=3\left[1+\dfrac{2}{3}+\left(\dfrac{2}{3}\right)^2+\cdots+\left(\dfrac{2}{3}\right)^{n-1}\right]=3\cdot\dfrac{1\cdot\left[1-\left(\dfrac{2}{3}\right)^n\right]}{1-\dfrac{2}{3}}=9\left[1-\left(\dfrac{2}{3}\right)^n\right]$. 即 $S=$

$\lim\limits_{n\to\infty}9\left[1-\left(\frac{2}{3}\right)^{n}\right]=9.$

【答案】 9.

♠例 4.1.3

【解】 由题可知级数 $(u_1+u_2)+(u_3+u_4)+\cdots+(u_{2n-1}+u_{2n})+\cdots$ 收敛，由级数性质可知，两两加括号后级数收敛，则原级数可能收敛，也可能发散. 所以 C 选项正确.

【答案】 C.

♠例 4.1.4

【解】 A 选项，令 $a_n=\frac{1}{n},b_n=-\frac{1}{n}$ 满足题干条件，但 $\sum\limits_{n=1}^{\infty}(a_n+b_n)=\sum\limits_{n=1}^{\infty}0=0$ 收敛，故 A 选项错误；B 选项，令 $a_n=\frac{1}{\sqrt{n}}=b_n$ 满足题干条件，但 $\sum\limits_{n=1}^{\infty}(a_nb_n)=\sum\limits_{n=1}^{\infty}\frac{1}{n}$ 发散，故 B 选项错误；C 选项，因为 $|a_n|+|b_n|\geqslant a_n$，且 $\sum\limits_{n=1}^{\infty}a_n$ 发散，由比较审敛法可知，$\sum\limits_{n=1}^{\infty}(|a_n|+|b_n|)$ 必发散，故 C 选项正确；D 选项，令 $a_n=\frac{1}{n},b_n=-\frac{1}{n}$ 满足题干条件，但 $\sum\limits_{n=1}^{\infty}(a_n^2+b_n^2)=\sum\limits_{n=1}^{\infty}\frac{2}{n^2}$ 收敛，故 D 选项错误.

【答案】 C.

♠例 4.1.5

【解】 由题可知 $u_n=\frac{1}{10n-1}\geqslant\frac{1}{10n}$，因为 $\sum\limits_{n=1}^{\infty}\frac{1}{n}$ 发散，所以 $\frac{1}{10}\sum\limits_{n=1}^{\infty}\frac{1}{n}=\sum\limits_{n=1}^{\infty}\frac{1}{10n}$ 发散，由比较审敛法可知，级数 $\sum\limits_{n=1}^{\infty}\frac{1}{10n-1}$ 发散.

【答案】 发散.

♠例 4.1.6

【解】 当 $n\geqslant2$ 时，由题可知 $u_n=\frac{1}{n^2-n+1}\leqslant\frac{1}{n^2-n}=\frac{1}{n(n-1)}\leqslant\frac{1}{(n-1)^2}$，因为正项级数 $\sum\limits_{n=1}^{\infty}\frac{1}{(n-1)^2}$ 收敛，则由比较审敛法可知，级数 $\sum\limits_{n=2}^{\infty}\frac{1}{n^2-n+1}$ 收敛，故由级数的性质可知 $\sum\limits_{n=1}^{\infty}\frac{1}{n^2-n+1}$ 收敛.

【答案】 收敛.

♠例 4.1.7

【解】 由题可知 $u_n=\frac{1}{\sqrt{n(n+1)}}\geqslant\frac{1}{\sqrt{(n+1)^2}}=\frac{1}{n+1}$，因为 $\sum\limits_{n=1}^{\infty}\frac{1}{n}$ 发散，所以 $\sum\limits_{n=1}^{\infty}\frac{1}{n+1}$ 发散，由比较审敛法可知级数 $\sum\limits_{n=1}^{\infty}\frac{1}{\sqrt{n(n+1)}}$ 发散.

【答案】 发散.

♠例 4.1.8

【解】由极限 $\lim\limits_{n\to\infty}\dfrac{\sin\dfrac{1}{n}}{\dfrac{1}{n}}=1$，所以级数 $\sum\limits_{n=1}^{\infty}\sin\dfrac{1}{n}$ 与 $\sum\limits_{n=1}^{\infty}\dfrac{1}{n}$ 同敛散，故级数 $\sum\limits_{n=1}^{\infty}\sin\dfrac{1}{n}$ 发散.

【答案】发散.

♠例 4.1.9

【解】由极限 $\lim\limits_{n\to\infty}\dfrac{\dfrac{1}{2^n-n}}{\dfrac{1}{2^n}}=\lim\limits_{n\to\infty}\dfrac{2^n}{2^2-n}=1$，故级数 $\sum\limits_{n=1}^{\infty}\dfrac{1}{2^n-n}$ 与 $\sum\limits_{n=1}^{\infty}\dfrac{1}{2^n}$ 同敛散. 又因为 $\sum\limits_{n=1}^{\infty}\dfrac{1}{2^n}$ 为等比级数，公比 $q=\dfrac{1}{2}<1$，所以其收敛，故级数 $\sum\limits_{n=1}^{\infty}\dfrac{1}{2^n-n}$ 收敛.

【答案】收敛.

♠例 4.1.10

【解】由极限 $\lim\limits_{n\to\infty}\dfrac{u_{n+1}}{u_n}=\lim\limits_{n\to\infty}\dfrac{n!}{(n+1)!}=\lim\limits_{n\to\infty}\dfrac{1}{n+1}=0<1$，由比值审敛法可知，该级数收敛.

【答案】收敛.

♠例 4.1.11

【解】由极限 $\lim\limits_{n\to\infty}\dfrac{u_{n+1}}{u_n}=\lim\limits_{n\to\infty}\dfrac{\dfrac{3^{n+1}}{(n+1)^2 2^{n+1}}}{\dfrac{3^n}{n^2 2^n}}=\lim\limits_{n\to\infty}\dfrac{3^{n+1}}{(n+1)^2 2^{n+1}}\cdot\dfrac{n^2 2^n}{3^n}=\lim\limits_{n\to\infty}\dfrac{3}{2}\cdot\left(\dfrac{n}{n+1}\right)^2=\dfrac{3}{2}>1$.

由比值审敛法可知，该级数发散.

【答案】发散.

♠例 4.1.12

【解】由极限 $\lim\limits_{n\to\infty}\dfrac{u_{n+1}}{u_n}=\lim\limits_{n\to\infty}\dfrac{(n+1)!}{(n+1)^{n+1}}\cdot\dfrac{n^n}{n!}=\lim\limits_{n\to\infty}\left(\dfrac{n}{n+1}\right)^n=\lim\limits_{n\to\infty}\left(1-\dfrac{1}{n+1}\right)^n=\lim\limits_{n\to\infty}\left(1-\dfrac{1}{n+1}\right)^{n+1}\cdot\left(1-\dfrac{1}{n+1}\right)^{-1}=e^{-1}<1$. 由比值审敛法可知，该级数收敛.

【答案】收敛.

♠例 4.1.13

【解】由极限 $\lim\limits_{n\to\infty}\dfrac{u_{n+1}}{u_n}=\lim\limits_{n\to\infty}\dfrac{[(n+1)!]^2}{[2(n+1)]!}\cdot\dfrac{(2n)!}{(n!)^2}=\lim\limits_{n\to\infty}\dfrac{(n+1)^2(n!)^2}{(2n+2)(2n+1)(2n)!}\cdot\dfrac{(2n)!}{(n!)^2}=\lim\limits_{n\to\infty}\dfrac{n^2}{(2n+2)(2n+1)}=\dfrac{1}{4}<1$. 由比值审敛法可知，该级数收敛.

【答案】收敛.

♠例 4.1.14

【解】由极限 $\lim\limits_{n\to\infty}\sqrt[n]{u_n}=\lim\limits_{n\to\infty}\sqrt[n]{\left(\dfrac{n^2}{2+\dfrac{1}{n}}\right)^n}=\lim\limits_{n\to\infty}\dfrac{n^{\frac{2}{n}}}{2+\dfrac{1}{n}}$. 计算 $\lim\limits_{n\to\infty}n^{\frac{2}{n}}=e^{\lim\limits_{n\to\infty}\frac{2\ln n}{n}}=e^{\lim\limits_{n\to\infty}\frac{2}{n}}=e^0=1$.

故 $\lim\limits_{n\to\infty}\sqrt[n]{u_n}=\dfrac{1}{2}<1$. 由根值审敛法可知,该级数收敛.

【答案】收敛.

♠例 4.1.15

【解】选项 A,B,C 可利用 p 级数的性质. A 选项,$p=1$,所以发散;B 选项,$p=1$,所以发散;C 选项,$p=2>1$,所以收敛;D 选项,$\lim\limits_{n\to\infty}\dfrac{2n-3}{1000n}=\dfrac{1}{500}\neq 0$,所以发散. 故 C 选项正确.

【答案】C.

♠例 4.1.16

【解】由题可知 (1) $\lim\limits_{n\to\infty}\dfrac{1}{n}=0$,(2) $u_n=\dfrac{1}{n}>\dfrac{1}{n+1}=u_{n+1}$,满足莱布尼茨审敛法条件,所以该级数收敛.

【答案】收敛.

♠例 4.1.17

【解】当 $0<a<1$ 时,有 $\lim\limits_{n\to\infty}a^n=0$,所以 $\lim\limits_{n\to\infty}\dfrac{1}{1+a^n}=1\neq 0$,即原级数发散.

当 $a=1$ 时,有 $\lim\limits_{n\to\infty}a^n=1$,所以 $\lim\limits_{n\to\infty}\dfrac{1}{1+a^n}=\dfrac{1}{2}\neq 0$,即原级数发散.

当 $a>1$ 时,有 $\lim\limits_{n\to\infty}a^n=+\infty$,所以 (1) $\lim\limits_{n\to\infty}\dfrac{1}{1+a^n}=0$,(2) $u_n=\dfrac{1}{1+a^n}>\dfrac{1}{1+a^{n+1}}=u_{n+1}$,满足莱布尼茨条件,故原级数收敛.

综上所述,当 $0<a\leqslant 1$ 时,级数发散,当 $a>1$ 时,级数收敛.

【答案】当 $0<a\leqslant 1$ 时,级数发散,当 $a>1$ 时,级数收敛.

♠例 4.1.18

【解】(1) 有 $\dfrac{u_{n+1}}{u_n}=\dfrac{n+1}{n+2}\cdot\dfrac{n+1}{n}=\dfrac{n^2+2n+1}{n^2+2n}>1$,所以 $u_{n+1}>u_n$不满足莱布尼茨审敛法条件,所以该级数发散.

(2) 其对应的正项级数为 $\sum\limits_{n=1}^{\infty}\dfrac{1}{\sqrt[3]{n^2}}$,其中 $p=\dfrac{2}{3}<1$,所以该正项级数发散. 又因为 $\lim\limits_{n\to\infty}\dfrac{1}{\sqrt[3]{n^2}}=0$,且 $u_n=\dfrac{1}{\sqrt[3]{n^2}}>\dfrac{1}{\sqrt[3]{(n+1)^2}}=u_{n+1}$满足莱布尼茨审敛法条件,原级数收敛. 故级数 $\sum\limits_{n=1}^{\infty}(-1)^n\dfrac{1}{\sqrt[3]{n^2}}$ 条件收敛.

(3) 其对应的正项级数为 $\sum\limits_{n=1}^{\infty}\dfrac{1}{n(n+1)}$,其中 $p=2>1$,所以该正项级数收敛,所以级数

$\sum_{n=1}^{\infty}\frac{(-1)^n}{n(n+1)}$ 绝对收敛.

【答案】(1)发散；(2)条件收敛；(3)绝对收敛.

♠例 4.1.19

【解】$\sum_{n=1}^{\infty}(-1)^{n-1}\frac{\ln n}{n}$ 的正项级数为 $\sum_{n=1}^{\infty}\frac{\ln n}{n}=\sum_{n=1}^{\infty}\frac{1}{n(\ln n)^{-1}}$,有 $p=-1<1$,所以该正项级数发散.

对于交错级数,有 (1) $\lim\limits_{n\to\infty}\frac{\ln n}{n}=\lim\limits_{n\to\infty}\frac{1}{n}=0$

(2) 令 $f(x)=\frac{\ln x}{x}$,有 $f'(x)=\frac{1-\ln x}{x^2}$,则当 $x>\mathrm{e}$ 时,有 $f'(x)<0$,所以 $f(x)$ 在 $[\mathrm{e},+\infty)$ 上单调递减,故当 $n\geqslant 3$ 时,$f(n)>f(n+1)$,即 $\frac{\ln n}{n}>\frac{\ln(n+1)}{n+1}$,故 $u_n>u_{n+1}(n\geqslant 3)$,且 $\lim\limits_{n\to\infty}u_n=\lim\limits_{n\to\infty}\frac{\ln n}{n}=0$,所以由莱布尼茨审敛法可知 $\sum_{n=3}^{\infty}(-1)^{n-1}\frac{\ln n}{n}$ 收敛,则原级数 $\sum_{n=1}^{\infty}(-1)^{n-1}\frac{\ln n}{n}$ 条件收敛.

【答案】条件收敛.

第二节　幂级数

♠例 4.2.1

【解】级数 $\sum_{n=0}^{\infty}a_nx^n$ 在 $x=4$ 处收敛,由阿贝尔定理可知其在 $(-4,4)$ 内绝对收敛. 则该级数在 $x=1$ 处绝对收敛. 故 C 选项正确.

【答案】C.

♠例 4.2.2

【解】由极限 $\lim\limits_{n\to\infty}\left|\frac{a_{n+1}}{a_n}\right|=\lim\limits_{n\to\infty}\frac{n}{n+1}=1=\rho$,所以收敛半径 $R=\frac{1}{\rho}=1$. 收敛区间为 $(-1,1)$.

当 $x=-1$ 时,有 $-\sum_{n=0}^{\infty}\frac{1}{n}$ 发散.

当 $x=1$ 时,有 $\sum_{n=0}^{\infty}(-1)^{n-1}\frac{1}{n}$ 收敛.

故收敛域为 $(-1,1]$.

【答案】收敛半径 $R=1$,收敛域为 $(-1,1]$.

♠例 4.2.3

【解】由极限 $\lim\limits_{n\to\infty}\left|\frac{a_{n+1}}{a_n}\right|=\lim\limits_{n\to\infty}\frac{n!}{(n+1)!}=\lim\limits_{n\to\infty}\frac{1}{n+1}=0$,故收敛半径 $R=+\infty$,收敛域为 $(-\infty,+\infty)$.

【答案】收敛域为 $(-\infty,+\infty)$.

♠例 4.2.4

【解】令 $t=x^2$,则有 $\sum\limits_{n=0}^{\infty}\frac{(2n)!}{(n!)^2}x^{2n}=\sum\limits_{n=0}^{\infty}\frac{(2n)!}{(n!)^2}t^n$,即 $\lim\limits_{n\to\infty}\left|\frac{a_{n+1}}{a_n}\right|=\lim\limits_{n\to\infty}\frac{[2(n+1)]!}{[(n+1)!]^2}\cdot\frac{(n!)^2}{(2n)!}=\lim\limits_{n\to\infty}\frac{(2n+2)(2n+1)(2n)!}{(n+1)^2(n!)^2}\cdot\frac{(n!)^2}{(2n)!}=\lim\limits_{n\to\infty}\frac{(2n+2)(2n+1)}{(n+1)^2}=4=\rho$,所以收敛半径 $R_t=\frac{1}{\rho}=\frac{1}{4}$. 即 $t<\frac{1}{4}$,有 $x^2<\frac{1}{4}$,故 $|x|<\frac{1}{2}$. 所以 $R_x=\frac{1}{2}$. 即原级数的收敛半径为$\frac{1}{2}$.

【答案】收敛半径 $R=\frac{1}{2}$.

♠例 4.2.5

【解】令 $t=x-1$,有 $\sum\limits_{n=1}^{\infty}\frac{(x-1)^n}{2^n n}=\sum\limits_{n=1}^{\infty}\frac{t^n}{2^n n}$.

则 $\lim\limits_{n\to\infty}\left|\frac{a_{n+1}}{a_n}\right|=\lim\limits_{n\to\infty}\frac{2^n n}{2^{n+1}(n+1)}=\lim\limits_{n\to\infty}\frac{1}{2}\cdot\frac{n}{n+1}=\frac{1}{2}=\rho$. 所以收敛半径 $R_t=\frac{1}{\rho}=2$. 即 $-2<t<2$,有 $-2<x-1<2$,所以 $-1<x<3$.

当 $x=-1$ 时,有 $\sum\limits_{n=1}^{\infty}\frac{(-1)^n}{n}$ 收敛;

当 $x=3$ 时,有 $\sum\limits_{n=1}^{\infty}\frac{1}{n}$ 发散;

故原级数收敛域为 $[-1,3)$.

【答案】收敛域为 $[-1,3)$.

♠例 4.2.6

【解】由题可知 $f(0)=1$,$f'(x)=f''(x)=f'''(x)=\cdots=f^{(n)}(x)=\mathrm{e}^x$,即 $f'(0)=f''(0)=f'''(0)=\cdots=f^{(n)}(0)=1$,所以 $f(x)=\mathrm{e}^x$的麦克劳林展开式为 $\mathrm{e}^x=1+x+\frac{x^2}{2!}+\cdots+\frac{x^n}{n!}+\cdots=\sum\limits_{n=0}^{\infty}\frac{x^n}{n!}(x\in\mathbf{R})$.

【答案】$\mathrm{e}^x=1+x+\frac{x^2}{2!}+\cdots+\frac{x^n}{n!}+\cdots=\sum\limits_{n=0}^{\infty}\frac{x^n}{n!}(x\in\mathbf{R})$.

♠例 4.2.7

【解】由 $\mathrm{e}^x=\sum\limits_{n=0}^{\infty}\frac{x^n}{n!}(x\in\mathbf{R})$ 可知 $\sum\limits_{n=0}^{\infty}\frac{2^n}{n!}=\mathrm{e}^2$,故 C 选项正确.

【答案】C.

♠例 4.2.8

【解】$\sum\limits_{n=0}^{\infty}(-1)^n\frac{x^{n+1}}{(n+1)2^{n+1}}=\sum\limits_{n=0}^{\infty}(-1)^n\frac{\left(\frac{x}{2}\right)^{n+1}}{n+1}=\sum\limits_{n=1}^{\infty}(-1)^{n-1}\frac{\left(\frac{x}{2}\right)^n}{(n)}$. 又因为 $\ln(1+x)=\sum\limits_{n=1}^{\infty}(-1)^{n-1}\frac{x^n}{n}$,$x\in(-1,1]$,所以上式 $=\ln\left(1+\frac{x}{2}\right)$,$x\in(-2,2]$.

【答案】$\ln\left(1+\frac{x}{2}\right)$,$x\in(-2,2]$.

♠例 4.2.9

【解】令 $S(x)=\sum\limits_{n=0}^{\infty}(-1)^{n}\frac{x^{2n+1}}{2n+1}$，则 $S'(x)=\sum\limits_{n=0}^{\infty}(-1)^{n}x^{2n}$，又因为 $\frac{1}{1+x}=\sum\limits_{n=0}^{\infty}(-1)^{n}x^{n}$，所以 $S'(x)=\frac{1}{1+x^{2}}$，则其在 $[0,x]$ 的积分为 $S(x)=\int_{0}^{x}\frac{1}{1+t^{2}}\mathrm{d}t=\arctan t\big|_{0}^{x}=\arctan x$，$|x|<1$，故原级数的和函数为 $\sum\limits_{n=0}^{\infty}(-1)^{n}\frac{x^{2n+1}}{2n+1}=\arctan x$，$|x|<1$.

【答案】$\sum\limits_{n=0}^{\infty}(-1)^{n}\frac{x^{2n+1}}{2n+1}=\arctan x$，$|x|<1$.

♠例 4.2.10

【解】由 $\frac{1}{1-x}=\sum\limits_{n=0}^{\infty}x^{n}$，$x\in(-1,1)$，所以 $f(x)=\frac{1}{1-2x}=\sum\limits_{n=0}^{\infty}(2x)^{n}=\sum\limits_{n=0}^{\infty}2^{n}x^{n}$，$x\in\left(-\frac{1}{2},\frac{1}{2}\right)$.

【答案】$\sum\limits_{n=0}^{\infty}2^{n}x^{n}$，$x\in\left(-\frac{1}{2},\frac{1}{2}\right)$.

♠例 4.2.11

【解】由题可知 $f(x)=\frac{3}{-x^{2}+x+2}=-\frac{3}{x^{2}-x-2}=-\frac{3}{(x-2)(x+1)}=-\left(\frac{1}{x-2}-\frac{1}{x+1}\right)=\frac{1}{x+1}-\frac{1}{x-2}$.

由 $\frac{1}{1-x}=\sum\limits_{n=0}^{\infty}x^{n}$，$x\in(-1,1)$，可知 $\frac{1}{1+x}=\sum\limits_{n=0}^{\infty}(-1)^{n}x^{n}$，$x\in(-1,1)$，

有 $\frac{1}{x-2}=-\frac{1}{2-x}=-\frac{1}{2}\cdot\frac{1}{1-\frac{x}{2}}$. 所以 $\frac{1}{x-2}=-\frac{1}{2}\sum\limits_{n=0}^{\infty}\frac{x^{n}}{2^{n}}=-\sum\limits_{n=0}^{\infty}\frac{x^{n}}{2^{n+1}}$，$x\in(-2,2)$.

故 $f(x)$ 展开为 x 的幂级数，有 $f(x)=\sum\limits_{n=0}^{\infty}(-1)^{n}(x)^{n}+\sum\limits_{n=0}^{\infty}\frac{x^{n}}{2^{n+1}}=\sum\limits_{n=0}^{\infty}\left[(-1)^{n}+\frac{1}{2^{n+1}}\right]x^{n}$，$x\in(-1,1)$.

【答案】$\sum\limits_{n=0}^{\infty}\left[(-1)^{n}+\frac{1}{2^{n+1}}\right]x^{n}$，$x\in(-1,1)$.

♠例 4.2.12

【解】因为 $f'(x)=(\arctan x)'=\frac{1}{1+x^{2}}$，且 $\frac{1}{1-x}=\sum\limits_{n=0}^{\infty}x^{n}$，$x\in(-1,1)$，所以 $\frac{1}{1+x}=\sum\limits_{n=0}^{\infty}(-1)^{n}x^{n}$，$x\in(-1,1)$，即 $\frac{1}{1+x^{2}}=\sum\limits_{n=0}^{\infty}(-1)^{n}x^{2n}$，$x\in(-1,1)$，对 $f'(x)=\frac{1}{1+x^{2}}$ 两边同时求积分可得 $f(x)=\int_{0}^{x}\frac{1}{1+t^{2}}\mathrm{d}t=\int_{0}^{x}\sum\limits_{n=0}^{\infty}(-1)^{n}t^{2n}\mathrm{d}t=\sum\limits_{n=0}^{\infty}(-1)^{n}\frac{x^{2n+1}}{2n+1}$，$x\in(-1,1)$.

【答案】$\sum\limits_{n=0}^{\infty}(-1)^{n}\frac{x^{2n+1}}{2n+1}$，$x\in(-1,1)$.

♠例 4.2.13

【解】令 $f(x)=\ln[1-(x-1)]$，$-1<x\leqslant 1$，由 $\ln(1+x)=\sum\limits_{n=1}^{\infty}(-1)^{n-1}\dfrac{x^n}{n}$，$x\in(-1,1]$

可知 $\ln(1-x)=-\sum\limits_{n=1}^{\infty}\dfrac{x^n}{n}$，$x\in[-1,1)$，即 $f(x)=-\sum\limits_{n=1}^{\infty}\dfrac{(x-1)^n}{n}$，$0\leqslant x<2$.

【答案】$-\sum\limits_{n=1}^{\infty}\dfrac{(x-1)^n}{n}$，$0\leqslant x<2$.

♠例 4.2.14

【解】因为 $\sin x=\sum\limits_{n=0}^{\infty}(-1)^n\dfrac{x^{2n+1}}{(2n+1)!}$，$x\in\mathbf{R}$. $\cos x=\sum\limits_{n=0}^{\infty}(-1)^n\dfrac{x^{2n}}{(2n)!}$，$x\in\mathbf{R}$. 则

$\sin\left(x-\dfrac{\pi}{4}\right)=\sum\limits_{n=0}^{\infty}(-1)^n\dfrac{\left(x-\dfrac{\pi}{4}\right)^{2n+1}}{(2n+1)!}$，$x\in\mathbf{R}$，$\cos\left(x-\dfrac{\pi}{4}\right)=\sum\limits_{n=0}^{\infty}(-1)^n\dfrac{\left(x-\dfrac{\pi}{4}\right)^{2n}}{(2n)!}$，$x\in\mathbf{R}$

由 $\sin x=\sin\left[\left(x-\dfrac{\pi}{4}\right)+\dfrac{\pi}{4}\right]=\sin\left(x-\dfrac{\pi}{4}\right)\cos\dfrac{\pi}{4}+\cos\left(x-\dfrac{\pi}{4}\right)\sin\dfrac{\pi}{4}=$ $\dfrac{\sqrt{2}}{2}\left[\sin\left(x-\dfrac{\pi}{4}\right)+\cos\left(x-\dfrac{\pi}{4}\right)\right]$.

所以，$\sin x=\dfrac{\sqrt{2}}{2}\sum\limits_{n=0}^{\infty}(-1)^n\dfrac{\left(x-\dfrac{\pi}{4}\right)^{2n+1}}{(2n+1)!}+\dfrac{\sqrt{2}}{2}\sum\limits_{n=0}^{\infty}(-1)^n\dfrac{\left(x-\dfrac{\pi}{4}\right)^{2n}}{(2n)!}$，$x\in\mathbf{R}$.

【答案】$\dfrac{\sqrt{2}}{2}\sum\limits_{n=0}^{\infty}(-1)^n\dfrac{\left(x-\dfrac{\pi}{4}\right)^{2n+1}}{(2n+1)!}+\dfrac{\sqrt{2}}{2}\sum\limits_{n=0}^{\infty}(-1)^n\dfrac{\left(x-\dfrac{\pi}{4}\right)^{2n}}{(2n)!}$，$x\in\mathbf{R}$.

第五章 常微分方程

第一节 微分方程的基本概念

♠例 5.1.1

【解】微分方程中未知函数导数的最高阶称该微分方程的阶，微分方程 $4(y')^2+(y'')^3y+xy'''y^4=0$ 中，未知函数 y 导数最高阶为 3，故 C 选项正确.

【答案】C.

♠例 5.1.2

【解】未知函数及其各阶导数是一次有理整式，称该微分方程为线性微分方程. 故 $x^2\dfrac{\mathrm{d}^2y}{\mathrm{d}x^2}+x\dfrac{\mathrm{d}y}{\mathrm{d}x}=1$ 是二阶线性微分方程. 故 B 选项正确.

【答案】B.

第二节 一阶微分方程

♠例 5.2.1

【解】由题可知 $\frac{dy}{dx}=e^x\cdot e^y$,即 $\frac{1}{e^y}dy=e^x dx$,两边同时积分得 $\int\frac{1}{e^y}dy=\int e^x dx$, 即 $-e^{-y}=e^x+C_1$,所以原方程的通解为 $e^x+e^{-y}=C(C=-C_1)$.

【答案】$e^x+e^{-y}=C$.

♠例 5.2.2

【解】由题可知 $\frac{dy}{dx}=\frac{1}{x}y\ln y$,则 $\frac{1}{y\ln y}dy=\frac{1}{x}dx$,两边同时积分得 $\int\frac{1}{y\ln y}dy=\int\frac{1}{x}dx$, 解得 $\ln|\ln y|=\ln|x|+\ln C$,所以 $\ln|\ln y|=\ln C|x|$,有 $\ln y=Cx$,即通解为 $y=e^{Cx}$,C 为任意常数.

【答案】$y=e^{Cx}$,C 为任意常数.

♠例 5.2.3

【解】令 $u=\frac{y}{x}$,则 $y=ux$,有 $\frac{dy}{dx}=x\frac{du}{dx}+u$,即 $u+\tan u=x\frac{du}{dx}+u$,$\tan u=x\frac{du}{dx}$,分离变量得 $\frac{1}{x}dx=\frac{1}{\tan u}du$,两边同时积分得 $\int\frac{1}{x}dx=\int\frac{1}{\tan u}du$, 解得 $\ln|x|+\ln C=\ln|\sin u|$,即 $Cx=\sin u$,所以通解为 $Cx=\sin\frac{y}{x}$,又因为 $y|_{x=1}=\frac{\pi}{6}$,将 $\left(1,\frac{\pi}{6}\right)$ 代入通解得 $C=\sin\frac{\pi}{6}=\frac{1}{2}$,则满足条件的特解为 $\sin\frac{y}{x}=\frac{1}{2}x$.

【答案】$\sin\frac{y}{x}=\frac{1}{2}x$.

♠例 5.2.4

【解】令 $u=\frac{y}{x}$,有 $y=ux$,则 $\frac{dy}{dx}=x\frac{du}{dx}+u$,即 $\frac{u}{u-1}=x\frac{du}{dx}+u$,有 $\frac{2u-u^2}{u-1}=x\frac{du}{dx}$,分离变量得 $\frac{u-1}{2u-u^2}du=\frac{1}{x}dx$,两边同时积分得 $\int\frac{u-1}{2u-u^2}du=\int\frac{1}{x}dx$,解得 $-\frac{1}{2}\ln|2u-u^2|=\ln|x|+\ln C$,即 $\left(\frac{2y}{x}-\frac{y^2}{x^2}\right)^{-\frac{1}{2}}=C_1x$,化简为 $\frac{x}{(2xy-y^2)^{\frac{1}{2}}}=C_2x$,即通解为 $2xy-y^2=C$. 其中,C 为任意常数.

【答案】$2xy-y^2=C$,C 为任意常数.

♠例 5.2.5

【解】由题可知 $P(x)=\frac{1}{x}$,由一阶齐次微分方程通解公式可得 $y=Ce^{-\int P(x)dx}=Ce^{-\int\frac{1}{x}dx}=Ce^{-\ln|x|}=Ce^{\ln\frac{1}{|x|}}=\frac{1}{|x|}$. 因为 $x\neq0$ 且 $x\in\mathbf{R}$,所以有 $y=\frac{C}{x}$,C 为任意常数.

【答案】$y=\frac{C}{x}$,C 为任意常数.

♠例 5.2.6

【解】由题可知 $P(x)=\frac{1}{x}$，$Q(x)=\frac{\cos x}{x}$，由一阶线性非齐次微分方程通解公式得 $y=e^{-\int P(x)dx}\left[\int Q(x)e^{\int P(x)dx}dx+C\right]=e^{-\int\frac{1}{x}dx}\left(\int\frac{\cos x}{x}e^{\int\frac{1}{x}dx}dx+C\right)=e^{-\ln x}\left(\int\frac{\cos x}{x}e^{\ln x}dx+C\right)=\frac{1}{x}(\sin x+C)$. 其中，$C$ 为任意常数.

【答案】$\frac{1}{x}(\sin x+C)$，C 为任意常数.

*第三节 可降阶的高阶微分方程

♠例 5.3.1

【解】由题可得 $y''=e^x+C$，$y'=e^x+C_1x+C_2$，所以 $y=e^x+\frac{1}{2}C_1x^2+C_2x+C_3$，$C_1$，$C_2$，$C_3$ 为任意常数.

【答案】$y=e^x+\frac{1}{2}C_1x^2+C_2x+C_3$，$C_1$，$C_2$，$C_3$ 为任意常数.

♠例 5.3.2

【解】该方程不显含 y，令 $y'=p(x)$，则 $y''=p'(x)$，即方程化为 $p'=\frac{x}{1-x^2}p$，有 $p'-\frac{x}{1-x^2}p=0$ 为关于 p 与 x 的一阶线性齐次微分方程，由一阶线性齐次微分方程通解公式可得 $p=C_1(1-x^2)^{-\frac{1}{2}}$，所以 $y=\int C_1(1-x^2)^{-\frac{1}{2}}dx=\int C_1\frac{1}{\sqrt{1-x^2}}dx=C_1\arcsin x+C_2$，$C_1$，$C_2$ 为任意常数.

【答案】$y=C_1\arcsin x+C_2$，C_1，C_2 为任意常数.

♠例 5.3.3

【解】该方程不显含 y，令 $y'=p(x)$，则 $y''=p'(x)$，即方程化为 $xp'+p=4x$，即 $p'+\frac{1}{x}p=4$，是 p 关于 x 的一阶线性齐次微分方程，则 $p=e^{-\int\frac{1}{x}dx}\left(\int 4xe^{\int\frac{1}{x}dx}+C_1\right)=\frac{1}{x}\left(\int 4xdx+C_1\right)=\frac{1}{x}(2x^2+C_1)=\frac{C_2}{x}+2x$. 故 $y'=\frac{C_1}{x}+2x$ 两边积分，故原方程的通解为 $y=C_1\ln|x|+x^2+C_2$，C_1，C_2 为任意常数.

【答案】$y=x^2+C_1\ln|x|+C_2$. 其中，C_1，C_2 为任意常数.

♠例 5.3.4

【解】此方程不显含 x，令 $y'=p(y)$，则 $y''=\frac{dp}{dx}=\frac{dp}{dy}\frac{dy}{dx}=p\frac{dp}{dy}$，方程化为 $p\frac{dp}{dy}=e^{2y}$，$pdp=e^{2y}dy$ 两边同时积分得 $\int pdp=\int e^{2y}dy$，解得 $\frac{1}{2}p^2=\frac{1}{2}e^{2y}+C_1$，由 $y'(0)=1$ 可得 $C_1=0$，所以有 $p^2=e^{2y}$，即 $p=e^y$. 即 $\frac{dy}{dx}=e^y$，分离变量得 $\frac{1}{e^y}dy=dx$，两边同时积分可得 $\int\frac{1}{e^x}dy=\int dx$，$-e^{-y}=x+C_2$，

又因为 $y(0)=0$，可得 $C_2=-1$，所以满足初始条件的特解为 $x+e^y=1$.

【答案】$x+e^y=1$.

♠例 5.3.5

【解】此方程不显含 x，令 $y'=p(y)$，则 $y''=\frac{dp}{dx}=\frac{dp}{dy}\cdot\frac{dy}{dx}=p\frac{dp}{dy}$，方程化为 $p\frac{dp}{dy}=2yp$，是 p 关于 y 的一阶线性微分方程，因为 $y'(0)=2$，所以 $p\neq0$，方程两边可同时约去 p，则 $\frac{dp}{dy}=2y$，分离变量后，两边同时积分得 $\int dp=\int 2y\,dy$，则有 $p=y^2+C_1$，将初始条件 $y(0)=1$，$y'(0)=p(0)=2$ 代入上式，得 $C_1=1$，所以有 $y'=y^2+1$，分离变量后，两边同时积分有 $\int\frac{dy}{y^2+1}=\int dx$，即 $\arctan y=x+C_2$，又因为 $y(0)=1$，代入可得 $C_2=\frac{\pi}{4}$，故满足初始条件的特解为 $\arctan y=x+\frac{\pi}{4}$.

【答案】$\arctan y=x+\frac{\pi}{4}$.

第四节　二阶常系数线性微分方程

♠例 5.4.1

【解】由题可知该方程的特征方程为 $r^2+5r+4=0$，解得 $r_1=-4$，$r_2=-1$，所以原方程的通解为 $y=C_1e^{-4x}+C_2e^{-x}$，C_1，C_2 为任意常数.

【答案】$y=C_1e^{-4x}+C_2e^{-x}$，C_1，C_2 为任意常数.

♠例 5.4.2

【解】由题可知该方程的特征方程为 $r^2-2r+1=0$，解得 $r_1=r_2=1$，所以原方程通解为 $y=(C_1+C_2x)e^x$（或 $y=(C_1x+C_2)e^x$），C_1，C_2 为任意常数.

【答案】$y=(C_1+C_2x)e^x$，C_1，C_2 为任意常数.

♠例 5.4.3

【解】由题可知该方程的特征方程为 $r^2+4r+13=0$，解得共轭复根为 $r=-2\pm3i$，所以 $\alpha=-2$，$\beta=3$，原方程通解为 $y=e^{-2x}(C_1\cos 3x+C_2\sin 3x)$，$C_1$，$C_2$ 为任意常数.

【答案】$y=e^{-2x}(C_1\cos 3x+C_2\sin 3x)$，$C_1$，$C_2$ 为任意常数.

♠例 5.4.4

【解】由题可知其为 $f(x)=P_n(x)e^{\lambda x}$ 型，设特解为 $y^*=x^kQ_n(x)e^{\lambda x}$，微分方程对应的齐次微分方程的特征方程为 $r^2-2r=0$，解得 $r_1=0$，$r_2=2$，因为 $f(x)=x^2$，所以 $\lambda=0$，即 $\lambda=0=r_1$ 是单特征根，所以 $k=1$，且 $Q_n(x)=ax^2+bx+c$，故原方程的特解设为 $y^*=x(ax^2+bx+c)$. 故 D 选项正确.

【答案】D.

♠例 5.4.5

【解】由题可知该方程的特征方程为 $r^2+2r+1=0$，解得 $r_1=r_2=-1$，所以原方程通解为 $y=$

$(C_1x+C_2)e^{-x}$(或 $y=(C_1+C_2x)e^{-x}$),故 D 选项正确.

【答案】D.

♠例 5.4.6

【解】(1) 求原方程所对应的齐次方程的通解:对应的齐次方程为 $y''-2y'-3y=0$,其特征方程为 $r^2-2r-3=0$,解得特征根为 $r_1=3,r_2=-1$,则齐次方程的通解为 $\bar{y}=C_1e^{3x}+C_2-e^{-x}$.

(2) 求非齐次方程的特解:由 $f(x)=(3x+1)e^{2x}$ 可知,其为 $P_n(x)e^{\lambda x}$ 型,设特解为 $y^*=x^kQ_n(x)e^{\lambda x}$,因 $\lambda=2$,且 $\lambda\neq r_1\neq r_2$,即 λ 不是特征根,所以 $k=0$,因为 $P_n(x)=3x+1$ 是一次式,所以设 $Q_n(x)=Ax+B$,则特解设为 $y^*=(Ax+B)e^{2x}$,则 $y^{*\prime}=Ae^{2x}+2(Ax+B)e^{2x}$,$y^{*\prime\prime}=4Ae^{2x}+4(Ax+B)e^{2x}$,将 $y^*,y^{*\prime},y^{*\prime\prime}$ 代入原方程,化简得 $-3Ax+2A-3B=3x+1$,比较等式两边 x 的同幂系数,得 $-3A=3,2A-3B=1$,解得 $A=-1,B=-1$,因而原方程特解为 $y^*=(-x-1)e^{2x}$.

综上可得原方程的通解为 $y=\bar{y}+y^*=C_1e^{3x}+C_2e^{-x}+(-x-1)e^{2x}$,$C_1,C_2$为任意常数.

【答案】$y=C_1e^{3x}+C_2e^{-x}+(-x-1)e^{2x}$,$C_1,C_2$为任意常数.

♠例 5.4.7

【解】(1) 求原方程所对应的齐次方程的通解:对应的齐次方程为 $y''+4y'+4y=0$,其特征方程为 $r^2+4r+4=0$,解得特征根为 $r_1=r_2=-2$,则齐次方程的通解为 $\bar{y}=(C_1+C_2x)e^{-2x}$.

(2) 求非齐次方程的特解:由 $f(x)=e^{-2x}$ 可知,其为 $P_n(x)e^{\lambda x}$ 型,设特解为 $y^*=x^kQ_n(x)e^{\lambda x}$,因为 $\lambda=-2=r_1=r_2$为二重特征根,所以 $k=2$,又 $P_n(x)=1$,所以 $Q_n(x)=A$,则特解设为 $y^*=x^2Ae^{-2x}$,则 $y^{*\prime}=2Axe^{-2x}$,$y^{*\prime\prime}=2Ae^{-2x}+4Ax^2e^{-2x}$,将 $y^*,y^{*\prime},y^{*\prime\prime}$ 代入原方程,化简得 $A=\frac{1}{2}$,所以 $y^*=\frac{1}{2}x^2e^{-2x}$.

综上可得原方程的通解为 $y=\bar{y}+y^*=(C_1+C_2x)e^{-2x}+\frac{1}{2}x^2e^{-2x}$,$C_1,C_2$为任意常数.

【答案】$y=(C_1+C_2x)e^{-2x}+\frac{1}{2}x^2e^{-2x}$,$C_1,C_2$为任意常数.

♠例 5.4.8

【解】(1) 求原方程所对应的齐次方程的通解:对应的齐次方程为 $y''+y=0$,其特征方程为 $r^2+1=0$,解得特征根为 $r=\pm i$,所以 $\alpha=0,\beta=1$,则齐次方程的通解为 $\bar{y}=C_1\cos x+C_2\sin x$.

(2) 求非齐次方程的特解:可知 $f(x)=\cos x$ 是 $e^{\lambda x}(A\cos\omega x+B\sin\omega x)$ 型,设特解为 $y^*=x^ke^{\lambda x}(A\cos\omega x+B\sin\omega x)$,因为 $f(x)=\cos x$,所以 $\lambda=0,\omega=1$,故 $\lambda\pm\omega i=r$ 是特征方程的特征根,所以 $k=1$,即特解为 $y^*=x(A\cos x+B\sin x)$,所以 $y^{*\prime}=A\cos x+B\sin x+x(-A\sin x+B\cos x)$,$y^{*\prime\prime}=2(-A\sin x+B\cos x)+x(-A\cos x-B\sin x)$,代入原式可得 $B=\frac{1}{2}$,$A=0$,所以 $y^{*\prime}=\frac{1}{2}x\sin x$.

综上可得原方程的通解为 $y=\bar{y}+y^*=C_1\cos x+C_2\sin x+\frac{1}{2}x\sin x$,$C_1,C_2$为任意常数.

【答案】$y=C_1\cos x+C_2\sin x+\frac{1}{2}x\sin x$,$C_1,C_2$为任意常数.

第六章　向量代数与空间解析几何

第一节　空间向量

♠例 6.1.1

【解】已知向量 $\boldsymbol{a}=(1,0,1)$，所以 $|\boldsymbol{a}|=\sqrt{1^2+0^2+1^2}=\sqrt{2}$.

【答案】$\sqrt{2}$.

♠例 6.1.2

【解】$|\overrightarrow{AB}|=\sqrt{(3-1)^2+(2-1)^2+(2-0)^2}=\sqrt{2^2+1^2+2^2}=\sqrt{9}=3$.

【答案】3.

♠例 6.1.3

【解】向量 $\boldsymbol{b}=(1,-2,-3)$，则 $|\boldsymbol{b}|=\sqrt{1^2+(-2)^2+(-3)^2}=\sqrt{14}$.

【答案】$\sqrt{5}$.

♠例 6.1.4

【解】因为 $\cos^2\alpha+\cos^2\beta+\cos^2\gamma=1$，且对任一角有 $\sin^2\alpha+\cos^2\alpha=1$，$\sin^2\beta+\cos^2\beta=1$，$\sin^2\gamma+\cos^2\gamma=1$，三式相加可得 $\sin^2\alpha+\cos^2\alpha+\sin^2\beta+\cos^2\beta+\sin^2\gamma+\cos^2\gamma=3$. 故 $\sin^2\alpha+\sin^2\beta+\sin^2\gamma=2$.

【答案】2.

♠例 6.1.5

【解】A 选项，$\cos^2\dfrac{\pi}{4}+\cos^2\dfrac{\pi}{4}+\cos^2\dfrac{\pi}{3}=\dfrac{5}{4}$；B 选项，$\cos^2\dfrac{\pi}{6}+\cos^2\dfrac{\pi}{4}+\cos^2\dfrac{\pi}{3}=\dfrac{3}{2}$；C 选项，$\cos^2\dfrac{\pi}{3}+\cos^2\dfrac{\pi}{3}+\cos^2\dfrac{\pi}{4}=1$；D 选项，$\cos^2\dfrac{\pi}{4}+\cos^2\dfrac{\pi}{3}+\cos^2\dfrac{\pi}{2}=\dfrac{3}{4}$；故 C 选项正确.

【答案】C.

♠例 6.1.6

【解】由 $\cos\alpha=\dfrac{a_x}{|\boldsymbol{a}|}$，则 $a_x=|\boldsymbol{a}|\cos\alpha=3\times\dfrac{1}{3}=1$. $a_y=|\boldsymbol{a}|\cos\beta=3\times\dfrac{2}{3}=2$，又因为 $\cos^2\alpha+\cos^2\beta+\cos^2\gamma=1$，所以 $\cos^2\gamma=\dfrac{4}{9}$，即 $\cos\gamma=\pm\dfrac{2}{3}$，所以 $a_z=a_x=|\boldsymbol{a}|\cos\gamma=3\times\left(\pm\dfrac{2}{3}\right)=\pm2$，即 $\boldsymbol{a}=(1,2,\pm2)$.

【答案】$\boldsymbol{a}=(1,2,\pm2)$.

♠例 6.1.7

【解】由题可知向量 $\overrightarrow{AB}=(3,1,-2)$，则 $\cos\alpha=\dfrac{3}{\sqrt{3^2+1^2+(-2)^2}}=\dfrac{3}{\sqrt{14}}$，$\cos\beta=\dfrac{1}{\sqrt{3^2+1^2+(-2)^2}}=\dfrac{1}{\sqrt{14}}$，$\cos\gamma=\dfrac{-2}{\sqrt{3^2+1^2+(-2)^2}}=\dfrac{-2}{\sqrt{14}}$，即 $\boldsymbol{e}=\left(\dfrac{3}{\sqrt{14}},\dfrac{1}{\sqrt{14}},\dfrac{-2}{\sqrt{14}}\right)$.

【答案】$e=\left(\dfrac{3}{\sqrt{14}},\dfrac{1}{\sqrt{14}},\dfrac{-2}{\sqrt{14}}\right)$.

♠例 6.1.8

【解】若两向量垂直,则内积为 0. 若两向量平行,则外积为零向量. 所以当 $\boldsymbol{a}\cdot\boldsymbol{b}=0$ 时,有 $\boldsymbol{a}\perp\boldsymbol{b}$,当 $\boldsymbol{a}\times\boldsymbol{b}=\boldsymbol{0}$ 时,有 $\boldsymbol{a}/\!/\boldsymbol{b}$,故 B 选项正确.

【答案】B.

♠例 6.1.9

【解】$\cos\langle\boldsymbol{a},\boldsymbol{b}\rangle=\dfrac{\boldsymbol{a}\cdot\boldsymbol{b}}{|\boldsymbol{a}|\ |\boldsymbol{b}|}=\dfrac{1\cdot(-1)+0\cdot1+1\cdot0}{\sqrt{1^2+0^2+1^2}\sqrt{(-1)^2+1^2+0^2}}=\dfrac{-1}{2}$,即 $\langle\boldsymbol{a},\boldsymbol{b}\rangle=\dfrac{2\pi}{3}$.

【答案】$\dfrac{2\pi}{3}$.

♠例 6.1.10

【解】因为 $\langle\boldsymbol{a}/\!/\boldsymbol{b}\rangle$,所以两向量对应元素成比例,即 $\dfrac{5}{y}=\dfrac{x}{6}=\dfrac{-2}{4}$,解得 $x=-3,y=-10$.

【答案】$x=-3,y=-10$.

♠例 6.1.11

【解】向量 $\boldsymbol{b}$ 与向量 $\boldsymbol{a}$ 共线,则两向量属于平行状态,对应元素成比例,设对应元素的比值为 λ,则 $\boldsymbol{b}=\lambda\boldsymbol{a}$,有 $\boldsymbol{a}\cdot\boldsymbol{b}=\boldsymbol{a}\cdot(\lambda\boldsymbol{a})=\lambda(\boldsymbol{a})^2=\lambda|\boldsymbol{a}|^2$. 又因为 $|\boldsymbol{a}|=\sqrt{1^2+(-2)^2+3^2}=\sqrt{14}$,且 $\boldsymbol{a}\cdot\boldsymbol{b}=56$,所以 $14\lambda=56$,得 $\lambda=4$,所以 $\boldsymbol{b}=4\boldsymbol{a}=(4,-8,12)$.

【答案】$(4,-8,12)$.

♠例 6.1.12

【解】因为 $\cos^2\alpha+\cos^2\beta+\cos^2\gamma=1$,所以因为 $\cos^2 45^\circ+\cos^2\beta+\cos^2 60^\circ=1$,即 $\cos^2\beta=1-\dfrac{1}{4}-\dfrac{1}{2}=\dfrac{1}{4}$,则 $\cos\beta=\pm\dfrac{1}{2}$,解得 $\beta=60^\circ$ 或 $\beta=120^\circ$. 故 D 选项正确.

【答案】D.

♠例 6.1.13

【解】$P_{rj_b a}=\dfrac{\boldsymbol{a}\cdot\boldsymbol{b}}{|\boldsymbol{b}|}=\dfrac{1\cdot0+(-1)\cdot3+2\cdot4}{\sqrt{0^2+3^2+4^2}}=1$.

【答案】1.

♠例 6.1.14

【解】$\boldsymbol{a}\times\boldsymbol{b}=\begin{vmatrix}\boldsymbol{i}&\boldsymbol{j}&\boldsymbol{k}\\4&4&0\\3&2&8\end{vmatrix}=\begin{vmatrix}4&0\\2&8\end{vmatrix}\boldsymbol{i}-\begin{vmatrix}4&0\\3&8\end{vmatrix}\boldsymbol{j}+\begin{vmatrix}4&4\\3&2\end{vmatrix}\boldsymbol{k}=32\boldsymbol{i}-32\boldsymbol{j}-4\boldsymbol{k}=(32,-32,-4)$.

所以 $(\boldsymbol{a}\times\boldsymbol{b})\cdot\boldsymbol{c}=32\times1+(-32)\times0+(-4)\times6=8$.

【答案】8.

♠例 6.1.15

【解】(1) 因为 $\boldsymbol{a}\perp\boldsymbol{b}$,所以两向量内积为零,即 $\boldsymbol{a}\cdot\boldsymbol{b}=0$,有 $3\times2+2\times\dfrac{4}{3}+1\cdot m=0$,解得 m

$=-\dfrac{26}{3}$.

(2) 因为 $\boldsymbol{a}/\!/\boldsymbol{b}$，所以两向量对应元素成比例，即 $\dfrac{3}{2}=\dfrac{2}{\frac{4}{3}}=\dfrac{1}{m}$，解得 $m=\dfrac{2}{3}$.

【答案】(1) $-\dfrac{26}{3}$，(2) $\dfrac{2}{3}$.

♠例 6.1.16

【解】向量 $\boldsymbol{a}$ 与向量 $\boldsymbol{b}$ 平行且方向相反，又因为 $|\boldsymbol{a}|>|\boldsymbol{b}|>0$，所以有 $|\boldsymbol{a}+\boldsymbol{b}|=|\boldsymbol{a}|-|\boldsymbol{b}|$，故 A 选项正确.

【答案】A.

♠例 6.1.17

【解】由题可知 $(\boldsymbol{a}+\lambda\boldsymbol{b})\cdot\boldsymbol{b}=0$，则 $\boldsymbol{a}\cdot\boldsymbol{b}+\lambda\boldsymbol{b}^2=0$，有 $\lambda=\dfrac{\boldsymbol{a}\cdot\boldsymbol{b}}{|\boldsymbol{b}|^2}$.

【答案】$\lambda=\dfrac{\boldsymbol{a}\cdot\boldsymbol{b}}{|\boldsymbol{b}|^2}$.

♠例 6.1.18

【解】由题可得 $\overrightarrow{AB}=(2,2,2)$，$\overrightarrow{AC}=(1,2,4)$，即 $S_{\triangle ABC}=\dfrac{1}{2}|\overrightarrow{AB}\times\overrightarrow{AC}|$，$\begin{vmatrix}\boldsymbol{i} & \boldsymbol{j} & \boldsymbol{k}\\ 2 & 2 & 2\\ 1 & 2 & 4\end{vmatrix}=\begin{vmatrix}2 & 2\\ 2 & 4\end{vmatrix}\boldsymbol{i}-\begin{vmatrix}2 & 2\\ 1 & 4\end{vmatrix}\boldsymbol{j}+\begin{vmatrix}2 & 2\\ 1 & 2\end{vmatrix}\boldsymbol{k}=4\boldsymbol{i}-6\boldsymbol{j}+2\boldsymbol{k}=(4,-6,2)$. 所以 $|\overrightarrow{AB}\times\overrightarrow{AC}|=\sqrt{4^2+(-6)^2+2^2}=\sqrt{56}=2\sqrt{14}$. 即 $S_{\triangle ABC}=\sqrt{14}$.

【答案】$\sqrt{14}$.

♠例 6.1.19

【解】$|2\boldsymbol{a}-3\boldsymbol{b}|^2=(2\boldsymbol{a}-3\boldsymbol{b})^2=4\boldsymbol{a}^2-12\boldsymbol{a}\cdot\boldsymbol{b}+9\boldsymbol{b}^2=4|\boldsymbol{a}|^2-12|\boldsymbol{a}||\boldsymbol{b}|\cos<\boldsymbol{a},\boldsymbol{b}>+9|\boldsymbol{b}|^2$ $=36-12\cdot3\cdot4\cdot\dfrac{1}{2}+9\cdot16=108$. 即 $|2\boldsymbol{a}-3\boldsymbol{b}|=\sqrt{108}=6\sqrt{3}$.

【答案】$6\sqrt{3}$.

第二节　空间平面与直线

♠例 6.2.1

【解】$\boldsymbol{a}\times\boldsymbol{b}=\begin{vmatrix}\boldsymbol{i} & \boldsymbol{j} & \boldsymbol{k}\\ 2 & 1 & -1\\ 1 & -1 & 2\end{vmatrix}=\begin{vmatrix}1 & -1\\ -1 & 2\end{vmatrix}\boldsymbol{i}-\begin{vmatrix}2 & -1\\ 1 & 2\end{vmatrix}\boldsymbol{j}+\begin{vmatrix}2 & 1\\ 1 & -1\end{vmatrix}\boldsymbol{k}=\boldsymbol{i}-5\boldsymbol{j}-3\boldsymbol{k}=(1,-5,-3)$. 即 $\boldsymbol{n}=(1,-5,-3)$，由点法式得平面方程为 $(x-1)-5(y-0)-3(z+1)=0$，整理得 $x-5y-3z-4=0$.

【答案】$x-5y-3z-4=0$.

♠例 6.2.2

【解】设平面方程为 $Ax+By+Cz+D=0$，其过 z 轴，即 $D=C=0$，又过点 $(3,-2,4)$，则 $3A-2B$

$=0,A=\frac{2}{3}B$,代入方程 $Ax+By=0$,有 $\frac{2}{3}Bx+By=0$,化简得 $2x+3y=0$ 即为所求.

【答案】$2x+3y=0$.

♠例 6.2.3

【解】由题可知,两平面的法向量分别为 $\boldsymbol{n}_1=(1,1,1)$,$\boldsymbol{n}_2=(1,1,-1)$,有 $\boldsymbol{n}_1\cdot\boldsymbol{n}_2=1$,即两向量不垂直,又因为两向量对应元素不成比例,所以不平行,即两平面不垂直,也不平行,则两平面相交. 故 D 选项正确.

【答案】D.

♠例 6.2.4

【解】由题可知,平面的法向量为 $\boldsymbol{n}=(1,1,1)$,由点到面的距离公式 $d=\frac{Ax_0+By_0+Cz_0+D}{\sqrt{A^2+B^2+C^2}}$ 可得 $d=\frac{|3+2-1+1|}{\sqrt{1^2+1^2+1^2}}=\frac{5}{\sqrt{3}}=\frac{5\sqrt{3}}{3}$.

【答案】$\frac{5\sqrt{3}}{3}$.

♠例 6.2.5

【解】由题可知两平面的法向量分别为 $\boldsymbol{n}_1=(1,2,-5)$,$\boldsymbol{n}_2=(4,3,m)$,两平面垂直,则其法向量垂直,所以 $\boldsymbol{n}_1\cdot\boldsymbol{n}_2=0$,即 $1\times4+2\times3+(-5)\cdot m=0$,$10-5m=0$,解得 $m=2$.

【答案】2.

♠例 6.2.6

【解】由题可得 $\overrightarrow{AB}=(-3,4,-6)$,$\overrightarrow{AC}=(-2,3,-1)$,则所求平面的法向量 $\boldsymbol{n}=\overrightarrow{AB}\times\overrightarrow{AC}=\begin{vmatrix}\boldsymbol{i}&\boldsymbol{j}&\boldsymbol{k}\\-3&4&-6\\-2&3&-1\end{vmatrix}=\begin{vmatrix}4&-6\\3&-1\end{vmatrix}\boldsymbol{i}-\begin{vmatrix}-3&-6\\-2&-1\end{vmatrix}\boldsymbol{j}+\begin{vmatrix}-3&4\\3&-1\end{vmatrix}\boldsymbol{k}=14\boldsymbol{i}+9\boldsymbol{j}-\boldsymbol{k}=(14,9,-1)$.

由点法式得平面方程为 $14(x-2)+9(y+1)-(z-4)=0$,化简得 $14x+9y-z-15=0$.

【答案】$14x+9y-z-15=0$.

♠例 6.2.7

【解】设直线 L 的方向向量为 $\boldsymbol{s}$,由其一般方程可知,两平面法向量分别为 $\boldsymbol{n}_1=(2,-4,1)$,$\boldsymbol{n}_2=(3,-1,-2)$,所以直线 L 的方向向量为 $\boldsymbol{s}=\boldsymbol{n}_1\times\boldsymbol{n}_2=\begin{vmatrix}\boldsymbol{i}&\boldsymbol{j}&\boldsymbol{k}\\2&-4&1\\3&-1&-2\end{vmatrix}=\begin{vmatrix}-4&1\\-1&-2\end{vmatrix}\boldsymbol{i}-\begin{vmatrix}2&1\\3&-2\end{vmatrix}\boldsymbol{j}+\begin{vmatrix}2&-4\\3&-1\end{vmatrix}\boldsymbol{k}=9\boldsymbol{i}+7\boldsymbol{j}+10\boldsymbol{k}=(9,7,10)$.

又因为所求直线与直线 L 平行,所以可共用一个方向向量,则由点向式得 $\frac{x-1}{9}=\frac{y-2}{7}=\frac{z-1}{10}$ 即为所求直线.

【答案】$\frac{x-1}{9}=\frac{y-2}{7}=\frac{z-1}{10}$.

♠例 6.2.8

【解】令直线的标准方程 $\frac{x}{1}=\frac{y-1}{2}=\frac{z-2}{3}=t$，可得直线的参数方程 $\begin{cases}x=t,\\ y=2t+1,\\ z=3t+2.\end{cases}$ 设交点坐标为 $(t,2t+1,3t+2)$，其满足 $t-(2t+1)+(3t+2)-3=0$，$t-2t+3t-1+2-3=0$，$2t-2=0$ 解得 $t=1$，故交点为 $(1,3,5)$.

【答案】$(1,3,5)$.

♠例 6.2.9

【解】由题可知 L_1、L_2 直线的方向向量分别为 $\boldsymbol{s}_1=(3,1,5)$，$\boldsymbol{s}_2=(-9,-3,-15)$，因为 $\frac{3}{-9}=\frac{1}{-3}=\frac{5}{-15}=-\frac{1}{3}$，两向量对应元素成比例，则 $\boldsymbol{s}_1/\!/\boldsymbol{s}_2$，所以有 $L_1/\!/L_2$.

【答案】$L_1/\!/L_2$.

♠例 6.2.10

【解】设直线的方向向量为 $\boldsymbol{s}$，由其一般方程可得平面的法向量分别为 $\boldsymbol{n}_1=(1,1,-1)$，$\boldsymbol{n}_2=(2,-1,1)$，所以 $\boldsymbol{s}=\boldsymbol{n}_1\times\boldsymbol{n}_2=\begin{vmatrix}\boldsymbol{i}&\boldsymbol{j}&\boldsymbol{k}\\1&1&-1\\2&-1&1\end{vmatrix}=\begin{vmatrix}1&-1\\-1&1\end{vmatrix}\boldsymbol{i}-\begin{vmatrix}1&-1\\2&1\end{vmatrix}\boldsymbol{j}+\begin{vmatrix}1&1\\2&-1\end{vmatrix}\boldsymbol{k}=-3\boldsymbol{j}-3\boldsymbol{k}=(0,-3,-3)$.

令 $z=0$，则有 $\begin{cases}x+y=-1,\\2x-y=4.\end{cases}$ 解得 $x=1,y=-2$，故有直线上一点 $M(1,-2,0)$.

有向量 $\overrightarrow{MA}=(2,1,2)$，即 $|\overrightarrow{MA}|=\sqrt{2^2+1^2+2^2}=3$.

设向量 $\overrightarrow{MA}$ 与直线夹角为 θ，则 $\cos\theta=\frac{|\overrightarrow{MA}\cdot\boldsymbol{s}|}{|\overrightarrow{MA}|\cdot|\boldsymbol{s}|}=\left|\frac{-3-6}{3\times3\sqrt{2}}\right|=\frac{\sqrt{2}}{2}$.

所以 $d=|\overrightarrow{MA}|\cdot\cos\theta=3\times\frac{\sqrt{2}}{2}=\frac{3\sqrt{2}}{2}$.

【答案】$\frac{3\sqrt{2}}{2}$.

♠例 6.2.11

【解】由直线的一般方程可知，两平面的法向量分别为 $\boldsymbol{n}_1=(1,-2,4)$，$\boldsymbol{n}_2=(3,5,-2)$，设该直线方向向量为 $\boldsymbol{s}$，则有 $\boldsymbol{s}=\boldsymbol{n}_1\times\boldsymbol{n}_2=\begin{vmatrix}\boldsymbol{i}&\boldsymbol{j}&\boldsymbol{k}\\1&-2&4\\3&5&-2\end{vmatrix}=\begin{vmatrix}-2&4\\5&-2\end{vmatrix}\boldsymbol{i}-\begin{vmatrix}1&4\\3&-2\end{vmatrix}\boldsymbol{j}+\begin{vmatrix}1&-2\\3&5\end{vmatrix}\boldsymbol{k}=-16\boldsymbol{i}+14\boldsymbol{j}+11\boldsymbol{k}=(-16,14,11)$.

又因为所求平面与该直线垂直，其法向量与直线的方向向量平行，即平面法向量为 $\boldsymbol{n}=(-16,14,11)$，由点法式得平面方程为 $-16(x-2)+14(y-0)+11(z+3)=0$，整理得 $-16x+14y+11z+65=0$.

【答案】$-16x+14y+11z+65=0$.

♠例 6.2.12

【解】由题可知，平面过直线，则直线上的点都在平面上，所以点(4,-3,0)也在平面内，即有平面内的向量 $\boldsymbol{a}=(3,1,-2)-(4,-3,0)=(1,-4,2)$，又直线方向向量为 $\boldsymbol{s}=(5,2,1)$，所以 $\boldsymbol{n}=\boldsymbol{s}\times\boldsymbol{a}=\begin{vmatrix}\boldsymbol{i} & \boldsymbol{j} & \boldsymbol{k}\\ 5 & 2 & 1\\ 1 & -4 & 2\end{vmatrix}=\begin{vmatrix}2 & 1\\ -4 & 2\end{vmatrix}\boldsymbol{i}-\begin{vmatrix}5 & 1\\ 1 & 2\end{vmatrix}\boldsymbol{j}+\begin{vmatrix}2 & 1\\ -4 & 2\end{vmatrix}\boldsymbol{k}=8\boldsymbol{i}-9\boldsymbol{j}-22\boldsymbol{k}=(8,-9,-22)$.

由点法式得平面方程为 $8(x-3)-9(y-1)-22(z+2)=0$，整理得 $8x-9y-22z-59=0$.

【答案】$8x-9y-22z-59=0$.